专业与社会实践丛书

吴长征　主编

经管类专业学生发展指南

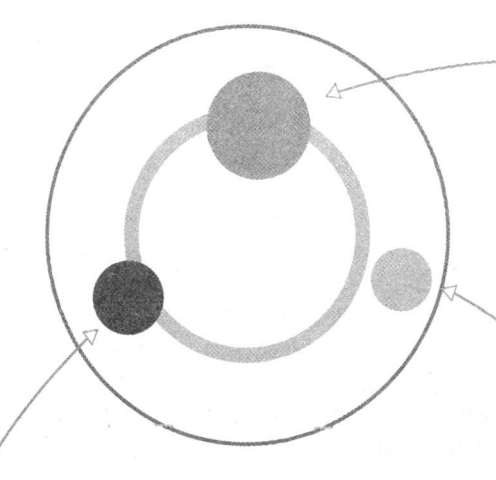

中山大学出版社
·广州·

版权所有　翻印必究

图书在版编目（CIP）数据

经管类专业学生发展指南/吴长征主编.—广州：中山大学出版社，2014.9

（专业与社会实践丛书）

ISBN 978-7-306-05008-3

Ⅰ.①经…　Ⅱ.①吴…　Ⅲ.大学生—职业选择　Ⅳ.G647.38

中国版本图书馆 CIP 数据核字（2014）第 199595 号

出 版 人：	徐　劲
策划编辑：	刘丽丽
责任编辑：	刘丽丽
封面设计：	曾　斌
责任校对：	杨文泉
责任技编：	何雅涛
出版发行：	中山大学出版社
电　　话：	编辑部 020-84111996，84111997，84113349，84110779
	发行部 020-84111998，84111981，84111160，84111901
地　　址：	广州市新港西路135号
邮　　编：	510275　　传　真：020-84036565
网　　址：	http://www.zsup.com.cn　　E-mail:zdcbs@mail.sysu.edu.cn
印 刷 者：	广州中大印刷有限公司
规　　格：	880mm×1230mm　1/32　9.375 印张　236 千字
版次印次：	2014 年 9 月第 1 版　2014 年 9 月第 1 次印刷
印　　数：	1～3000 册　　定　价：25.00 元

如发现本书因印装质量影响阅读，请与出版社发行部联系调换

丛书编委会

顾　问	朱孔军	邓少芝		
成　员	罗　燕	任　虹	王燕芳	张斯虹
	余立人	吴长征	曹　新	陈有志
	陈　方	陈征宇	戴红晖	戴怡平
	李庆双	蒋志强	黄勇平	陈省平
	陈建存	谭英耀	甘远璠	岳　辉
	王　毅	曲　翔	黄　诚	杨德胜
	许俊卿	丁小球	漆小萍	陈昌龄
	林俊洪	钟一彪		

本书编委会

顾　问	舒　元	钟一彪		
主　编	吴长征			
副主编	蒋　娇	刘如晓		
成　员	杜小芳	崔　丹	徐　颖	黄　殷
	郑熔彬	夏婉雯	蔡　靖	陈灵书
	徐旻宇	黄泰荣	覃智平	薛　梅
	肖　寒	温坚程	曹　源	陈诗华
	何正晗	张　薇	张洪银	花咏祺

前　言

随着我国高等教育事业的发展，就业工作成为国家和政府越来越重视的民生问题。随着就业形势的变化，毕业生了解就业市场的需求、行业的特点对于其走向职场非常必要，因此，大学生的职业生涯规划与就业指导越来越受到重视。对于受金融经济形势影响较大的经济管理类专业毕业生而言，这一点显得尤为重要。

《经管类专业学生发展指南》一书是由中山大学"985"三期"专业与社会实践"项目的子课题"经管类学生行业认知与专业实践"的成果整理而成，主体内容共分为七章：出国（境）留学、国内读研、企业就业、公务员考试、英语类考试、经济管理类专业证书介绍、行业认知。本书在充分考虑经济管理类专业的学生在求职或升学时实际需求的基础上，根据这类专业学生的毕业去向作了详细的分类指引，具有较强的实用性和可读性。在全面叙述升学、企业就业、公务员考试等对学生素质和能力的考核要点的基础上，特别针对经济管理类专业的学生就业时与行业接轨的特点，对银行、会计师事务所以及各大知名企业等学生集中流向的行业和领域的求职要求作了详细阐述。同时辅之以学生在求职或升学时具有代表性的成功案例，便于学生从自身成长和发展的角度去正确对待求职或升学的问题，具有较强的现实指导意义。本书还收录了学生团队通过调研撰写的行业报告，有利于学生更深入地了解相关行业发展的现状以及对人才的需求。

本书旨在帮助经济管理类专业的学生对升学、就业等方面的信息有更详细了解，并希望对相关专业的教育教学工作有所助益，构建"专业—行业—就业"三位一体的大学生职业生涯规划与就业指导体系。

衷心期盼学生们在大学生涯中找到自己的人生使命，确立自己的价值目标，并为自己的人生目标勇往直前，以自己的潜能和才华、青春和热血为社会、国家作出贡献，演绎自己特有的精彩与风貌！

目录

第一章 出国（境）留学 ……………………………… 1
 第一节 国（境）外院校的申请要求 ………………… 1
  一、申请出国留学需要具备的基本条件……………… 1
  二、部分国家（地区）留学申请的基本条件 ………… 2
  三、办理自费出国留学的手续 ………………………… 10
  四、申请自费出国留学需要提供的材料和证明 …… 16
  五、如何选择推荐人及准备推荐信 ………………… 20
  六、被国外院校录取后所需做的准备 ……………… 21
  七、国外高校奖学金申请介绍 ………………………… 22
 第二节 世界各地区著名商学院 ……………………… 28
  一、比较热门的留学国家和地区 …………………… 28
  二、世界著名商学院的申请条件及就业情况 ……… 33
  附 出国留学案例 …………………………………… 68

第二章 国内读研
 ——以七所重点大学为例 ……………………………… 75
 第一节 中山大学 ……………………………………… 75
 第二节 北京大学 ……………………………………… 82
 第三节 清华大学 ……………………………………… 91
 第四节 复旦大学 ……………………………………… 97
 第五节 南开大学 ……………………………………… *106*

第六节 武汉大学 110
第七节 吉林大学 112
  附 考研 119

第三章 企业就业 121
第一节 综述 121
  一、企业看重的能力 121
  二、企业看重的素质 122
第二节 各类企业的要求 123
  一、国有企业 123
  二、民营企业 124
  三、外资企业 124
第三节 应聘攻略参考 127
  一、国有企业 127
  二、民营企业 130
  三、外资企业 134

第四章 公务员考试 151
第一节 公务员概述 151
  一、公务员的定义 151
  二、公务员的分类 151
  三、公务员的基本素质 152
  四、公务员要履行的义务 153
  附 概念辨析 153
第二节 公务员考试 157
  一、考试概述 157
  二、招考公告 160
  三、报考条件 161
  四、考试基本流程 162

　　　　五、考试攻略 …………………………………… 165
第五章　英语类考试 ……………………………………… 170
　　　　一、雅思考试 …………………………………… 170
　　　　二、托福考试 …………………………………… 175
　　　　三、GMAT 考试 ………………………………… 183
　　　　四、GRE 考试 …………………………………… 191
第六章　经济管理类专业证书介绍 ……………………… 197
　　　　一、金融专业类 ………………………………… 197
　　　　二、国际贸易专业类 …………………………… 204
　　　　三、工商管理专业类（会计） ………………… 207
　　　　四、市场营销专业类 …………………………… 211
　　　　五、物流管理专业类 …………………………… 212
　　　　六、工商管理专业类（人力资源） …………… 214
第七章　行业认知 ………………………………………… 216
　　第一节　快速消费品行业 …………………………… 216
　　　　一、快速消费品行业概述 ……………………… 216
　　　　二、快速消费品行业发展情况 ………………… 217
　　第二节　银行业 ……………………………………… 224
　　　　一、银行业总体发展情况 ……………………… 225
　　　　二、银行业职业发展路径 ……………………… 227
　　　　三、银行业工作情况介绍 ……………………… 229
　　　　四、银行业能力和素质要求 …………………… 232
　　　　五、银行业职业发展建议 ……………………… 233
　　第三节　会计行业 …………………………………… 234
　　　　一、"四大"会计师事务所之间的比较 ……… 234
　　　　二、"四大"会计师事务所的招聘 …………… 235
　　　　三、"四大"会计师事务所的培训 …………… 237

四、"四大"会计师事务所的晋升 ………………… 238
　　五、从工作年限来看 ……………………………… 239
第四节　物流行业 …………………………………… 241
　　一、物流的定义 …………………………………… 241
　　二、我国物流的发展现状 ………………………… 241
　　三、我国物流的发展趋势 ………………………… 244
　　四、物流管理专业 ………………………………… 245
　　五、物流行业的发展路径 ………………………… 246
　　六、人才培养 ……………………………………… 247
　　七、如何在物流行业做到卓越 …………………… 249
第五节　证券行业 …………………………………… 250
　　一、什么是证券 …………………………………… 250
　　二、证券公司概述 ………………………………… 251
　　三、中国证券市场前景 …………………………… 252
　　四、证券行业一般发展路径 ……………………… 253
　　五、证券行业收入情况 …………………………… 256
　　六、如何进入证券行业并做出成绩 ……………… 257
第六节　咨询行业 …………………………………… 258
　　一、发展背景 ……………………………………… 258
　　二、发展现状 ……………………………………… 258
　　三、发展趋势 ……………………………………… 260
　　四、人力资源咨询业职业发展路径 ……………… 261
　　五、人力资源咨询业具体工作情况 ……………… 262
　　六、人力资源咨询业招聘要求 …………………… 264
　　七、如何成为卓越的人力资源咨询从业人员 …… 265
　　附　人力资源咨询业从业案例及建议 …………… 267
第七节　保险行业 …………………………………… 268

一、保险业的概念 ················· 269
二、保险业在中国的发展历史 ············ 269
三、保险业在中国的现状 ·············· 270
四、中国保险业的职业发展路径 ··········· 272
五、中国保险行业的未来发展方向 ·········· 273

附录 学生发展指引简表 ················ 277
  表1 推荐免试研究生所需要的素质及其培养
    （保送本院） ················ 277
  表2 推荐免试研究生所需要的素质及其培养
    （保送本校外院或外校） ··········· 280
  表3 学生国外/境外留学流程及素质培养 ······· 283
  表4 学生进入外企所需要的素质及其培养 ······ 285
  表5 学生进入国企所需要的素质及其培养 ······ 287

第一章 出国（境）留学

第一节 国（境）外院校的申请要求

一、申请出国留学需要具备的基本条件

出国留学需要长远规划，慎重选择。最好能从自身的学习状况、职业规划与设计、国外教育资源的优劣等方面综合考虑，然后再做决定。只有制定好规划，才能更好地在国外学习。申请出国留学需要具备的基本条件如下：

第一，经济条件是很重要的因素。家庭现有及未来几年的经济收入是否足以支付留学所需的基本费用，包括学费及生活费等，这应成为出国留学的重要依据之一。通过正当合法手续可取得足够的外汇资助或国外奖学金，应该可以维持自己在国外的学习和生活，包括持有亲友提供的经济保证书（须得到所去国家的认可），或持有国外院校、科研机构或基金会等提供的奖学金或资助证明。

第二，自身综合素质是必备条件。是否具备生活自理能力、学习适应能力、语言能力和较成熟的心智，这些都是保证能够在国外健康成长和达到预期学习效果的必备条件。

第三，身体健康。申请出国留学必须身体健康，尤其不能有传染病、精神病。许多国家对申请者体检都有明确的规定和要求。

第四，年龄要求。申请者的年龄一般应在18岁以上，35岁

以下。

第五，应具有相当的外语水平。尤其是口语水平，只有交流没有障碍才能更好地适应国外的生活。阅读水平也很重要，有不了解的地方可以自己去查阅一些资料。国外学校对留学申请者都有一定的外语水平要求，只是不同的国家不同的学校有不同的标准。赴美国、英国、澳大利亚、加拿大、新加坡等通用英语的国家学习，需通过英语熟练程度考试，如 TOFEL（托福）、GRE、ESE、GMAT、MELAB（密歇根英语考试）、IELTS（雅思）等。以雅思为例，中国内地学生申请赴英国、澳大利亚、新加坡留学，研究生须 6.5 分以上。

归结起来就是四项基本条件：①达到一定标准的外语水平；②有充足的经济来源；③有一定的自理能力；④身心健康。

二、部分国家（地区）留学申请的基本条件

（一）美国高校硕士项目申请条件

1. 学历要求

对中国学生来说，申请硕士课程必须本科毕业和拥有学士学位。一般说来，申请学校和专业时应尽量符合个人的教育背景、工作经历及兴趣爱好。但某些特殊专业也可适当变通，如国内英语专业毕业生在美国很难找到适合的专业，因此不妨转读工商管理硕士（MBA）等。

2. 英语要求

美国大学都要求学生在申请时提供英语成绩，申请研究生课程者不仅要求托福成绩达到 550 分以上，而且还需提供其他相关英语成绩，如理工科、文科及数学专业要求申请人有 GRE 成绩，商科专业要求有 GMAT 成绩，牙科专业要求 DAT（牙科入学考试）成绩，医科专业要求 MCAT（医学院入学考试）成绩，法

律专业要求 LSAT（法学院入学考试）成绩，等等。也有一些美国大学对申请研究生课程的学生不要求 GRE 或 GMAT 成绩。但一般来说，优秀的英语成绩不仅帮助申请人从激烈的入学竞争中轻松胜出，而且还有助于其顺利获得奖学金。

3. 经济要求

美国的留学费用总的来说很贵，但不同学校和专业的学费相差很大。一般来说，社区大学的学费为每年 2 万美元左右，而一些优秀的私立大学每年的学费高达 2.8 万美元。美国大学的硕士课程为 1～3 年，博士课程为 5～7 年。对于申请家庭陪读的学生，其配偶每年的费用约为 5000 美元，子女的费用约为 4000 美元，家庭医疗保险费用每年为 3500～4000 美元。根据美国移民法的有关规定，持有普通 F-1 签证的留学生可在课余时间打工，但每周的兼职或校内工作时间不得超过 20 小时。

4. 签证要求

赴美留学的签证要求较高，申请人除需具备良好的学历及专业背景外，是否获得奖学金也是一个重要因素。一般来说，获得美国大学的奖学金可大大增加获签的可能性。

（二）加拿大高校硕士项目申请条件

一般来说，加拿大大学的研究生院要求申请者具有正规大学四年制本科学士学位，或至少已读完大四第一学期，并提供能在当年取得毕业证书及学位证书的证明。在对申请人学历的审核中，研究生院不仅会考察申请人是否具有学士学位，而且会对申请人毕业的院校进行审查。

1. 必须拥有学士学位

拥有学士学位是申请加拿大硕士的最基本条件。

2. 拥有语言成绩

加拿大的硕士研究生几乎都不提供双录取，也就是说，在申请者准备申请的时候,就应该具备语言成绩并达到硕士研究生的录取要求。通常情况下,加拿大的硕士录取对于语言的最低要求是:新托福88~90分,写作不低于22分,好的大学还会有更高的要求。

3. GPA成绩要高

GPA也就是大学成绩的平均分,有的学校也以美制分数(即满分4.0)来表示。加拿大研究生的最低录取标准为75分(百分制)或者3.0分(满分5.0)以上。一般大学对于大学平均分都会要求在80%以上,而更好一点的大学还会在此基础上要求后两年的专业课成绩要在85%以上。这是因为硕士研究生是协助导师在某一专业领域从事研究工作,所以导师对学生是否具有该专业的知识背景、是否具备相关领域的研究经历非常看重。而对于大多数没有研究经历的学生来说,在校的专业课成绩就尤为重要。

4. GRE或者GMAT成绩良好

对攻读硕士研究生的申请人,除需通过TOEFL或学术性IELTS外,加拿大的大学一般还要求其通过GRE或GMAT,但这一要求因学校而异、因专业而异。虽然很多加拿大大学的理工科硕士研究生项目不要求GRE成绩或只是"建议有GRE成绩",但如果申请人具备良好的GRE或GMAT成绩,则是体现其竞争性的一个方面,有可能被优先考虑录取。通常对于这些成绩的要求是:GMAT需要550~600分以上,GRE需要1200分以上。

(三)英国高校硕士项目申请条件

1. 学术要求

具有学士学位,具有1~2年相关研究工作。

2. 英语语言成绩要求

雅思6.5分以上或托福600分以上,未达到语言要求者需先申请语言课程的学习。

3. 英国读研要求

雅思6分是参考底线。赴英国读研要求本科学位（或专科学位加上相关工作经验）、本专科成绩、英语成绩、相关学术论文及工作经验等。雅思6分是入读研究生课程的参考底线，提前一年申请是最佳时间。英国研究生课程大部分9月开学。若学历不足或专业不符，可先读一年硕士预科，再攻读硕士学位。具有学士学位的学生，即可按专业申请相应硕士学位课程；有相关工作经验的三年制大专生经英国院校认可后，可直接申请硕士学位课程。

4. 英国读研费用方面要求

学费因专业不同有较大差别。一般文科学费为6750～8200英镑/年；商科为7000英镑/年；理科为6500～9500英镑/年；医科则贵些，为6200～17000英镑/年；而MBA最高，一般至少在15000英镑以上。

（四）日本高校硕士项目申请条件

日本高校硕士项目申请条件包括以下几点：

（1）大学本科学历（已受16年学校教育），有学士学位证书（部分学校无要求，35岁以下，有能力支付学费及生活费）。

（2）根据大学和专业的不同，要求一级日语水平。

（3）能承受10万元左右的费用及20万元或300万日元、3万美元的保证金。

研究期间为一年，最长能延长为两年。其间，每年有2次考修士的机会，考上修士课程者，办理研究生课程退学手续，转办修士入学手续。

日本研究生院的入学要求为大学本科毕业或具有同等以上学力者。这一要求结合我国具体情况即可作如下解释：

（1）四年制以上的本科毕业生才具有研究生院的报考资格。

（2）正式报考研究生院之前，可以"研究生"身份（即我国的进修生身份）进修一年。值得注意的是只有四年制以上的本科毕业生才有资格取得进修生身份。

（3）一般的研究生院要求学生具有学士学位，但也有些学校对此不作要求。

（4）大专毕业生没有报考日本研究生院的资格，同时也不能申请进修生资格。

（5）有些学生具有双大专学历（即有两个大专毕业证书），此种情况的学习累计年限虽已达到四年，但仍旧不具备日本研究生院的报考资格。

（6）日本研究生院报考资格的其中一项为应具有16年以上的学历，作为非正规生的进修生在学年数将不被计算在内。

（7）对于小学、中学学制缩短的大学本科毕业生，"文革"后在本科四年制以上大学特别是教育学院以委托培养等形式进行一年左右进修，获得结业证书者，根据本人情况也可获得研究生院的报考资格。

以上是日本高校硕士项目申请条件详细介绍。赴日本留学也一定要做好留学之前的语言成绩准备，良好的语言成绩是申请名校的关键。

（五）香港高校硕士项目申请条件

香港各大学教学质量普遍比内地好，在国际上排名比国内重点大学靠前，所以去香港就读研究生也是很好的选择。

本科毕业去香港读研究生的首要条件是有英语成绩，虽然香港很多学校要求的是：雅思或者托福或者大学英语六级均可，但是实际上再筛选时，基本都需要有托福成绩才会考虑，如果有GRE更好。

1. 申请步骤

先搜索感兴趣的大学、学院、专业，一般香港大学的申请截至 2 月底以前，有的在 3 月底前。按照上面的要求网上报名或者邮寄资料，如个人简历、该学校的报名表、两位导师的推荐信，等等。寄出材料后就等通知，如果该所大学对你有兴趣会对你进行电话面试，均是英文面试。

其实申请的步骤和申请国外的研究生完全一样，只是香港的申请是申请 Master（硕士学位的一种），硕士毕业也可以申请 PhD（博士学位），不像国外一般都是 PhD。同时香港托福成绩要求也不太高，成绩过得去就可以。最好有学术成果，发表过论文。

2. 申请材料

（1）本科成绩单：中英文各一份，并须经过学校公证。

（2）英文水平证明：一般应具有托福成绩。与美国不同的是，香港的大学并不要求一定要 ETS 寄送成绩，而是只要原件的复印件即可。有些大学甚至不一定要托福成绩，内地的英语四级、六级证书也可接受。不过一个好的托福成绩显然更有竞争力。

（3）GRE 成绩：随着竞争的激烈，香港的大学现在要求 GRE 成绩，与托福一样，只需复印件即可。

（4）申请表格：一般来说，只要发一封电子邮件给招生办公室或者系里，对方便会寄来有关表格。不过与美国不同的是，香港的大学会要求你说明自己的研究意向，当然只要一个很宽泛的范围，无须非常具体。材料一般是免费的，如果觉得麻烦，甚至可以从网上下载。

（5）研究计划：这是与美国大学不同的一点，也是最重要的一点。这与美国的大学要求的 Personal Statement（个人陈述）完全不同，研究计划（Research Proposal）是纯学术的，无须加入诸如个人经历、感情这些东西，而必须是非常具体的，不能太宽泛。研究计划一般包括以下几点：①研究对象（Topic），即你想要解决的问题；②研究此问题的意义；③前人的研究状况，即遗留的问题；④研究方法（Methodology）；⑤参考文献（Bibliography），这一点很重要，但往往会被忽视。

一般来说，系里会建议你先与某位教授联系，确定研究的题目、方法等，取得教授的同意后，再递交正式的计划。当然，如果你能引起教授的注意，请他为你提意见甚至给你修改，那么成功的概率就很大了。

（6）推荐信：香港大学一般只要两封推荐信，但必须是学术领域中的人，其他人则不被接受。推荐信是一两份表格，而不是洋洋洒洒的一大篇。其内容是对你学术才能的评价。另外，还要求对你的研究计划做出评价和建议，这一点也不应忽视。

此外，就剩下申请费了。香港的大学申请费比美国低得多，一般一两百港币，一般人均能承受。

申请时要注意的是，如果想得到奖学金，必须申请全日制（Full-time）。香港的生活水平很高，学费加生活费每月至少需要1万元港币，费用较高，不过如果得到奖学金的话（每月为1.4万～1.5万元港币），所有开销便无须担心了。因为申请时间比较长，所以需要在大三下学期就开始进行申请了。

3. 费用和奖学金

去香港修读研究生课程，对于内地学生来说，费用是必须考虑的问题。一般情况下，研究型研究生的学费为每学年42100元港币，授课式需要每学年60000～80000元港币。

生活费方面，对于一般的内地学生，每学年的总花费在60000元港币左右。如果自行在外租同样标准的房子住，费用可能略有增加。（上述费用中，住宿按30000元港币/年计算。）

研究型研究生通常会有补助金（Studentship）或者做助教、

研究助理的工资，一般的标准是每月12000～15000元港币（实际数目依学校和专业而不同，博士比硕士略多）。这个数目对于一般的学生足以完成学业。申请博士课程的同学也可参考申请香港政府提供的博士生奖学金，每月2万元港币。详情可参考：http：//www.studyinhk.net/guide/pg/application/hkpf-zh.aspx/。

根据2009年和2010年的情况，多数学校的MPhil（PhD第一年，也称副博士）课程不再招收内地大学的毕业生，或者只招收自费的MPhil，因此我们建议同学慎重选择。如果希望毕业之后到美国继续深造，我们建议选择MSc（理学硕士），因为修读MSc花费的时间和金钱较少，可直接入读PhD（少读一年）。虽然MPhil学生在研究经历方面有一些优势，可以尽快投入研究工作。

费用参考：

自费MPhil（2年）：学费42100×2 + 生活费60000×2 = 20.5万元港币

MSc（1年）：学费80000 + 生活费60000 = 14万元港币

授课式研究生不参与研究工作，所以没有补助，通常在学业中期有奖学金可以申请。奖学金的数目差别比较大，数目很少，如果计划修读授课式研究生，要做好"没有奖学金也能完成学业"的打算。

4. 其他

下面几种情况会提高成功概率：

（1）本科"出身"好，毕业于"211"或"985"学校。

（2）本科成绩好，GPA高或系内排名靠前。

（3）有研究经验（适用于研究型）。

（4）推荐人威信高，获得领域内知名教授的推荐。

（5）推荐人关系：目标教授和推荐教授关系密切或相识。

（6）有一份高质量的研究计划（如需要，授课式不需要）。

（7）面试表现出色，条理清晰且有礼貌地回答问题。

（8）在权威期刊、会议发表论文，这一点对申请成功有较大的帮助。

（9）如果申请研究型学位，和目标学校相关专业教授联系可极大增加成功的概率。

下面几种情况会增加申请难度：

（1）目标学校标准高。

（2）香港大学、香港中文大学的申请难度高于香港城市大学、香港理工大学。

（3）目标专业在香港热门，如金融管理专业。

（4）研究型研究生比授课式研究生难申请。

（5）跟风转专业申请，在转入专业有所建树者例外。

申请主要由这些方面决定，但能否录取毕竟是综合考虑且由学校、院（系）和教授几方面决定。在申请的时候，任何人都无法预知最后的结果，请申请者结合上述条件来给自己"定位"，以估算有多大的把握。

三、办理自费出国留学的手续

自费留学是指使用本人、直系亲属提供的资金或国外奖学金，到国外院校进行学习的个人行为。申请个人自费留学一般不受国家规定的名额和国别限制，出国条件比较宽松。

1. 寻找学校，索取资料

所谓寻找学校，就是在做出自费留学的决定后，以你所期望达到的留学目标（拿一个什么样的文凭、读什么课程）和到哪个国家留学为选择的标准，结合自己现有的文凭水平和学习能力，找到能够接受你的一所学校。这部分工作主要是查询留学信息，即根据个人的基本情况和设想，进行留学信息的收集整理。内容大体包括：

（1）对留学意向国家的政治、经济、文化背景和教育体制、学术水平进行较为全面的了解。

（2）全面了解和掌握该学校的情况，包括历史、学费、学制、专业、师资配备、教学设施、学术地位、学生人数等，要特别注意该校国际学生有多少，其中有多少中国学生在读。此外，还要确认该学校颁发的文凭是否受到我国承认。

（3）该学校的住宿、交通、医疗保险情况如何。

（4）该学校在中国是否有授权代理招生的留学中介公司。

（5）留学签证情况。

（6）该国政府是否允许留学生合法打工。

（7）本专业在该国的就业情况。

（8）毕业之后可否移民。

你需要在了解以上基础的情况下初步确定就读国别、学校和专业。此外，不要先入为主，要多方选择、比较和鉴别，只有通过比较，才能做出最佳选择。要注意搜集其他国家学校信息和我国的相关法律法规，包括我国关于自费留学的基本政策；留学中介机构的认证；还有哪些国家和院校接受你的专业；它们的教育现状和教育制度怎样，文凭是否受到我国认可，学制是多长，学费和生活费标准怎样，招生条件如何；其他国家的自费留学签证情况；是否允许留学生打工，母语是什么，地理和气候条件怎样；毕业生的就业走向如何；等等。

留学信息的查询可通过国际互联网访问国外院校网站，或者到相关国家在华教育中心，向国内专业、合法从事自费留学咨询服务的机构进行索取和咨询。此外，定期参加国际教育展览也是与国外院校直接沟通的好办法。

一旦找到了比较理想的学校，你就可以用写信或者发电子邮件的方式和他们取得联系，简明扼要地告诉对方你的基本条件，包括年龄、性别、所在国家、已经或者正在读什么课程以及你希望学习他们的什么课程。然后，你就可以向学校索取该专业的入学条件和申请资料。国外每一所招收留学生的学校都有专门的人员负责解答此类咨询信函，所以，不用担心你的咨询没有回音。当然，有时候报名和咨询的人太多，老师会忙不过来，所以，一旦你的咨询在合理的时间内没有得到回复，就应该马上补发信函，或者干脆换个收信人。建议充分利用互联网方便快捷的优势查询学校，还可以通过学校的在线服务索取更多的资料。具体方法是：直接在学校网站的首页找到"Search"服务，然后打上"Request Information"（申请要求）或"Material Request Form"（申请资料清单）或"International Students"（留学）即可马上找到资料索取方法，填好表格，一般学校都会在近日内给你答复。如果学校的网站上没有提供在线索取资料服务，可以记下学校负责留学（International Students）事务部门的联系方法，给他们写一封英文短信索取。学校通常会很乐意免费寄给你资料，只是由于每天要处理大量的类似信件，所以你可能要等很长一段时间才有回信，甚至杳无音讯。当然，有的学校需要付费才会给你资料。

另外，你要特别注意媒体上关于国际教育展览的信息，那可是一个免费收集丰富的学校资料的好机会。当然，你也可以利用这个难得的机会直接向国外学校的代表请教一些问题，不用担心语言不通，因为主办单位通常都会在每一所学校展位上安排一位助理负责翻译工作。

2. 留学方案设计

留学方案设计是整个留学计划的灵魂，也是签证官用来衡量你的留学是否真实合理的尺度，决定你的留学是否会成功和是否具有最佳经济效益。如果你对留学方案设计感到经验不足，可以向"过来人"请教，也可以去专业的留学中介机构咨询。具体操作是，在掌握留学基本信息和国外学校入学要求的前提下，结合自身的年龄、学历、经济能力、外语水平、所学专业、个人爱好等因素,设计出适合自己的一套科学合理的留学方案,最终确定留学国别、院校、专业、入学时间等。其中,要特别对留学的投入和产出"价格比"以及所选专业的未来就业前景有明确的把握。设计好留学方案之后,应根据所选定目标的入门标准立即开始全面的"热身和补充"准备,包括语言的学习与考试、留学所需的资金筹备、个人资历证明材料的准备、身体和精神状态的调整等。一俟时机成熟,就可以申请学校了。

3. 入学申请

收到学校免费的报名表之后,要认真完整地填写,与个人学历证明、最近的学习成绩单、推荐信、个人简历、语言考试成绩单等资料一起寄往所申请的学校。此时,一般需同时缴纳一定数量的报名费用。由于中国学生对申请学校往往持随意的态度,有的甚至同时申请达7~8所学校,而学校开出录取通知书后却见不到人来,因而有越来越多的国外学校倾向于向中国学生征收报名费了。申请表格寄出以后,申请正式课程的通常需要等待1~2个月的时间才会有回信,申请英语学习短期课程的则快得多,一般只需2~3个星期。不过,还要加上邮件往来的时间,因此,为了给签证办理留有充裕的时间,建议越早申请越好,一般提前一年,除了短期课程,离开学前6个月申请就显得非常仓促了。

在申请课程的同时,可以向学校申请学生宿舍或寄宿家庭等住宿安排。如果学习成绩优异,特别是对于那些就读研究生以上课程的学生来说,可以一并申请国外的奖学金等对留学生的经济资助。

一般课程申请所必备的文件有:最高学历和成绩单、最高学历毕业证书、填写完整的学校申请表格、照片、财力证明、报名费。申请学士、硕士等正式课程除了上述必备文件外,还要有托福或雅思成绩、教授或雇主的推荐信、工作经历证明、自传、学习计划等，申请艺术类课程的需要提供作品集、音像资料等。

4. 办理因私出国护照、出境卡和准备签证资料

一旦入学申请获得国外院校批准，该院校就会向你发出录取通知书。收到以后，可持录取通知书向户口所在地公安机关申请办理因私出国护照和出境卡。现在，我国公民因私申请出境的手续已经简化，一般公民凭本人户口簿或身份证就可以领取出国申请审批表，申请人只需提交与出国相关的证明材料即可。出国留学学生一般持因私普通护照。与此同时，可以着手准备申请国外入境签证所需的各种资料，包括个人学历、成绩单、工作经历的证明、个人及家庭收入、资金和财产证明、家庭成员的关系证明等。

5. 办理公证

公证就是国家公证人员根据国家赋予的权利，按照法定程序，证明特定的法律关系或法律事实的行为。我国公民在申请自费出国留学时，必须办理公证。这类公证属于涉外公证范围。需要公证的文件有：出生公证书、学历、学位和成绩公证、经历证书、亲属关系公证、经济担保公证。

6. 申请签证

办理好护照之后，可立即向拟留学国家驻华使（领）馆申请入境签证。申请时需按要求填写有关表格，递交必需的证明材料，缴纳签证费。有的国家（比如美国、英国、加拿大等）在申请签证时会要求申请人前往使（领）馆进行面试。面试的目的是让签证官近距离观察和判断留学申请人的真实程度，即你是否是一个真正的学生，你的留学目的是否纯正，你是否具备顺利完成留学的能力（主要看外语水平），你有没有移民倾向。为了保证不功亏一篑，先找一个专业和经验丰富的留学咨询公司进行签证面试指导是很有必要的。

一些国家（如爱尔兰）可能要求在给予签证之前汇寄学费，对此务必慎重，一定要确保你拿到的是正式的入学通知书，以及国际汇款账户的真实性，即是否学校的专项账户。此外，有的学校要求提出申请就必须交付所有款项，所以，要至少在出发前三个月汇出。

一般向学校交费的方式有三种：到银行办理外币支票（Check）或汇票（Banker's Draft）邮寄，记得要给自己留一份复印件；电汇（Bank Transfer），学校若提供转账银行的账号、地址和户头，不妨用此种方式，记住保存好收据；信用卡（Credit Card），有的学校可以接受 Visa、Master、AE 卡等，用信用卡付费，别忘了保存收据。

7. 体检，订机票，准备行装

出国留学之前，按照国家有关规定需要进行身体检查、免疫检查和接种传染病疫苗，以保护公民的人身健康。另外，有的国家也要求申请人前往指定医院进行体检。

订机票的时候，要留意个别国家、城市可能需要转机，订票之前要与有关航空公司说清楚，确定时间、航班和转机地点。另外，前往有些国家，如日本、俄罗斯等，可以采用乘船和乘国际列车方式。

出国其实不需要带太多的物品或衣物，通常国外的日常生活用品也是很便宜的，只要避开在观光地区购物就可以了。在出国之前，要留给家人一份学校、住宿地址和联系方式资料，以便家人与你联络。

8. 抵达

大部分国外院校会提供到机场接机和协助安排住宿服务，在出发之前一定要与学校或留学中介落实清楚。安顿下来后可对校园及周边环境进行初步了解，然后尽快投入到新的学习中。

四、申请自费出国留学需要提供的材料和证明

以下以申请美国院校为例,说明申请出国留学需要提供的材料和证明。

(一)入学申请表

在与美国学校取得联系后,学校会寄来入学申请表、奖学金申请表、财力证明表等表格。申请人必须仔细填写好这些表格。

1. 申请表

申请表(部分学校附加奖学金申请表或系申请表)填写时应注意大小写。除了基本的个人信息外,还要注意填写入学时间。申请表可用 Acrobat(PDF 格式)填写,可方便打印和重新填写。

2. 申请费

申请费的交付方式有以下几种:一种是用信用卡交,时间一般在网申的最后(Brandeis 和 Rutgers 可以在纸质申请的时候填好信用卡的号码和过期日寄往学校予以扣除)。另外一种是办汇票,存在交易成本(中国银行是 22 元/张)。

(二)推荐信

推荐信(Recommendation Letter)是必备的美国留学申请材料之一。推荐信是由申请人以前的老师或单位领导撰写,目的是推荐申请人入学和申请奖学金。推荐信是国外院校了解申请人的重要依据(美国大学一般要求申请人提供 2～3 封推荐信)。

推荐人可以是任何一个了解你的老师。推荐人必须能描述你的学习或经历、所具备的能力,必须能够对你留学的潜能做出评价。鉴于推荐信在录取过程中占有相当重要的地位,一定要突出自身学习计划等。如果要求推荐信只能由推荐人直接寄到学校,

则要给推荐人准备贴好邮票、写好地址的信封，供其发信使用。另外，应给推荐人留出充分的时间写推荐表。提醒他们在把推荐表寄给学校前，在每个信封的封口处签字。

（三）个人简历

个人简历（Resume）是申请奖学金资助中必不可少的材料之一。申请大学入学及奖学金，要准备一份合适的个人简历。在美国，个人简历就像是一个人的经历提纲，审阅人会根据个人简历及其他材料综合考虑，最后做出决定。

即使没有要求，也应附上个人简历。个人简历一般一页左右为宜，应列出 GPA、专业 GPA 等信息，所获奖项以及学术活动经历。

（四）个人陈述

个人陈述（Personal Statement）是在申请过程中按照学校的要求写一篇有关申请人过去背景、目前成就和未来目标的文章。一篇成功的个人陈述不仅要求语言流畅，而且也要求文章逻辑严谨，层次分明，能充分显示申请人的才华并抓住审阅人的注意力。

在写个人计划时，最重要的是谈自己个人的观点和见解，然后是自己将来的计划。写个人陈述的过程就是在考查申请人的三个方面：英语水平、专业水平和耐心。个人陈述不宜过长，一般 500～800 字，因为评审的人员并不会花太多的时间集中在个人材料上。另外，要把对你影响最大的事情写进来。总结一般写自传式的个人陈述的方向大概为以下几点：①成绩优异，奖项较多；②学习过程；③数学成绩优异，对学习经济学/金融学很有帮助；④有研究经历并发表文献。

范例①:

I am fascinated by game theoretic modeling of issues pertaining to International Economics. I believe that game theoretic models can be effectively used in international economics as many policy issues such as negotiations over mutual reductions in tariffs, formation and preservation of customs unions, establishment of cartels in the case of internationally traded goods, all have some game theoretic character. The current "Regionalism versus Multilateralism" debate holds its own attraction. It should be interesting to analyze the trade diversion effects of Preferential Trading Agreements and also their impact on multilateral institutions like GATT. The strategic trading that takes place in foreign exchange markets and the variety of auction like mechanisms that have been used for foreign exchange trade, especially in developing countries, are intriguing. During my graduate studies I aim to equip myself with some advanced tools and develop my analytical and research capabilities. I want to get an excellent command over econometrics to be able to confront stochastic statistical data with exact models of economic theories and also for empirical verification of other models, which might otherwise be set in a partial equilibrium framework. I expect to emerge as an economic engineer and an expert in model building. Econometrics perse, also interests me as a subject of economics and I might like to research in econometric methodology.

译文:
我非常喜欢有关国际经济问题的博弈论模型。我认为,博弈论模型可以有效地解释国际经济中的政策问题,如过度地相互削减关税,形成和保存关税同盟,建立在国际贸易货物情况下的卡

---

① 引自 http://jingyan.baidu.com/article/a3f121e4ffd83efc9052bbc3.html。

特尔谈判，都有一些博弈论特点。目前的"区域主义与多边主义"的争论独具魅力。它可以分析特惠贸易协定，及其对类似关贸总协定这样的多边机构影响的贸易转移效应。这种战略交易会像那些已用于外汇交易的机制那样发生在外汇市场和各种拍卖市场，特别是在发展中国家，是耐人寻味的。我的研究生学习目标是让自己掌握一些先进的理念和发展自己的分析研究能力。我想在计量经济学中获得卓越的能力，能够面对随机的统计数据与经济理论的精确模型，也为其他模型进行实证检验，否则可能会被设置在局部均衡框架。我希望自己成为一个经济工程师和建立模型方面的专家。计量经济学本身，作为经济学的一个具体方向也很吸引我，我喜欢计量经济学方向的研究。

（五）国内学习成绩单及学历证明

对于国内学习成绩单及学历证明（Official Transcripts），美国的很多学校要求两份，一份给系里一份给学院；英国和其他欧洲国家一般只要求一份。在打印成绩单的时候要注意份数，比如说要申请美国15间学校，那么打印25份较为合适。成绩单和在读证明/学位证封在一个信封里，在封口处盖上学校的章。

（六）考试成绩单

按照美国学校的要求，申请人应向学校提供官方托福成绩单，即应由申请人向美国教育考试中心（ETS）提出要求，请美国教育考试中心向其申请的美国学校寄送考试成绩，同时交纳一定的服务费用。SAT、GRE等考试也是如此。

（七）经济资助证明

出具相关银行存款或亲友经济资助证明（Evidence of financial support），通常金额须够一年的学费加生活费，有的学校还需要了解提供资助的父母或亲友的资金来源或者收入情况。

每所大学都有它们规定的申请截止日期。申请截止日期一般来说在1～3月之间,有的学校也可能早到上年11月或者晚到当年6月。但是如果一所学校说他们采取"滚动录取"(rolling admissions)的方式,迟交材料的申请人也许仍有很大机会被录取。在这种情况下,一所大学将一直录取学生,直到新生招满为止。总而言之,尽早寄交申请总是比较安全、保险的。

五、如何选择推荐人及准备推荐信

以下以申请美国院校为例,说明如何选择推荐人及准备推荐信。

一般来讲,美国大学要求申请人提交三封推荐信。很多申请人在准备出国留学推荐信的时候,对推荐人的选择问题显得很迷茫,不知道该选什么样的人作为推荐人。推荐人的选择应该遵循以下原则。

1. 选择真正了解自己的推荐人

推荐人只有在对申请人十分了解的前提下,才能对申请人做出合理客观的评价。很多申请人想当然地认为找名气越大的人做推荐人,推荐信的价值越高。与其注重推荐人的头衔地位,不如认真选择与你学习生活息息相关的人,一个有力的签名并不能弥补内容上的冷漠和逻辑上的缺陷。

2. 推荐人的身份背景是否与你所需要的相吻合

录取委员会想通过出国留学推荐信了解到申请人的学术水平、科研能力、性格特点等。所以,推荐人的背景一定要与申请人所申请的专业领域相关,与申请所需要的条件息息相关。如果一所学校希望看到申请人出众的学习能力,那么实习单位的领导的推荐信就会逊色于授课老师的推荐信;一所学校注重学生的动手能力的话,实验课老师的推荐信就会比授课教授的推荐信有力。所以，选择身份合适的推荐人十分重要。

3. 推荐人的选择要注重多方面，不要重复选择同一类型的推荐人

美国大学注重的是学生的综合能力，之所以要申请人提交三封推荐信，也是为了能从多方面了解申请人的情况。所以，在选择推荐人时要注意选择那些能突出你多方面能力的人。比如，选授课教授写推荐信来反映出自己的学习能力，选实验老师来突出自己的科研能力和动手能力等。不要三封推荐信都选择让授课老师写，都证明你的学习能力。

4. 推荐人是否愿意推荐以及推荐人的时间安排问题

找到的推荐人最好愿意给你写推荐信，尤其推荐人是外国人的时候。只有推荐人非常愿意推荐你的时候，他才可能会认真挖掘你的亮点，这样的推荐信的作用可能会大一些。此外，推荐人是否有足够时间给你写推荐信或者网上提交推荐信表格，也是必须考虑的因素。有的老师非常忙，找他写推荐信的人也多，不要因此而耽误了推荐信表格的提交。

对于出国留学推荐信推荐人的选择，是一项需要花费时间的工作，需要申请人早做准备，早跟推荐人沟通，让推荐人能预留出来给你写推荐信的时间。

六、被国外院校录取后所需做的准备

已被国外学校录取的学生并不等于能出国留学了。申请自费出国留学，首先必须有国外院校或培训机构接收并发出入学录取通知书，这只是必备条件之一。同时申请者还要申请到出国护照和接收院校所在国驻华领事馆的学生签证。申请出国护照，只要申请人出具国外院校入学录取通知书和相关文件、资料，一般在国内大部分城市都能够得到，而申请留学签证却不一定能顺利取得。有关使馆的签证官们还要审查申请者的许多证明材料，当其确信申请者的真正留学目的和具备充分的留学条件才会签发留学签证。只有得到了留学签证，才能出国留学。

在得到国外院校的录取通知书后，学生自身也有很多东西需要准备。

（1）苦练英文写作。大部分中国学生在备考托福、雅思、GMAT、GRE 时练习过写作，但这些训练高度模板化，用词贫乏，句型单一，学生阐述问题的逻辑有待提高。

（2）读点名著和相关专业书籍。学生要读些学术、社科、人文类的专业著作。阅读速度也必须提高。

（3）在一个类似于以学生为中心的国外教学环境中对学生进行课前准备培训，将极大地有利于学生更快且更好地了解并适应国外的课堂教学方式。

（4）掌握独立自主学习的技能。国外教师积极鼓励学生去发现和挖掘更为广阔多样化的知识领域，所以如果一个学生能越早掌握这一技能，则他将取得更出色的成绩。

（5）多运动。学生需要有运动精神，会多种运动在国外也更容易结交朋友。

七、国外高校奖学金申请介绍

（一）国外高校奖学金

1. 美国高校的研究生奖学金[①]

美国高校奖学金（校内奖学金）分为非服务性奖学金（Non-Service Scholarship）、服务性奖学金（Service Assistantship）和学校贷款（Loan）三种。

---

① 资料参考新东方网站，http://www.xdf.cn/，访问时间：2014年1月6日。

（1）非服务性奖学金。申请概率最大，金额也最多。它包括学院助学金（Fellowship）、奖学金（Scholarship）、全免学杂费（Tuition & Fee Waiver）以及其他一些学院本身而定的奖励（Awards）。这种"Awards"，不同学院在金额和数量上有很大差别。

1) 学院助学金。助学金是一种金额最高但竞争最激烈的非服务性奖学金。一般情况下，如果获得一所学院授予的助学金，便是获得了全奖，即除了免学费、杂费、住宿费、保险费、书本费以外，还给获奖学生一定金额作为其个人消费费用（Personal Expenses）。助学金在申请过程中竞争尤其激烈，一般除了要求较高的 TOEFL、GRE 或 GMAT 成绩外，还要有较好的国内学校成绩单、GPA、推荐信和读书计划（Personal Statement），这些材料的准备要十分注意技巧，做到与众不同，才能顺利地拿到全额奖学金。

2) 奖学金。奖学金的形式可以是规定一定的金额数量，作为某种奖学金形式（如 Economic Scholarship, Graduate Scholarship）颁发给成绩优异的学生，也可以是一种学费或杂费的全免（Tuition Scholarship 或 Tuition & Fees Scholarship），此种奖学金的具体金额，随学院规定的学杂费金额高低而不同。奖学金不像助学金一样只有一种形式，它在同一所大学可能设置几种甚至十几种不同形式的奖学金，一个学生可以有资格同时申请两种以上的奖学金。通常来说，获得奖学金的概率要比获得助学金的概率大些，但奖学金的金额比助学金要少一些。

3) 全免学杂费。在美国一些学院中，设有全免学费的奖学金，有的学院把它作为奖学金的一种，有的学院把它单独列出。全免学费是在非服务性奖学金中最容易申请的一种。虽然免去了学费，但由于学费只是总花费的一部分，所以如果要获得足够的资金,还需同时申请其他形式的奖学金。

(2)服务性奖学金。服务性奖学金包含助教金(Teaching Assistantship)和助研金(Research Assistantship)两种。除了美国校内奖学金,还有一些社会团体设立的多种形式的奖学金,有些是基金会、企业、公司、工厂或私人捐助给学院的,这类奖学金有几十万种,金额从500美元到10多万美元不等。其中,美国社会上由私人设立的奖学金种类繁多,以资助女性的居多。这种给女性的奖学金比一般奖学金条件更加优厚,有些是低税的,有些是免税的,有些甚至是无偿赠予的,唯一的条件是你要坚持读下去,而且要读好。

2. 英国高校的研究生奖学金

英国院校也有奖学金设置,但是额度小、总数少。没有全奖,但是会提供学费减免。比如大学的学费每年在1.5万英镑,学校会给成绩优异的学生提供5000英镑的学费减免。

除了学校提供奖学金外,英国还有多个提供奖学金的机构,包括英国文化协会、英国学会、海外研究学生基金计划(OR-SAS)、皇家协会等。与学校奖学金相比,政府类型奖学金更具吸引力。志奋领奖学金(Chevening Scholarship)是英国政府最具代表性的旗舰奖学金项目。该项奖学金由英国外交和联邦事务部(FCO)出资,提供的奖学金包括学费及生活费。获得该奖学金的专业人士,就意味着有了在英国的大学以及学院里进一步发展自身的学术和管理才能的机会。志奋领奖学金项目竞争激烈。申请人提交的申请表的内容、学历和职业经历,以及英语水平是评估申请人的重要依据。

3. 澳大利亚高校的研究生奖学金

澳大利亚大学的奖学金主要包括澳大利亚发展奖学金(ADS)和澳洲国际研究生研究奖学金(IPRS)。澳大利亚发展奖学金由澳大利亚国际发展署（AUSAID）与中国对外经济贸易合作部联合发给中国的国家公务人员。这种奖学金目前不接受个人申请，有意申请者可与中国外经贸部或国内各地外经贸委联系。澳洲国际研究生研究奖学金主要发给来自海外的做研究课题的硕士或博士研究生，每年只有300个名额，所提供的奖学金用来支付学费和健康保险费。顶级大学名额每年一般有20～30个名额，一般的大学可能每年只有两三个名额。

除此之外，很多大学都设置有由大学或院（系）出资的，对优秀海外学生有学费减免的政策。本科成绩和工作经验是学校最看重的两点，多数拿到澳洲国际研究生研究奖学金的中国学生都是工作过至少三年的。如果没有工作经验，本科成绩必须非常好，一般在系里位居前三名。

4. 加拿大高校的研究生奖学金

加拿大大学向本国学生及其留学生提供奖学金（Scholarship）或助学金（Allowance），成绩优秀的学生可获优先考虑。硕士和博士研究生获奖学金的机会较多。加拿大为外国研究生以上的学生提供奖学金或助教、助研津贴。

（二）国外高校奖学金申请流程

1. 收集关于奖学金的各种信息

可以通过互联网来查询，也可以通过报纸杂志等来了解。从颁发机构来看，奖学金分为三种类型：政府奖学金、院校奖学金和其他机构奖学金三类。很多国家都同时提供这三种类型的奖学金，条件也各有差异，在选择前要详细咨询和了解。从分发的阶段来看，不同项目的奖学金差别也很大，有的只是一个学期的学费，有的是一个学年的学费和生活费，有的甚至是整个课程的学费。

一般来说，院校奖学金更看重学生的专业、成绩，所以在颁发方式上也有讲究，一般是第一学期减免一定比例，第二学期再根据第一学期的成绩全免或继续免除一定比例。英国的院校奖学金则会在学生入学后根据其第一学期的成绩、综合表现进行审核。政府奖学金则侧重于某个领域内的专才，以及有明确研究方向的人士。其他机构提供的奖学金往往附加一定的额外条件或要求。例如荷兰一家企业就为优秀的理工科国际留学生提供全额奖学金，但学生毕业后必须和这家企业签订三年的工作合同。

2. 向学校或其他有关部门写信索取有关的奖学金资料

①你的回邮的详细地址；②你所修学位及范围（专业）；③你拟入学的时间（学期）；④索要入学申请表与奖学金申请表；⑤有关自己的背景及英语考试成绩也可作简要说明；⑥向大学发出的索取申请资料与表格的信函，一般要尽可能多地向不同学校发出，要求对方寄回录取申请表、奖学金申请表以及有关申请专业和学校的介绍；⑦绝大多数的大学在收到信函后会立即把这些材料寄回，同时会有一些关于奖学金设置情况、学校规模、学校资历、专业师资以及学生服务设施等材料。

3. 仔细研究奖学金的申请条件

（1）硬件：首先是毕业院校，最好是国家重点大学尤其是进入国家"985"、"211工程"的大学；其次是大学专业成绩，要求各学科成绩优异，最好获得过奖学金；最后是语言成绩，托福或雅思等考试成绩优异。

（2）软件：主要考量有哪些研究成就，获得了什么奖项，有什么特殊才能或贡献，是否有过专业领域的实习经历，在沟通、适应能力等方面的综合素质等。

收到大学的回函后，要进行粗略的挑选，要注意学校有无对申请国外大学奖学金在各种条件上的要求，例如英语等。然后进一步确定需要进行申请的目标。

4. 注意奖学金的申请时间

申请奖学金需要提前着手准备，有的需要和入学申请同时提交，有的则可以在批准入学后再提交申请。美国、加拿大等都需要提前8～10个月进行申请准备，而英国甚至需要提前12个月。这是因为只有在截至1～2个月前递出申请，才能避免因为材料不齐全可能产生的问题。对于那些较早递出奖学金申请的学生，学校往往也会优先考虑。

5. 准备各种申请材料

申请材料的准备十分烦琐，而又来不得一点马虎。完整的申请材料一般包括：①已填好的校方寄来的入学申请表；②已填好的各种奖学金资助申请表以及财力证明表；③雅思或者托福成绩等必要考试成绩复印件；④2～3封教授推荐信；⑤中英文两份学习成绩单；⑥简历；⑦读书计划；⑧学历证明。

在准备申请材料的时候应认真对待，一封优秀的推荐信或一份优秀的读书计划在申请奖学金资助上有时会起到决定性影响。相反，仅仅由于读书计划的大意，可能就会导致整个申请的失败。

6. 邮寄申请、催询与继续联系

当一切准备材料都齐全之后，就可以发往申请学校了。申请人把自己的申请材料寄出后，不能静待结果，必须与学校保持联系。如果所寄出的材料并未符合对方的要求，校方会来信要求更正或补充。申请人在收到校方回信后应尽快作出更正，缺少的材料如果已寄发一个月仍未到达，则很可能丢失，需再寄一次。

一些学校由于每年都有大量的人申请，便不会主动与申请人联络。只要申请材料不齐全，学校会对你的申请不予理会。申请人应隔几周与校方联系一下，询问材料是否齐全，申请是否已经完成，是否获准奖学金资助，等等。

7. 奖学金的颁授与录取通知

一旦作出评定后，学校会以书函形式通知你已获得奖学金资

助,资助金额为多少,资助是否能覆盖全年的总消费,并要求申请人尽快作出是否接受奖学金资助的回复。如果资助不是全额,学校会同时让你另外寻找经济来源来补足全部费用,这时应立即回复能否寻找到其他资助来源,如果不能,应继续要求学校给予全额奖学金资助。学校如果授予一名学生奖学金资助,就是认为此申请人在学术上是十分优秀的,也很想吸收他成为一名学员,这样就不会仅仅因小部分资金来源未定而使其不得不放弃求学机会,学校会尽可能满足他的要求。若学校资助条件比较令人满意,要回复接受奖学金资助,同时表达感激。

学校通知申请人获得奖学金资助时会要求获奖人一定时间内给予校方回复,申请人应尽早回信。不愿接受的学校,也应回信通告,并致歉意。校方接到奖学金资助接受的回复函后便会寄发正式的录取通知书。寄发正式的录取通知书主要说明:①学校准许申请人入学的同时申请人表示愿意赴该校学习;②学生在学校第一年的全部费用都已有固定来源,无论是以奖学金资助还是以其他经济资助方式。

第二节 世界各地区著名商学院

一、比较热门的留学国家和地区

(一) 热门国家和地区[①]

近年来,出国深造越来越多地出现在中国学生的求学路上,受到不少学生和家长的关注,选择哪个国家、学习什么专业、费

---

① 资料参考:新浪教育网(http://edu.sina.com.cn/)、新东方官网(http://www.xdf.cn/)。

用的高低等问题也随之而来。据统计,在中国较热门的留学国家包括美国、英国、加拿大和澳大利亚。除了四大热门留学国家,预计法国、德国、荷兰等欧洲小语种国家的人气将大幅飙升;同时,新加坡、日本、韩国、中国香港因为升学优势明显,环境适宜,选择这些国家和地区学习的学生数量也会上升。

(二)热门国家优势对比

1. 美国硕士:留学生首选读研国,提供丰富奖学金,但门槛较高

美国是世界上教育事业最发达的国家之一,教育资源丰富,文凭含金量高,比较容易找到适合自己的学校和专业。美国大学和政府及众多民间组织为国际学生提供丰厚的奖学金,人人机会平等,是近年中国学生留学的首选。

据留学专家介绍,美国硕士一般要读两年,如工程、传媒等学科,读一年的有金融、法律等。根据所学习的专业不同、学校性质不同、学校所在城市的消费水平不同,美国硕士留学的费用成本有一定的差异。

但是,美国对留学生申请学校的成绩要求也较为严格,新托福成绩 100 分以上或老托福成绩 600 分以上;商科需要考 G-MAT,且 700 分以上;大学四年各科平均分在 85 分以上。近年来,申请到美国读研的门槛也不断提高。

2. 加拿大硕士:留学费用相对低廉,就业政策宽松,但是转专业较困难

加拿大多年来以优秀的教育质量与美英并列于世界教育翘楚之列,既承袭了严谨传统的英式教育,又借鉴了美式教育的先进自由。其硕士教育更是强调学术研究与实用性相结合,学位含金量极高,是众多优秀学子继续深造的理想国度。

加拿大大学实行公立教育体制,因此学生能够用相对低廉的费用获得世界一流的教育，加拿大研究生课程一年的留学费用为人民币20万~25万元。同时，加拿大的许多大学开设带薪实习课程，并鼓励其毕业后留在加拿大就业。相较于其他国家，加拿大的工作签证期限长，在加拿大学习完两年或两年以上的学生，在毕业以后可以直接申请最多三年的工作签证，申请时无须提供雇主聘请证明，无须从事与所学相关的工作。但在加拿大留学，想要转换专业是比较困难的，很多专业要求有相关的学术背景。

3. 英国硕士：课程含金量高，学制只有一年且容易转专业

英国大学的硕士研究生课程含金量高，时间紧凑，只有一年的时间，因此每年有众多的申请人选择留学英国。商科是英国的传统热门专业，会计专业更是因为就业率高和就业起薪高而成为受欢迎的传统热门专业。ACCA（国际注册会计师）的很多成员有机会进入毕马威（KPMG）、德勤（Deloitte）、安永（Ernst & Young）、普华永道（Pricewaterhouse Coopers）世界四大会计师事务所工作。在英国，很多中国学生找到了会计类相关工作。

相较于留学其他国家难转专业，英国大学很多专业的设置都是为转专业的学生提供的，许多不同专业的学生都可以直接申请。另外，很多大学还提供了硕士预科课程，可供转专业的同学申请。只要完成硕士预科课程，就可直接进入学位课程学习。这对于想往其他领域发展的学生来说，无疑是一个非常好的机会，而且对于以后的职业发展，也多了一个选择。

同时，申请英国的硕士专业，绝大部分都不需要在申请的时候递交雅思成绩，可以先申请到需要补充条件的通知书，雅思考完了再补交。

4. 澳大利亚硕士：名校录取难度低，教育品质卓著

澳大利亚高质量的学历教育得到广泛的公认，也获得了世界各国的高度评价。在 TIMES（《泰晤士报》）大学排名中，40%的澳大利亚大学均在世界前200名。如金融、市场、会计等专业

更是排在世界前列,能够满足中国学生专业选择多样性的要求。相对于美英,澳大利亚留学申请难度相对较低。

据留学专家介绍,澳洲八大名校一直备受各界推崇,其高水准教育、低申请门槛是超越英美的最大亮点。如果你有浓厚的名校情结,而在美国只能进前百位的学校,那么澳洲名校是不错的选择。

5. 法国硕士:留学费用低,但是对语言和资金担保均有要求

法国在高等教育阶段的教育处于世界一流水平,特别是高等商学院,专业设置非常全面,完全可以满足所有专业背景的学生踏入商界的要求。法国在各类专业上都有世界知名的院校,无论申请者的教育背景如何,都可以找到适合自己的学校。且留学费用远远低于去英联邦国家的花费,大部分高等商学院商科硕士的总体费用每年只需要17万元左右,而公立学校甚至免掉了学费。

但是,赴法留学一般需要500个小时左右的法语学习时间及相应的考试成绩。对于无法语基础者,法语的学习准备时间为3~5个月。所以,对没有法语基础的学生,到法国留学至少要提前半年以上准备。而资金担保方面要求父母存入第一年的学费(一般来说,赴法留学第一年为语言学习年,语言中心的学费为人民币2万~6万元)和生活费(生活费按照法国的要求每年不低于6000欧元),并且父母需提供其收入证明和近半年以来的银行卡资金流动记录。

6. 香港硕士:费用较低,七年可获港人身份,但申请热门专业需提前准备

在世界大学排名中,香港大学、香港科技大学、香港中文大学都名列前50位,香港城市大学、香港理工大学等名校也都位居世界前200名。这些名校的硕士课程国际化程度高、学制短,一般只需一年至一年半,每年的费用包括学费及生活费约人民币

15万元。

香港作为亚太地区金融中心、闻名世界的自由贸易港,加之背靠中国内地等巨大优势,贸易活跃,经济蓬勃增长。这一切都为毕业生提供了极佳的就业机会,尤其为志在活跃于世界舞台的年轻人提供了一个更高的跳板。亚洲企业200强,多家总部设在香港,领域涉及金融、传媒娱乐、电信、地产、旅游等。得天独厚的就业环境加上毕业后可获一年工作签证,三年后可申请永久居留,七年获得港人身份,吸引了很多高才生。

每年的10月、11月,香港高校都将陆续开放次年入学申请,按照先申请先录取的原则,录满为止。香港名校热门专业的申请竞争都非常激烈,录取率也非常低,比如香港中文大学的新媒体专业。在申请香港的学校时,除了热门专业院校,对于一些冷门专业,也可以大胆尝试。

7. 新加坡硕士:费用较低,申请难度较低

新加坡留学申请需要你大学四年的努力:申请新加坡的学校,更注重的是你大学四年的成绩,注重的是你的学习能力,而不是你一时的考试成绩,申请更合理更注重学生的能力。只要你在大学四年是一个不错的学生,你就有机会申请到录取通知书。

如果选择欧美国家,那么所花费的金钱让很多工薪家庭难以承受,每年需要花费大约15万元甚至更高的费用。但是申请新加坡的公立大学就不会有这样的顾虑。新加坡留学费用大大低于美国、英国等国家,现新加坡政府给予每位在读研究生奖学金(但会逐步取消),另外,新加坡银行也为获得入学的海外留学生提供80%的学费贷款。By coursework(普通形式的硕士入学方式)硕士学位研究生,学制为1~2年。学生可以根据自己的经济和学习能力安排一年、一年半或两年毕业。

多数来自中国的留学生,可以顺利在新加坡找到工作,并且顺利地移民。但是,新加坡约77%为华人,尽管学校用英文授课,但出了校门之后仍然无法完全找到英文环境和体会西方的经济文化生活。

二、世界著名商学院的申请条件及就业情况

表1-1是2013年世界商学院总排名列表,以下按地区介绍世界著名商学院的申请条件及就业情况。

表1-1　2013年全球商学院MBA排名[①]

2013年排名	三年平均排名	学校名称	国家	毕业生加权工资（美元）	工资增长百分比（%）
1	2	哈佛商学院	美国	187223	121
2	2	斯坦福大学商学院	美国	194645	115
3	2	宾夕法尼亚大学沃顿商学院	美国	180772	121
4	3	伦敦商学院	英国	160988	124
5	6	哥伦比亚大学商学院	美国	174347	123
6	5	欧洲工商管理学院	法/新加坡	153992	96
7	8	IESE商学院	西班牙	146049	141
8	8	香港科大商学院	中国	132685	153
9	8	麻省理工大学斯隆商学院	美国	160414	117
10	11	芝加哥大学布斯商学院	美国	162363	108
11	9	IE商学院	西班牙	157054	117

---

① 此表参考英国《金融时报》,http://blog.163.com/wdf_701/blog/static/37793664201331594325674/。

续上表

2013年排名	三年平均排名	学校名称	国家	毕业生加权工资（美元）	工资增长百分比（％）
12	17	加州大学伯克利分校：哈斯商学院	美国	151952	98
13	17	西北大学凯洛格商学院	美国	161269	99
14	16	耶鲁大学管理学院	美国	159370	118
15	19	中欧国际工商学院中国	中国	131362	157
16	18	达特茅斯大学塔克商学院	美国	156765	117
16	23	剑桥大学佳奇管理学院	英国	145169	98
18	18	杜克大学富科商学院	美国	145147	108
19	15	瑞士国际管理发展学院	瑞士	147380	65
19	17	纽约大学斯特恩商学院	美国	144586	106
21	19	巴黎高等商学院	法国	123571	109
22	25	西班牙高等管理学院	西班牙	126699	118
23	29	加州大学洛杉矶分校安德森商学院	美国	147125	115
24	24	牛津大学赛德商学院	英国	136609	95
24	26	康奈尔大学约翰逊商学院	美国	147799	112
26	16	印度艾哈迈达巴德管理学院	印度	171188	110
27	—	香港中文大学商学院	中国	103423	153
28	38	华威大学商学院	英国	120111	89
29	30	曼彻斯特大学商学院	英国	114769	111
30	28	密歇根大学罗斯商学院	美国	140195	197
31	—	香港大学	中国	114119	114
32	33	南洋商学院	新加坡	102683	132

续上表

2013年排名	三年平均排名	学校名称	国家	毕业生加权工资（美元）	工资增长百分比（%）
33	33	伊拉斯姆斯大学鹿特丹管理学院	荷兰	105546	103
34	22	印度商学院	印度	123470	152
35	38	美国弗吉尼亚大学达登管理学院	美国	142657	110
36	27	新加坡国立大学商学院	新加坡	94340	152
37	42	莱斯大学琼斯商学院	美国	122832	134
38	36	克兰菲尔德管理学院	英国	127911	88
39	36	米兰博可尼商学院	意大利	112673	111
40	37	伦敦城市大学卡斯商学院	英国	117195	85
40	40	乔治敦大学麦克多诺商学院	美国	130676	105
42	42	帝国理工大学商学院	英国	107032	84
43	40	卡耐基梅隆大学泰珀商学院	美国	131294	100
44	49	伊利诺伊大学香槟分校	美国	115493	113
45	54	北卡罗莱纳大学凯南·弗拉格勒商学院	美国	123004	98
46	45	多伦多大学罗特曼商学院	加拿大	97652	91
46	49	美国德州大学奥斯汀分校麦库姆斯商学院	美国	128711	91
48	41	澳大利亚管理研究生院	澳大利亚	118050	81
49	42	埃默里大学戈伊苏埃塔商学院	美国	124918	104
50	49	马里兰大学史密斯商学院	美国	112552	92
51	—	韩国成均馆大学商学院	韩国	106864	86

续上表

2013年排名	三年平均排名	学校名称	国家	毕业生加权工资（美元）	工资增长百分比（%）
52	53	约克大学斯古里克商学院	加拿大	93207	93
53	55	范德比尔特大学欧文商学院	美国	119178	98
54	—	华盛顿大学奥林商学院	美国	109119	97
54	58	美国印第安纳大学凯利商学院	美国	112932	111
57	63	美国加州大学欧文分校Merage商学院	美国	107582	96
57	61	霍特国际商学院美国	美/英/中/阿联酋	112520	89
59	73	英属哥伦比亚大学尚德商学院	加拿大	90833	76
59	53	罗切斯特大学西蒙商学院	美国	114312	117
59	77	佐治亚理工学院施勒商学院	美国	111683	104
61	—	里斯本MBA	葡萄牙	132606	84
62	—	密歇根州立大学伯德商学院	美国	107453	110
62	54	墨尔本商学院	澳大利亚	106887	64
64	—	蒂尔堡大学提亚宁堡斯商学院	荷兰	93859	90
64	67	都柏林大学史默菲商学院	爱尔兰	110099	69
66	—	柯培德商学院	巴西	96621	141
66	—	北京大学光华管理学院	中国	77044	163
68	67	普渡大学克兰勒特商学院	美国	104362	105
69	—	曼海姆商学院	德国	98262	80
69	55	德州农工大学梅斯商学院	美国	110765	108

续上表

2013年排名	三年平均排名	学校名称	国家	毕业生加权工资（美元）	工资增长百分比（%）
71	61	兰卡斯特大学管理学院	英国	96080	81
72	—	巴斯大学管理学院	英国	99916	61
72	70	俄亥俄州立大学费舍尔商学院	美国	103064	105
74	63	开普敦大学商学院	南非	137361	79
74	76	爱荷华大学 Tippie 商学院	美国	105063	124
76	65	麦吉尔大学狄索特斯商学院	加拿大	90440	89
77	62	宾夕法尼亚州立大学斯米尔商学院	美国	111359	106
78	64	加拿大西安大略大学毅伟商学院	加拿大	103112	83
78	79	华盛顿大学福斯特商学院	美国	108899	85
80	88	巴布森学院奥林商学院	美国	116212	98
81	—	杜兰大学弗里曼商学院	美国	109334	126
82	—	圣加仑大学	瑞士	100814	69
82	69	美国南加州大学马歇尔商学院	美国	120251	88
84	—	乔治华盛顿大学	美国	100600	101
84	70	Vlerick 商学院	比利时	94829	77
86	—	高丽大学商学院	韩国	124419	76
87	—	美国亚利桑那州立大学凯里商学院	美国	99796	99
87	—	斯特拉斯克莱德大学商学院	英国	108601	77
89	—	复旦大学管理学院	中国	80154	155

续上表

2013年排名	三年平均排名	学校名称	国家	毕业生加权工资（美元）	工资增长百分比（%）
90	81	INCAE 商学院	哥斯达黎加	86060	132
91	76	威斯康星商学院	美国	109878	100
92	—	里昂高等商学院	法国	94394	63
93	79	波士顿学院卡罗尔商学院	美国	111051	85
94	—	凯斯西储大学韦瑟商学院	美国	99343	103
95	—	加州大学圣地亚哥分校拉迪商学院	美国	98556	80
95	80	波士顿大学管理学院	美国	108474	96
97	—	威廉和玛丽学院梅森商学院	美国	102842	120
98	95	美国南方卫理公会大学考克斯商学院	美国	107264	95
99	91	南卡罗来纳大学摩尔商学院	美国	91878	95
100	—	阿尔伯塔大学	加拿大	86666	85

（一）香港

1. 香港高校总体概况

香港有八所公立大学，包括香港大学、香港科技大学、香港中文大学、香港理工大学、香港浸会大学、香港城市大学、香港教育学院和香港岭南大学。香港的高质量教学水平是世界公认的，同时香港作为亚洲的金融中心，更吸引了很多希望学习金融、会计、管理专业的学生。

香港的公立大学几乎拥有亚洲顶级的商学院,其中,香港大学、香港科技大学、香港中文大学、香港理工大学的商科专业更成为许多学生的梦想。在 2013 年英国《金融时报》全球商学院 MBA 排名中,香港有三所高校上榜。在 QS 2013 年亚洲大学排名中,香港高校在亚洲排名五强中占三席,香港科技大学名列第一,香港大学名列第三,香港中文大学名列第五。

2. 香港高校介绍

(1) 香港科技大学商学院。①

香港科技大学(The Hong Kong University of Science & Technology,HKUST),简称香港科大,是一所成立于 1991 年 10 月的高度国际化研究型大学,是香港八所受政府大学教育资助委员会资助并可颁授学位的高等院校之一。全部以英语为教学语言。香港科技大学在 QS 亚洲大学排名中两次超越香港大学列为亚洲第一(2011 年、2012 年),在 2013 年排名全球第 34 位,在全球顶尖大学排行中,香港科大 EMBA 课程更是世界第一。

香港科大商学院在短短的 20 年间,已跃升为一所享誉国际的商学院,学术实力备受全球广泛肯定,并在多项国际排名中稳占前列位置。香港科大商学院在推动教育发展和拓展创新商业思维方面一直走在业界前沿,提供多层次的课程,包括本科学士、工商管理硕士、行政人员工商管理硕士、理学硕士、哲学硕士和博士学位课程,以及各项行政管理人员培训课程。该院更是亚洲首间获国际管理教育协会及欧洲质量发展认证体系双重认可的商学院。

网址:http://www.bm.ust.hk/web/zh-HK/。

(2) 香港大学经济及工商管理学院。

---

① 此资料参考香港科技大学商学院官网(http://www.bm.ust.hk/web/en-US/),访问时间:2014 年 2 月 12 日。

香港大学（The University of Hong Kong），简称港大，成立于1912年，是香港第一所大学。香港大学是一所拥有十大学院的综合型研究大学，创立以来一直采用英语教学。在QS全球大学排名榜中，香港大学在2012年名列23位，2013年名列26位。

香港大学经济及工商管理学院成立于2001年，由商学院及经济金融学院联合组成，为香港大学成立的第十个学院，该学院提供8个学士课程和5个硕士课程，后者包括工商管理学硕士、工商管理学硕士（国际）、高级管理人员工商管理学硕士、经济学硕士、金融硕士。经济及工商管理学院的课程经专家特别设计，学生选读工商管理和经济金融的科目，课程广博。该学院在现今亚洲的商业及经济教育界中名列前茅，很多创新的教育以及研究皆集中于此。香港大学在2013年英国《金融时报》全球商学院MBA排名第31位。

网址：http://www.fbe.hku.hk/。

（3）香港中文大学商学院。

香港中文大学（The Chinese University of Hong Kong, CUHK），简称中大，成立于1963年10月10日，是香港第二所大学，亦是受政府大学教育资助委员会资助并可颁授学位的高等教育院校之一。香港中文大学是香港唯一仿效牛津、剑桥实行书院联邦制的大学。香港中文大学一直被列为香港三甲，并被评为亚洲最好的大学之一。在2013年QS全球大学排名榜中，香港中文大学名列第39位。

香港中文大学商学院是香港商科教育的翘楚，其两所学院（会计学院、酒店及旅游管理学院）和四个学系（决策科学与企业经济学系、金融学系、管理学系、市场学系）提供的都是最优质的课程。学院开办的工商管理硕士课程和行政人员工商管理硕士课程国际知名，一向在区内和世界位列前茅。在2013年英国《金融时报》全球商学院MBA排名榜中位居全球第

27位。

网址：http://www.bschool.cuhk.edu.hk/。

3. 香港地区商学院排名

香港地区商学院排名见表1-2、表1-3。

表1-2 英国《金融时报》全球商学院MBA（香港上榜学校）排名①

Time	HKUST Business School	CUHK Business School	University of Hong Kong
2011	Rank 6	—	—
2012	Rank 10	Rank 28	Rank 37
2013	Rank 8	Rank 27	Rank 31
Average rank in 3 three years	Rank 8	—	—

表1-3 QS世界大学排名（前100名香港上榜学校）②

University	Rank in 2013	Rank in 2012
University of Hong Kong	26	23
The Hong Kong University of Science and Technology	34	33
The Chinese University of Hong Kong	39	40

---

① 此资料引自《金融时报》，http://www.docin.com/p-664155047.html。
② 此资料引自QS世界大学排名，http://baike.baidu.com/view/9329165.htm?fr=aladdin。

4. 就业情况

目前，随着整个亚洲商业环境的提升以及主要国家特别是中国经济的提升，大量外资企业来投资，包括大量中资企业国际化，他们需要大量的人才，这造成亚洲商学院越来越有优势。而香港是中西文化交汇的地区，学生不用远赴海外就可以感受不同的学习背景和文化特色，增长见识。

凡向入境事务处提出申请的非本地应届毕业生，一律可以无条件留港，逗留时间为一年两个月。在这期间可自由就业，选择留港的毕业生的薪金一般也较高，之后可申请延长逗留期限。如果你是香港八校硕士生毕业，根据香港的留学生政策，学生毕业之后，无论你是否找到工作，都会自动替你续签一年的工作签证。相对中国内地而言，香港是国际金融大都市，对于人才的需求量广，相对来说工作的机会也非常多，尤其是经济、贸易、语言培训等方向的职位。同时，工作平台和薪资待遇也相当有诱惑力，香港一般的最低月薪是1.2万港币，许多学生毕业之后会选择留港工作。毕业后也可以离港回内地工作，香港与内地互认高等教育文凭，教育部承认香港八所大学本科以上的文凭。当然另外一部分学生则把香港作为学习深造的跳板，毕业后去北美读博士的也很多。

（二）亚洲其他地区

1. 高校总体概况

近年来，越来越多人看准了亚洲商业快速发展以及其对人才的需求量，亚洲的商科学院也越来越多。商科主要分为两大类别：一是管理类商科，二是金融类商科。其内容涉及管理学、经济学及营销学等领域，包括金融、会计、工商管理、市场营销、人力资源管理、运营及物流、组织行为学、国际贸易、房地产管理、企业战略管理等专业。

(1) 金融、会计、经济专业。

推荐国家：日本、新加坡。

亚太地区已经在国际市场中拥有极为重要的战略地位，比如东京、新加坡、香港都是世界上非常知名的金融中心。跨国银行、世界500强企业的亚太总部、金融投资机构、知名会计师事务所、保险公司等的进驻，让这些城市的商业发展更加活跃。

(2) 物流管理、市场营销专业。

推荐国家：新加坡、马来西亚。

东南亚地区作为连接东西方的桥梁，自古以来便是货物运输的重要枢纽。随着科技和人类文明的发展，其航空运输、水陆运输都已成为世界贸易中转的必经之地。新加坡樟宜机场、马六甲海峡等都是极为活跃的物流中心。

2. 东亚地区

(1) 日本。日本的商科可细分为流通、劳务管理、财务管理、市场管理等专业。其中流通和劳务管理相当于国内的零售业和物流业及人事管理，此专业在中国留学生中最具人气，如考虑毕业后回国就业，这是最适合中国留学生选择的专业。

1) 东京大学，世界排名第27位，国内排名第一位。东京大学（日语：とうきょうだいがく）是日本于1877年创办的第一所国立大学，也是日本九所帝国大学之首，是日本的最高学术殿堂，毕业生中包括不少国家领导级的人物。东京大学是日本及亚洲地区排名最高的学府，也是世界前50强大学之一，每年都有许多学子竞争进入东京大学就读。

报考东京大学，日语要求二级，口语要好。入学途径：①和其他日本人一样参加普通遴选考试；②参加以外国学校毕业学生为对象的特殊遴选考试。

希望入学的人士，可以选择上述两种方法中任意一种。正规课程的入学时间为4月。

2）京都大学，世界排名第35位，国内排名第二位。京都大学在日本是仅次于东京大学的学科齐全、规模宏大的国立综合大学。京都大学与东京大学虽为日本东西两方齐名的国立大学，但它们的传统与办学目标迥然不同。东京大学以培养治国人才为主，京都大学则以培养科学家见长。在科学研究方面，京都大学的人才和成果丰硕，因而被人们称为"科学家的摇篮"。

京都大学最基本的申请条件有：①大学本科毕业（或具有国家承认的同等学力）；②参加京都大学的修士入学测试（专业或论文），并合格；③日语二级，口语流利。

（2）韩国。韩国商科以管理类闻名亚洲，如高丽大学、首尔国立大学、延世大学商科都很强。在韩国，每所大学都有自己的特色和强项专业，而且韩国每所大学的教授都是名牌大学毕业的博士，所以韩国大学间的差异不在于师资力量和硬件水平，主要在于学科间的差异和地方间的差异。

综合最强：首尔大学、延世大学、高丽大学。

管理：延世大学、首尔大学。

社科人文：首尔大学、延世大学、高丽大学。

1）首尔大学，世界排名第35位。首尔大学又称首尔国立大学，原名汉城大学，是韩国综合排名第一位的高等学府。首尔大学位于韩国首尔市，是韩国成立最早的国立综合性大学（其前身为旧京城帝国大学），一直是韩国高等教育的典范，被称为"韩民族最高学府"。首尔大学的世界排名一直为韩国首位，是亚洲顶尖的高等学府。近几十年来，首尔大学得到了划时代的发展，现今已成为享誉国际的教育与研究机构。以"集中培养精英人才"为宗旨的首尔大学创校以来培养出一大批高端人才，充实着韩国政治、经济、社会的各个领域，如现任联合国秘书长潘基文及多位韩国总统均出身于首尔大学。

韩国每年3月和9月新学期开学，需要提前半年申请，所以最适合的时间是大四下学期刚开学的时候。

在韩国一年的生活费加上学费为 7 万至 8 万元人民币。当然，这是不包括奖学金的，留学生拿到奖学金还是很容易的，韩国允许留学生打工，大概每小时能有 20 元人民币。只要语言过关，去韩国留学还是很便宜的。

首尔大学是世界排名第 35 位的名校，申请起来当然有难度，最好有雅思或者托福的成绩，当然越高分越好。申请资料要求就比较多了，韩语最好是六级，专业课平均分达到 80 分以上。还需要解决两个问题，一是公证件的问题，去韩国留学需要大量的公证，比如学历公证、成绩公证、亲属关系公证等，手续会很麻烦，如果你自己有充足的精力可以自己办；还有一个问题就是韩国担保人，申请首尔大学必须由韩国人担保。

2）延世大学，世界排名第 114 位。作为韩国大学中历史最悠久的延世大学（韩语：연세대학교，英语：Yonsei University）创立于 1885 年，是一所以基督教精神为准则而设立的高等学府。在真理和自由的精神下，延世大学致力于培养为国家和人类作贡献的社会人才。延世大学在韩国作为最有领导力的高等学府以悠久的历史和国际化的声誉而闻名，与首尔大学、高丽大学并称韩国三大超一流大学。

3）高丽大学，世界排名第 145 位。高丽大学原名为普成大学，它是韩国最大的综合大学之一，性质是私立大学，始建于 1905 年，是根据韩国最初民间资本设立的高等教育机关，坚持救国之路在于培养教育力量，即"教育救国"。高丽大学是韩国最具生机的高等学府，在长达一百年的发展中，高丽大学在培养韩国青年的爱国思想上起到了表率作用，并作出了卓越的贡献。

（3）东南亚地区。

1）新加坡国立大学，世界排名第 36 位。新加坡国立大学商学院（简称"新国大商学院"）建立于 1965 年，是新加坡国立大学13个学院之一。学院有6个科系——企业政策系、决策科学系、财务系、会计系、市场营销系及组织与管理系，并设有4个具备实战教学能力的研究中心。

MBA课程申请条件：重点大学本科毕业，在校成绩优良，两年工作经验（不包含实习），参加GMAT考试650分左右，雅思7.0分或托福100分。学制为一年，总学费为58000新加坡元。可申请全额奖学金。

高级公共行政与管理硕士学位（MPAM）课程申请条件：属于中文课程，学制为10个月～4年；入学时间为每年3月，需要至少五年工作经验，派分单位开具相关证明。

亚太EMBA硕士学位课程申请条件：本课程采用中文授课，入学前要求获得正规大学本科学士学位，本科毕业后具有八年或以上的全职工作经验，最近五年在企业担任高层管理职位，或者有潜力在近期进入高阶管理层。大学对有卓越商业成就的企业家或者高阶管理人士有破格录取安排，申请人须呈报个人背景和资历以获得大学的评估和考核。课程学费为新币95000新加坡元（注册费10000新加坡元，在接受录取时缴交；第一期学费30000新加坡元，第二期学费30000新加坡元，第三期学费25000新加坡元），包括整个课程的注册费、学费、讲义、主要教科书及其他学习材料，上课期间的餐饮以及政府消费税。

2）南洋理工大学商学院，世界排名第32位。南洋理工大学商学院（Nanyang Business School）一直名列世界顶尖商学院，根据《世界经理人》杂志2002年调查报告，南洋理工大学商学院的Nanyang Fellows EMBA课程成功跻身于亚洲排名前五名；2004年英国"经济学家信息部"（EIU）评定的全球商学院排名中，南洋理工大学MBA课程排名东南亚第一、亚太区第七，同时进入全球MBA百强（亚洲进入百强高校仅四所）。

南洋理工大学商学院以积极致力于为亚洲和其他区域培育商

业领袖的杰出成就而享有盛名。学院多达200位专家学者的强大师资阵容,其中尤以会计、商业与金融、资讯科技与战略管理等领域最为突出,堪称当今学术界之佼佼者。南洋理工大学商学院卓越的课程和丰富的经营与管理经验使其成为新加坡唯一一家、亚洲第五家荣获 EQUIS 认证(欧洲管理发展基金会针对工商学院的国际性质量认证体系,是欧洲最严格的质量认证体系)和 AACSB(国际高等商学院协会)认证的商学院。

4. 亚洲大学排名

亚洲大学排名情况见表1-4、表1-5。

表1-4 英国《金融时报》世界商学院 MBA 排名
(前100名亚洲上榜学校)[①]

University	Rank 2013	Rank 2012	Rank 2011	Average Rank
Hong Kong UST Business School	8	10	6	8
Ceibs	15	24	17	19
CUHK Business School	27	28	—	—
University of Hong Kong	31	37	—	—
Nanyang Business School	32	34	33	33
Indian School of Business	34	20	13	22
National University of Singapore Business School	36	23	23	27
Sungkyunkwan Univesity SKK GSB	51	66	—	—
Peking University: Guanghua	66	54	—	—

---

① 此资料引自《金融时报》,http://www.docin.com/p-664155047.html。

续上表

University	Rank 2013	Rank 2012	Rank 2011	Average Rank
Korea University Business School	86	—	—	—
Fudan University School of Management	89	—	—	—

表1-5 亚洲大学综合排名①

2013年QS排名	学校（中文）	学校（英文）	国家	总分
24	新加坡国立大学	National University of Singapore (NUS)	新加坡	89.4
26	香港大学	University of Hong Kong	香港	88.6
27	东京大学	The University of Tokyo	日本	85.7
34	香港科技大学	The Hong Kong University of Science and Technology	香港（中国）	84.4
35	京都大学	Kyoto University	日本	84.1
35	首尔国立大学	Seoul National University	韩国	84.1
39	香港中文大学	The Chinese University of Hong Kong	香港（中国）	82.3
41	南洋理工大学	Nanyang Technological University (NTU)	新加坡	81.1
46	北京大学	Peking University	中国	80
48	清华大学	Tsinghua University	中国	79.3

① 此资料引自QS世界大学排名，http://baike.baidu.com/view/9329165.htm?fr=aladdin。

续上表

2013年QS排名	学校（中文）	学校（英文）	国家	总分
55	大阪大学	Osaka University	日本	76.9
60	韩国先进科技学院	KAIST-Korea Advanced Institute of Science & Technology	韩国	75.8
66	东京工业大学	Tokyo Institute of Technology	日本	74.2
75	东北大学	Tohoku University	日本	73.1
82	"国立"台湾大学	National Taiwan University（NTU）	中国（台湾）	72
88	复旦大学	Fudan University	中国	70.8
99	名古屋大学	Nagoya University	日本	68.4

5. 就业情况

（1）日本。只要有能力，在日本找工作并不是很难。经济、商学、经营等专业毕业生求职，首先日语要很流利，其次英语TOEIC（托业）至少在600分以上可以满足大公司的报名资格。对于刚毕业没有工作经验的大学生来说，英语成绩是最能吸引大公司人事部门注意力的，特别是对学文科的学生来说，没有英语成绩只能寻找一些小公司。

（2）韩国。近年来韩国留学成为潮流，大家对于韩国留学就业前景一致看好，一方面是由于近年来大量韩国企业纷纷在华投资建厂，迫切需要大量懂韩语、既熟悉中国国情又通晓韩国企业和社会文化的人才，这无疑为具有留学韩国背景的中国留学生提供了大量的工作机会；另一方面，韩国大学的很多专业在国际上非常有竞争力，就业前景一直非常好。

有很多留韩学生毕业后选择继续留在韩国深造或发展。韩国政府也十分期望既有语言能力又有学识的中国学生留在韩国,以解决出生率低、思维僵化等社会问题。

（3）东南亚。虽然东南亚大多数国家经济形势低迷,但也有国家经济发展良好,例如新加坡。新加坡留学政策非常宽松,且优势明显,因而吸引了不少留学生赴新加坡求学。其实新加坡政府这样做的主要目的是为了吸引更多具有高学历和技术专长的人才在该国就业。所以进入新加坡国立大学和新加坡理工学院的学生入学后都要签订一份合同,毕业后留在新加坡工作三年,并同时拥有新加坡永久居民（PR）身份。鉴于现在国内的就业压力之大,新加坡就业优势是很明显的。

（三）欧洲

1. 欧洲院校总体概况

欧洲有众多院校,而作为中国留学的一个热门地点,其学校教育质量很多都是很高的。在英国 2013 年 QS 排名榜上,前 20 位中欧洲院校就占了 8 所,在 2013 年英国《金融时报》全球商学院 MBA 排名前 20 位中,欧洲院校占了 8 所。

2. 欧洲院校介绍

（1）牛津大学赛义德商学院。1996 年,牛津大学接受叙利亚出生的英国富商赛义德（Wafic Said）的捐赠,建立"赛义德商学院"（Said Business School）。这所冠上捐赠者姓名的商学院,很快就出类拔萃,早在 2004 年《金融时报》全球商学院排行榜中,赛义德商学院名列 26 位,而其投资回报率一项高居榜首。

赛义德商学院硕士学位课程包括:工商管理硕士（MBA,需三年以上工作经验,平均七年）、金融经济（MSc in Financial Economics,需两年以上工作经验,平均五年）、专业管理课程

(MSc in Major Programme Management，需十年以上工作经验)。

另外，赛义德商学院还和法律系一起培养法律和金融硕士（MSc Law and Finance），和政府学院一起培养公共政策硕士（Master of Public Policy）。牛津大学的硕士课程比较适合有一定工作经验的学生申请。

（2）欧洲工商管理学院（INSEAD）。欧洲工商管理学院由2012年全球商学院排名第六上升到2013年的全球排名第四，再次确认了其美国以外最优秀商学院的领袖地位。其新加坡校区开设与法国校区相同的课程。由于各学院的MBA的学习时间长短不一，因此在课程设置上各院校亦有所不同。

法国校区的MBA课程排名全球第一，分为三个阶段：①商业基础（Business Fundamentals）；②理解环境（Understanding Context）；③个性化发展（Individual Orientation）。

（3）伦敦商学院。在中国高等教育拨款委员会于最近组织开展的教学与研究评估活动中，伦敦商学院得分最高。在全球MBA排行榜上，伦敦商学院位居欧洲各大商学院榜首。该学院专门招收研究生和有工作经历的学生，是附属于伦敦大学的研究生院。伦敦商学院提供的课程包括：商学管理硕士班（MBA）、财务硕士班（Masters in Finance）、高阶主管商学管理硕士班（EMBA）、博士班等7种课程，另外还提供国际企业高层经理有关商学和财务的教育训练。每年均有3500多名行政管理人员来此参加各种短期培训班。

伦敦商学院开设的学位课程包括：博士学位课程、全日制以及非全日制金融硕士学位课程、Sloan（麻省理工学院斯隆商学院）管理硕士学位课程以及国际行政管理硕士学位课程。所有的课程均要求学生具有实际工作经验，课程安排紧凑，讲求实用性，注重学以致用。伦敦商学院与企业、雇主建立了密切的联系，毕业生因此能够获得良好的就业机会。该学院的教师分别来自40个不同的国家，工商管理硕士课程吸引了来自50多个国家、背景各不相同的学生。伦敦商学院激励学生奋进，为学生提供帮助。学生被分在学习小组内，每组皆有教师担任顾问。所有的行政管理人员与教师皆平易近人，这是伦敦商学院的一贯传统。

（4）比利时弗拉瑞克－鲁汶－根特管理学院。弗拉瑞克－鲁汶－根特管理学院成立于1953年，是欧洲顶尖的管理学院。

在2008年《金融时报》排行榜上，弗拉瑞克－鲁汶－根特管理学院的EMBA（高层管理人员工商管理学硕士）课程被评为欧洲第20位，世界第61位；全勤工商管理学硕士课程（FT－MBA）被评为欧洲第20位，世界第75位；高层管理教育学课程排名比利时－荷兰－卢森堡三国经济联盟第一，欧洲第14位，世界第34位；综合管理学硕士课程排名欧洲第27位；而该校本身在欧洲商学院的排名中，名列第10位。

（5）哥本哈根商学院（Niels Brock）。丹麦尼尔斯布劳克哥本哈根商学院（简称：哥本哈根商学院）成立于1880年，已经具有近130年的历史，是丹麦最大的商学院，现有学生25000名，设有20个办学项目。该校与亚洲、东欧、拉丁美洲许多发展中国家合作办学。

哥本哈根商学院特别关注教育国际化。学校积极参与教师和学生的交换教学项目，并且是国外访问教师的永久接受学校。学校确保给自己的学生提供出国留学的机会，同时也热诚欢迎外国学生来哥本哈根学习。除了已有的为国际学生专门设计的国际课程外，哥本哈根商学院又新增了许多用英语教授的课程。

2000年，为了帮助中国培养高标准的国际经贸管理人才，促进中国与丹麦之间的教育合作，哥本哈根商学院与上海金融学院合作，开始了3+1的合作项目，在校学生规模达600多名。2002年，与东北师范大学人文学院合作，开设两个专业——市场营销与金融，现共有学生161名。

（6）伦敦帝国理工大学商学院。伦敦帝国理工大学商学院是一所教学与研究水平一流的商学院，在整个英国乃至世界都很有名望。该院以研究为先导，为企业培养了无数优秀的管理人才，并且一直与国内外的知名企业、机构保持良好的工作联系。

伦敦帝国理工大学商学院在2007年的EMBA排名中位于第56位，就业成功率排名为54位，毕业三个月后就业率为93%。该院所开设的课程具有广泛性、挑战性，为学生将来求职提供了选择性。该院提供的学士学位是与其他的学院合作授予的，其专业有会计学、企业经济学、组织行为与人力资源管理、营销学等。另外，该院还开设专职、兼职，以及远程教学的MBA课程，其他研究生课程有：风险管理与财政工程学、财政学、管理学、国际健康管理学等。

（7）法国埃塞克工商大学（ESSEC）。法国埃塞克工商大学创建于1907年，位于法国巴黎，是一所著名的高等教育机构，最初以提供贸易和金融等专业两年制的高等教育课程为主。如今该学院开设了一系列的课程，致力于商业与管理方面的教学与研究。

埃塞克工商大学有25000多名毕业生遍布世界各地，已成为法国和国际公司高级管理人才的主要摇篮。以严格的选择程序而闻名的主要课程计划现在已经转换为MBA课程计划，其中有20%的课程用英语授课。此外，该学院还是法国高等商学院中唯一拥有国际酒店管理、国际高档品牌管理和国际农副食品管理这三个专业的MBA课程的学校。

（8）鹿特丹管理学院。鹿特丹管理学院（RSM）是一所以MBA课程著名的学校，授课的老师多半是具有丰富实战经验的企业界职业经理人。鹿特丹管理学院的强项为跨国管理和信息技术，是第一家成功地在工商管理硕士课程中进行商业信息学教学的学院。鹿特丹管理学院（RSM）的 MBA 课程最主要的特点是其国际性多样化的成员组合、卓越的交换学生计划、暑期实习计划以及跨越财务、行销以及国际商业领域的专业训练。其课程包括：财务与控制、商业信息管理、企业家与新型商业风险、金融与投资、人力资源管理、革新管理、策略管理、供应链管理、会计与金融、市场、机构与政策经济、金融经济、国际经济与商业研究、城市与交通经济、计量经济学、运筹研究与物流、数量金融、数量市场、计算经济学、经济与 ICT。其教学方法为讲座、案例分析、实地考察、小组合作、模拟练习。

（9）西班牙埃赛德（ESADE）商学院。ESADE 在学员的团队精神、分析问题和解决问题能力、沟通和人际关系技巧、国际知识和经验等方面得分最高，得分较低的是工作经验、实践学习及学术知识。

西班牙 ESADE 商学院的全日制 MBA 课程有两种形式：一种是 18 个月课程，它适合来自任何领域的申请者，申请它的唯一门槛是必须至少有两年工作经验；一种是一年课程，主要是针对商科或者工科毕业的学生，要求至少有五年工作经验。

3. 欧洲商学院排名

（1）英国牛津大学（Oxford），最老的英语大学，是剑桥大学和哈佛大学的源头，哈佛大学的早期兴办者都是牛津大学的学生。

（2）英国剑桥大学（Cambridge），56 个诺贝尔奖，全球最多，是麻省理工学院的 4 倍。

（3）英国帝国理工大学（Imperial），8 个诺贝尔奖，除理工科外，医学也是欧洲第一。

（4）法国欧洲工商管理学院（INSEAD），全球商学最高学府，毕业生垄断全球 500 强企业董事长位置。

（5）法国巴黎大学，20 个诺贝尔奖，是牛津大学的源头，号称"大学之母"。

(6) 法国巴黎高师（Normale），11个诺贝尔奖，全球精英教育的典范。巴黎高师差不多是世界著名大学里规模最小的高校，由于每年只招收200来名学生，而报名的却有4万人，巴黎高师的入学竞争非常激烈。

(7) 德国柏林大学（洪堡大学，Humboldt），26个诺贝尔奖，希特勒大力兴建的帝国大学，其大学精神"洪堡精神"为现代大学之源。所以有"大学之母巴黎大学，大学之父柏林大学"之说。民主管理与教授治校是现代大学制度的重要组成部分，而学术界所公认的包括学术民主和学术自由等在内的现代大学制度则起源于柏林大学。其所倡导的学术和教学自由，以及教学与学术研究相统一的原则，对欧洲和北美大学的发展产生了深远的影响。

(8) 德国海德堡大学（Heidelberg），8个诺贝尔奖，历史悠久，最老的德语大学。

(9) 德国慕尼黑大学（München），22个诺贝尔奖，始建于1472年，历史悠久，文化气息浓郁，是德国规模最大的大学。

(10) 俄罗斯莫斯科大学，8个诺贝尔奖，最大的俄语大学，创建于1755年。

4. 就业情况

随着国际市场经济的复苏，荷兰、法国、瑞士、意大利等热门留学国家均有不同特色专业培养行业人才，促使毕业生就业机会大大提高。在荷兰，国际商业管理、会计等相关经济专业持续火热态势，很多学生选择留学后归国填补行业高管人才的空缺；瑞士酒店管理专业全球闻名，善于培养理论与实践相结合的高端人才，常常被除酒店以外的航空、会展、奢侈品等行业所青睐；法国、意大利公立院校免学费，而且时装设计、艺术相关专业集合了大批的时尚精英、艺术学者。可以说，欧洲各国的特色专业为中国学生提供了新的留学思路和亮点。

（1）德国：失业风险小。目前德国高校在读学生总数约为200万人，近年来每年毕业的大学生人数超过20万。但值得注意的是，在德国失业人数超过400万的大背景下，德国高校毕业生就业前景良好，他们面临的失业风险较小。

原因有两个，首先，德国正处于向信息社会转变的过程中，制造业和一般服务性领域工作岗位减少，研发、管理、咨询和教育领域的岗位不断增多，受过高等教育的大学毕业生拥有更多的就业机会。其次，德国人口总数下降，导致受过培训的劳动力相对比较紧缺，这也为高校毕业生就业提供了一定的保障。德国在就业市场上的保护性措施也减轻了本国高校毕业生就业的压力。很多外国留学生毕业后发现，要在德国找到一个合适的工作并不难，但要获得德国劳工局的工作许可却非常困难。

（2）法国："带薪大学生"。大学毕业生是法国每年新增劳动力的主要部分人。多年来，法国政府及教育部门始终将促进大学毕业生就业作为考虑重点，为这一庞大群体的就业创造了良好条件。法国的大学教育十分重视社会实践。对于即将毕业的大学四年级学生，多数高校安排的实习时间为6个月，有的甚至达9个多月。法国高校对大学生的时间安排也较为灵活，法国有一种"带薪大学生"，他们只要按照课程要求拿足学分，在时间允许的情况下就可以兼职，这类大学生毕业后更容易找到工作。

（3）俄罗斯：求职不容易。20世纪90年代，俄罗斯开始向市场经济过渡，大批经营不善的企业倒闭，失业问题突出，而缺少工作经验的大学毕业生也遇到了就业难的问题。进入21世纪后，俄罗斯经济快速发展，劳动力市场出现了人才紧缺的局面，包括大学毕业生就业在内的全国就业形势发生了根本性好转。20世纪90年代末到21世纪初，随着社会政治经济形势逐渐稳定，俄罗斯政府开始关注当时颇为严峻的大学毕业生就业问题。各地政府和学校根据本地情况积极探索大学毕业生的就业途径。

(四) 北美

1. 美国院校概况

美国大学分为两种,一种是综合大学,另一种是文理学院。

(1) 综合大学专业多,专业设置非常齐全,有许多专业应用层面的课程,比如法学院、医学院等,这些课程文理学院都没有;文理学院注重通才教育,希望每个同学都可以尽量多地去选修各种专业、各种课程,作为一个人未来全面发展的基础,注重思维和写作能力的培养。

(2) 综合性大学有研究生以上的学历供学生攻读,文理学院以本科生教育为主。

(3) 综合性大学学院较多,一所综合性的大学一般有8个学院,专业性比较强,上课形式主要是大课;文理学院很少有商学院或工程学院,主要是文理性质的课程为主,更加注重小课教学制,一般会提供部分减免学费奖学金,但提供全奖的名额极少。

2. 北美院校介绍

(1) 哈佛商学院(Harvard Business School)。哈佛大学是美国一所声名显赫的私立大学,创立于1636年,是美国最古老的大学之一。1908年成立的哈佛商学院只是一个研究生院,而不设大学本科。招生标准之一是学生必须具备学士学位。因此,哈佛商学院一开始就成了美国第一所授予学生工商管理硕士学位(MBA)的研究生院。哈佛商学院之所以几十年来一直被称为超一流的高级学府,与其正确的战略定位有相当关系。其教学目的极为明确:培养有责任感、有道德的一流管理人才——公司总经理。因此,尽管志愿报考的学生众多(6000人以上),但哈佛商学院每年也只招生800人左右,宁缺毋滥的原则保证了学生的培养质量。

哈佛商学院是如今美国最大、最富、最有名望，也是最有权威的管理学校。哈佛商学院的基金达 2.5 亿美元之巨，比美国所有其他管理学校的总和还多。商学院目前年度预算达 1 亿美元，其中用于教学研究和课程发展上的资金约 3000 万美元。

网址：http://www.hbs.edu/Pages/default.aspx。

（2）斯坦福大学商学院（Stanford Graduate School of Business）。斯坦福大学位于旧金山市，创建于 1885 年，由美国实业家利兰·斯坦福（Leland Stanford）捐建。

斯坦福大学商学院成立于 1925 年，是在校友赫伯特·胡佛（Herbert Hoover）的倡导下成立的，胡佛后来成为美国总统。斯坦福大学商学院和哈佛商学院被认为是美国最好的商学院。这两所学院多次在美国权威杂志的商学院排名中并列第一。仅从学生人数来说，斯坦福大学商学院的规模要比哈佛商学院小得多。哈佛有各种各样的企业管理人才培训计划，长则两年，短则几天，培训人数多达每年 5000 人。而斯坦福只有 Sloan 企业管理人才培训计划，为期十个月，每年只招收 50 人左右。目前斯坦福是美国最难进的商学院，每年淘汰率为 93%，斯坦福大学商学院每年申请的人数排在沃顿和哈佛之后，名列第三。

网址：http://www.gsb.stanford.edu/。

（3）宾夕法尼亚大学沃顿商学院（The Wharton School of the University of Pennsylvania）。宾夕法尼亚大学位于宾夕法尼亚州的费城，是美国一所著名的私立研究型大学，八所常春藤盟校之一。学校创建于 1740 年，是美国第四古老的高等教育机构，以及美国第一所现代意义上的大学。

宾夕法尼亚大学在艺术、人文、社会科学、建筑与工程教育上处于领先地位，其中最为知名的学科是商学、法学与医学。宾夕法尼亚大学沃顿商学院，在台湾一般翻译为"华顿商学院"，创立于1881年,是美国第一所大学商学院,也是世界上历史最悠久、学术声誉首屈一指的商学院。沃顿在各个主要的经济专业领域研究以及管理教育水平方面都有极高的声誉,在美国商学院各种排名中一直名列前茅,被认为是全美最具有开拓精神、创新意识和国际化视角的商学院。

网址:http://www.wharton.upenn.edu/。

(4)麻省理工学院斯隆商学院(MIT Sloan School of Management)。麻省理工学院(MIT)是世界上最杰出的理工学院之一,麻省理工学院斯隆商学院也被认为是美国最杰出的商学院之一。麻省理工学院斯隆商学院在2005年被《美国新闻与世界报道》杂志评选为美国排名第四位的商学院,仅次于哈佛商学院、斯坦福大学商学院和宾夕法尼亚大学沃顿商学院。身处在高科技环境之中,是斯隆管理学院最大的优势之一,同时也有许多管理学大师在此任教。根据英国伦敦《金融时报》公布的2004年全球百大MBA学校排行榜中,斯隆管理学院排名第九位。斯隆管理学院拥有许多顶尖的学术课程,包括MBA课程、关于创新与全球领导课程的斯隆院士计划、制造业领袖课程、大学生管理科学课程与博士课程。此外,还提供一系列不授予学位的经理人进修课程。

网址:http://mitsloan.mit.edu/。

3. 北美商学院排名及综合排名

北美商学院排名及综合排名见表1-6、表1-7。

表1-6 2014年USNews商学院TOP 8排名

排名	美国大学(州区)	中文译名	学费	注册人数
1	Harvard University Boston, MA	哈佛大学	$53500 per year (full-time)	1824

续上表

排名	美国大学（州区）	中文译名	学费	注册人数
1	Stanford University Stanford, CA	斯坦福大学	$57300 per year (full-time)	803
3	University of Pennsylvania (Wharton) Philadelphia, PA	沃顿商学院	$57026 per year (full-time)	1685
4	Massachusetts Institute of Technology (Sloan) Cambridge, MA	麻省理工学院	$57920 per year (full-time)	816
4	Northwestern University (Kellogg) Evanston, IL	西北大学	$56550 per year (full-time)	1161
6	University of Chicago (Booth) Chicago, IL	芝加哥大学	$56000 per year (full-time)	1161
7	University of California-Berkeley (Haas) Berkeley, CA	加州大学伯克利分校	$51422 per year (in-state, full-time); $53969 per year (out-of-state, full-time)	490
8	Columbia University New York, NY	哥伦比亚大学	$58384 per year (full-time)	1274

表1-7 US NEWS 美国本科综合排名

2013年排名	2014年排名	学校英文名称	学校中文名称
1	1	Princeton University	普林斯顿大学
1	2	Harvard University	哈佛大学
3	3	Yale University	耶鲁大学
4	4	Columbia University	哥伦比亚大学
6	5	Stanford University	斯坦福大学
4	5	University of Chicago	芝加哥大学
8	7	Duke University	杜克大学
6	7	Massachusetts Institute of Technology	麻省理工学院
8	7	University of Pennsylvania	宾夕法尼亚大学
10	10	California Institute of Technology	加州理工学院
10	10	Dartmouth College	达特茅斯学院
13	12	Johns Hopkins University	约翰霍普金斯大学
12	12	Northwestern University	西北大学
15	14	Brown University	布朗大学
14	14	Washington University in St. Louis	华盛顿大学圣路易斯分校
15	16	Cornell University	康奈尔大学
17	17	Vanderbilt University	范德堡大学
17	18	Rice University	莱斯大学
17	18	University of Notre Dame	圣母大学
20	20	Emory University	埃默里大学

续上表

2013年排名	2014年排名	学校英文名称	学校中文名称
21	20	Georgetown University	乔治城大学
21	20	University of California-Berkeley	加州大学伯克利分校
23	23	Carnegie Mellon University	卡耐基梅隆大学
24	23	University of California-Los Angeles	加州大学洛杉矶分校
24	23	University of Southern California	南加州大学
24	23	University of Virginia	弗吉尼亚大学
27	23	Wake Forest University	维克森林大学
28	28	Tufts University	塔夫斯大学
29	28	University of Michigan-Ann Arbor	密歇根大学安娜堡分校
30	30	University of North Carolina-Chapel Hill	北卡罗来纳大学教堂山分校
31	31	Boston College	波士顿学院
33	32	Brandeis University	布兰迪斯大学
33	32	College of William and Mary	威廉玛丽学院
32	32	New York University	纽约大学

表1-7是美国大学在《泰晤士报高等教育增刊》的世界大学排名,北美有60所大学进入世界前150名,充分说明北美高校在全世界的质量。[①]

[①] http://www.timeshighereducation.co.uk/world-university-rankings/2013/reputation-ranking#,《泰晤士报》高等教育。

4. 就业情况

一般而言，美国对外国留学生就业没有特别的限制，但是像核物理、航天航空、武器研究、生化研究等行业，还是不易雇用中国留学生。在美国留学就业需要看经济发展，正常条件下找工作的难易程度按地区、专业、学历的高低各不相同，如经济发达地区，工作比较好找；热门的专业好找工作。学历对工作的影响呈倒增长态势，本科找工作相对容易，其次是研究生，最难的是博士。名牌大学的毕业生，获得学士、硕士或博士学位，如果是社会需要，工作好找且工资会很高。

中国学生留美就业最常见的专业有商科、工程、计算机科学、自然科学、教育等，想要找到一份好的工作，与留学生的院校专业、能力水平以及性格谈吐等都有关系。调查表明，护理专业最有利就业，电子工程、机电、数学等专业也具备一定的就业优势，念商科或人文学科的学生，就业竞争力明显偏弱。四成以上留美学生最终选择回国创业。如今，至少六成以上的留美学生都表示，或者毕业就回国，或者工作几年再回国。

对美国留学生而言，想要在毕业后顺利地获得工作签证，找到满意的工作，在美留学期间的校外打工经历至关重要。中国学生在留美期间，校外的打工实习通常有两种模式：①申请在读的OPT课程实习，从事和专业相关的工作；②相对地，更多的美国留学生是在大学最后一年或者毕业后一年内从事工作实习。如果学生在此实习期间表现优异，就可能获得工作签证，从而获得美国留学就业。

（五）澳洲

1. 澳洲院校概况

澳大利亚是除英国、美国之外教育质量较好的国家，因此澳大利亚留学也日趋为人们所关注。在澳大利亚，学生在学习过程中扮演着主动的角色,大学都非常重视培养学生的创意和独立思考能力、广博和批判的阅读习惯、参与辩论和发挥团队功能,这些技能将能大幅提高学生的竞争力。澳洲的大学一直努力参与国际教育、研究计划以及创新活动,招揽世界各地不同专业领域的顶尖学术专家,并与美国、加拿大、欧洲和亚洲的学校进行学生及人员交换计划。

澳大利亚的教育质量具有世界一流水准,商科专业是澳大利亚的热门专业。澳大利亚有八大名校,包括澳大利亚国立大学、悉尼大学、墨尔本大学、昆士兰大学、新南威尔士大学、莫纳什大学、西澳大学和阿德雷德大学,这八大名校被称为澳洲的常春藤名校,在《泰晤士报高等教育增刊》的世界院校排名中均列前100位。

2. 澳洲院校介绍

(1)澳大利亚管理研究生院(Australian Graduate School of Management,AGSM)是从属于澳大利亚商学院(ASB)的企管教育机构。它曾是当地的两大学府新南威尔士大学(UNSW)及悉尼大学所集资经营的管理学院。2005年11月,悉尼大学宣布退出澳大利亚管理研究生院,目前澳大利亚管理研究生院由新南威尔士大学全资拥有。澳大利亚管理研究生院提供工商管理硕士和博士水平的管理学课程,其商科和经济学课程包括会计、保险精算学、商务统计、商法和税务、金融、经济学、经济计量、经济史、人力资源管理、工业关系、信息管理和图书馆学、信息系统、国际商务、饭店管理、商务日语和语言研究、法学、市场营销、组织行为学。

英国的《金融时报》2006年连续第五次把澳大利亚管理研究生院评为澳洲领先的商学院,其国际排名为第39位。该学院在2013年全球商学院MBA排名中名列48位,居于澳洲之首。该学院的开放注册课程为全澳之首,并位列世界第30位。

网址：http://www.business.unsw.edu.au/。

（2）墨尔本大学商学院（Melbourne Business School）。墨尔本大学（The University of Melbourne）是澳大利亚的一所重点教育研究机构，也是澳洲最古老和最杰出的大学之一。根据英国《泰晤士报》高等教育增刊 2005 The Top 200 World University Rankings，墨尔本大学高居全球第 19 位，在 2013 年英国 QS 世界排名第 31 位，在 2013 年英国《金融时报》全球商学院 MBA 排名中名列第 62 位。

墨尔本大学商学院在澳大利亚和国际上享有很高的声誉是建立在其 50 多年来的教育卓越、世界一流的师资队伍，以及高质量的学习经历过程，并荣获欧洲质量发展认证体系（EQUIS）的质量认证。它是墨尔本大学的 15 个院（系）之一，提供诸多学科的学士学位和研究生学位。该学院在 1963 年推出首期工商管理硕士（MBA）专业，1994 年起开设市场营销硕士学位。商学院提供一系列的课程，包括 MBA、EMBA（2008 年被英国《金融时报》评选为亚太地区年度最佳 EMBA）和其他类的管理硕士和博士课程，以及一系列的高层经理人的培训课程。商学院所有课程的设计均是针对企业的管理者和领导者的现在和未来需求。其优势专业包括注册精算师硕士、注册会计师硕士、管理硕士（会计方向）、管理硕士（金融方向）、商业信息技术硕士。

网址：http://coursesearch.unimelb.edu.au/。

（3）悉尼大学商学院（The University of Sydney Business School）。悉尼大学是澳大利亚的第一所大学，被称为"澳大利亚第一校"，在世界范围内亦是最优秀的高等学府之一。悉尼大学是环太平洋大学联盟（APRU）与亚太国际贸易教育暨研究联盟（PACIBER）的成员。学校主力提供牛剑式的学院生活，在 2013 年英国 QS 世界大学排名中名列第 38 位。

悉尼大学商学院是澳大利亚最好和入学分数最高的商学院之

一。在国际上亦是极具影响力的著名商学院,为国际高等商学院协会(AACSB)和欧洲质量发展认证体系(EQUIS)认证的正规学校,文凭得到北美和欧洲的认可。悉尼大学商学院师资优良,是澳大利亚唯一一所为留学生安排到当地顶级企业实习的商学院,实习企业包括澳大利亚联邦银行、安永会计师事务所、德勤会计师事务所、普华永道会计师事务所等,实习成绩将计入学分。悉尼大学商学院在授课型商科硕士方面目前主要提供以下9个方向的专业选择:会计、商业信息系统、商业法、金融、国际商务、市场营销、运营管理和计量经济学、运输、物流和供应链管理和工作与组织研究。[1]

网址:http://sydney.edu.au/。

3. 澳洲商学院排名

澳洲商学院在世界上的排名见表1-8、表1-9。

表1-8 英国《金融时报》世界商学院MBA(澳洲)排名[2]

Annual	Australia Graduate School of Management (AGSM)	Melboune Business School
2011	35	53
2012	41	46
2013	48	62
Average rank in three years	41	54

---

[1] 此资料引自悉尼大学商学院官网,http://sydney.edu.au/,访问时间:2014年1月4日。

[2] 此资料引自英国《金融时报》,http://www.docin.com/p-664155047.html。

表1-9 QS世界大学排名（澳洲前100名上榜学校）[①]

University	Rank in 2013	Rank in 2012
Australian National University	27	24
The University of Melbourne	31	36
The University of Sydney	38	39
The University of Queensland	43	46
The University of New South Wales	53	52
The University of Western Australia	84	79

4. 就业情况

澳大利亚全国拥有42所大学，各学校的学历文凭是被各州相互认同且全国通行的。澳大利亚的学历资格也被世界各国包括我国所广泛承认。商科专业在澳大利亚是热门也是优势专业，商科类的会计、财务经理、财务总监、市场推广及销售等职业收入比较可观。

在澳大利亚完成两年以上的课程后，留学生可以申请"485类临时工作签证"，这个签证允许留学生在澳大利亚逗留18个月，留学生可利用这段时间找工作。根据现在的情况来看，大部分的学生都会选择先留在澳大利亚找工作，也希望在澳大利亚的工作经验能帮助他们达到普通技术移民分数的要求。在澳洲完成至少两年时间的学习，并获得硕士学位的毕业生，将获得长达三年的合法居留签证；在澳洲完成至少两年时间的学习，并获得博士学位的毕业生，将获得长达四年的合法居留签证。澳洲学位让

[①] 此资料引自QS世界大学排名，http://baike.baidu.com/view/9329165.htm?fr=aladdin。

中国毕业生在自己国家的劳动市场上也拥有一定优势。一份对曾在澳洲留学的495位中国毕业生的调查发现，其中82%的人找到了工作，而他们的雇主中有93%推荐招募来自澳洲的学生。仅有12%的毕业生仍然处于失业状态，而中国毕业生的总体失业率为22%。

附　出国留学案例

案例一

姓名：韦懿格

申请到的国家：英国

申请到的院校：牛津大学

申请到的专业：金融硕士

问：为什么选择出国？

答：这一直是各个论坛上甚至家庭中都会争论的问题。我们花费几十万元出国，到底是为了什么？对于这个问题，我觉得首先要看家里是否支持，另一方面就是要看自己未来希望发展的方向。目前一种普遍的看法是，如果想专心做审计/财务方面的话，其实不用读研，工作经验和GPA最重要。如果想往金融行业发展，没有研究生学历作为敲门砖会带来一定的困难。所以还是希望大家能在做出选择之前，好好地想一想自己要的是什么，这样才能做到有的放矢。

另外，国外硕士的学制大多是一年至一年半，寄望这么短的时间能给自己带来质的飞跃是不现实的，大多还是要看你整个本科阶段的沉淀和积累。况且现在出国的人越来越多，一纸英文文凭早就不如想象中值钱，认清了这一点，才不会在研究生毕业之际感到非常大的落差。我个人的想法其实也很简单：我还是希望能趁年轻的时候看看外面的世界，很多时候你以为生活是你看到的样子，其实不然。而做自己想做的事情，比纠结不可预知的未来、形势要更重要。人的成长发展是一辈子的事，读书这几年却是很短暂的。为了可能好或不好的就业形势而纠结自己的职业道路选择，其实是挺不值得的事。出国和高考一样，只是人生的一个点，但是这个点对你人生的影响，却需要你去慢慢分析，仔细计划。其实未来永远是掌握在我们手中，只是看我们怎么去计划它，怎么去创造它。

问：你为什么选择这个国家、这所大学呢？

答：因为我希望毕业后回国，觉得英国的性价比比较高。

问：如果申请到国外留学，那么在大学期间应如何规划自己每一年的学习，每年应该通过哪些考试来为自己铺好路？

答：大一大二时努力保持88分以上的GPA，大三上下学期分别完成语言和GRE/GMAT考试。

问：出国需要准备什么考试？

答：出国最难逃的就是标准化考试，GRE/GMAT + TOEFL/IELTS的组合给留学生党带来了苦恼。大家在考试之前，一定要对自己未来想要读的专业有一个清楚的定位。一般来说，如果想要读会计、金融、市场、工商管理等专业就要参加GMAT考试，但如果是金融工程或者经济学（国外的经济学一般设在文理学院下）就需要考GRE。我感觉GMAT考试在整体难度上低于GRE考试，主要因为GRE考试对单词量的要求很高，而我恰恰是记不住单词的那一类人。至于选择托福还是雅思的问题，则要视你要选择的国家而定。虽然现在大部分学校是两种语言成绩都接受，但是从录取标准上看，英美还是分别对自己国家主导的考试体系有所偏好。如果在考试的时候还不能确定自己的方向，那么托福考试的适用范围会更大一点，但另一个公认的事实是：托福考试的难度要大于雅思考试。

问：请问你怎么安排时间？

答：在考试的安排上面，我自己还是计划和完成得比较好的。但其实在大二之前我并未意识到及早完成考试的重要性,直到在小学期一场经验交流会中,一位师姐谈及她曾经想出国却因为大四无法兼顾实习和考试而放弃,最后师姐语重心长地说:"真的建议所有打算出国的同学尽量在大三上学期完成所有标准化考试。"这句话几乎是瞬间点醒了我,抱着 now or never(现在开始或永远不做)的觉悟,我迅速回去买了书报了名,并义无反顾地把整个暑假都花在背单词、做真题和练口语中,终于在 9 月份有幸考出了超出自己期望的成绩,然后又在次年的 4 月份完成了 GMAT 考试。但是也要提醒大家,虽然 GMAT/GRE 的有效期有五年,但是语言考试的有效期只有两年,因此并不是越早考越好,我的建议是安排在大三,开学的 10 月份以后,因为不排除有个别非常苛刻的学校要求成绩到研究生开学日都有效。平心而论,参加这些考试还是很耗精力和体力的。另外一点就是要给自己留出成绩不理想需要再考一次的时间,为了防止频繁刷分,现在的考试连续两次参加的间隔周期都要求在 31 天以上。如果因为这样而不能及时提交成绩而错过申请轮次,就太得不偿失了。

问:当你申请学校时,国外高校最注重学生哪些方面呢?

答:英国学校比较注重申请者的硬件:GPA、标准化考试成绩。

问:在你眼中,外国的大学与中国的大学的最大区别是什么?其中外国学校最吸引你的一点又是什么?

答:(中国大学)"严进宽出"与(外国大学)"宽进严出"的培养方式。我希望能体验不同的文化、拓展自己的视野。

问:你认为出国留学前需要考虑什么因素呢?

答:家里的经济条件、家人是否支持、个人对英语学习的适应程度。

案例二
姓名：陈思宇
申请到的国家：新加坡
申请到的院校：新加坡国立大学
申请到的专业：经济/金融博士
问：为什么想要出国？
答：这个问题我也问过若干师兄师姐，答案无非三种。

一种是逃避，美其名曰体验，不清楚自己未来的方向，出国一两年镀镀金，感受一下发达国家的人文生活。我并不否定这样的做法，也许出国真的会成为一个人的转折点，让你受到了震撼，寻找到未来的灵感。但我想说这样的人很少，收效甚微。如果你家境富裕，能够承担你去英美游荡一两年的花销，回来成为"海带"，可以考虑一下。国外找工作越来越难，如果回国，国内的HR对出国留学的水分程度已经把握越来越透彻了，英美一年制的项目被认可程度逐年降低，尤其很多金融项目都是9个月制的，能学到的能改变的确实不多。

我认为未来五年内，随着国内经济教育水平的提高，出国潮流会逐渐降温。本土名牌学校三年制硕士比一年制海归硕士就业更好，当然排除世界前30名以内学校的硕士。保研的同学，尤其是外推保研的同学可能对这点了解会更多。我认为如果将来是直接就业的，可以考虑一下在国内名牌学校读研究生的机会。

第二点，去外国名牌大学接受更为先进的教育。中国的教育模式一直被外人以及国人诟病。国外的教育确实有别于中国填鸭式的灌输教育，更多是引导自我探索发现。我们久居中国，要仔细考虑自己是否能够适应国外的教育，否则到国外还没有适应完就可能学习结束了。接受先进的教育，能够与来自世界各地的学子交流，与优秀的同学们一起合作，从他们身上学习自己所没有的品质与能力，是一件非常具有正能量的事情。

第三，就业要求。比如你心仪的就业单位要求必须拥有海外留学背景，那么你就不得不选择这条路了。一般来说硕士方面，美国在国内的认可程度较高，美国前50名的学校跟英国前四名的学校在就业方面竞争力相仿。英国前五名之后的学校就业竞争力会打折扣。但是前面的结论只是从一般水平来说。之所以说美国金融硕士竞争激烈，那是因为除了可以申请的学校少之外，工作了一两年的人也会与应届生共同竞争，他们的竞争力往往更强。英国的牛津大学、剑桥大学、伦敦政治经济学院、帝国理工学院都是非常不错的学校，他们的项目偏向学术。公共政策管理专业相对容易申请好的学校，因为好的学校都有这个专业，但是回来找工作就是一个问题。考虑完专业、地点、学制等（其实能申请的学校不多，多数中国人就是奔着名校去，排除那些只想体验的人），然后考虑经费问题。商学院的学费相对高。人民币升值，可是学费每年5%上涨，一般读硕士几乎没有奖学金。尽管在美国顶级商学院一年5万美元的学费，开销很大，但是很多师兄师姐反馈，基本入职三年就能赚回成本。

所以，综上所述，如果要出国，就让自己变得优秀，申请优秀的学校，接触优秀的人，积累人脉，这样才能有投资回报。另外，我想对师弟师妹们说，其实出国拿到一份好的 offer 不应该成为你的梦想。因为你的梦想应该更大，更遥远。出国只是给你一个桥梁，而无论是出国、考研、工作，都需要很完整、很系统的规划。相信如果你有了很好的规划，又踏实地去实践了的话，那么你在追求更大梦想的过程中，每一步都会有成功。

问：申请出国需要哪些准备？

答：如果确定申请出国，那么早准备。两门考试，即语言（托福/雅思）和研究生入学考试（GRE/GMAT），多数专业领域认可 GRE，申请商科一般 GMAT 即可，公共政策管理是 GRE。如果你确定出国，那么第一步就是去学校官网查看你希望申请项目的详细说明,看课程设置、入学要求(对 GT 成绩的要求),对你其他方面的能力要求。出国留学 GPA 和 GT 成绩是硬件,语言成绩是门槛(过了门槛基本不会因为语言成绩的高低去筛选人),实习经历、海外志愿者经历、海外游学经历都是亮点。很多人会问需不需要中介,其实决定性因素是个人,中介只能润色。

问:有哪些总结感悟要给予准备出国的师弟师妹呢?

答:有几点我自己的感想,希望能对准备出国留学的师弟师妹有帮助:

第一,出国留学早确定。从你决定出国留学的那一刻开始不要再受到保研、就业、公务员的诱惑,请坚定你的脚步。

第二,目标要明确,根据学校要求设计提升背景的计划。比如申请学术类项目,要参加科研和发表论文;申请金融专业,要注意实践活动(实习、金融比赛等)。

第三,早考 GRE/GMAT/雅思。考十次 GRE/GMAT 的大有人在,如果你不能预留语言考试的时间,那么你很有可能因为 GRE/GMAT 的门槛而与自己理想的大学擦肩而过。

第四,打造自己的亮点。发现自己可以塑造培养的亮点,与众不同才能吸引面试官的眼球。

第五,申请之路不是一帆风顺,如果申请不如意,下一年再申请的也大有人在,不必过于纠结。

问:经历了新加坡国立大学的面试,有没有什么面试心得可以与学弟学妹们分享?

答:第一,不要过度夸大自己,会很危险。因为全程是交互式面试,你抛出的信息可能会被追问,不熟悉的东西不要随便乱说,容易露出马脚。

第二,常规题目会问,但是不是主要方面,面试最多的是问你的个人经历,或者你的个人素质,或者你的笔试,具体的方向要看教授或者是自己的引导。

第三,参加的同学有本科、硕士甚至博士,但是不存在某一个群体有绝对优势。所以不要担心,重要的在于个人。

第四,重要程度(个人观点):GPA、笔试、面试情况,学校、研究背景,T/G(托福/GRE),这个排列并不绝对,但是我觉得在校期间的学习的重要性毋庸置疑。

第五,很多人说面试其实就是给面试官的一种感觉,有时候不是你不优秀,而是你和面试官的感觉不对。最好的心态就是面试完之后当作被拒,否则你将无法正常开展自己接下来的安排。

第二章 国内读研
——以七所重点大学为例

第一节 中山大学

保研看重的不仅是四年的绩点（主要是大学前三年的成绩），还有大学四年里论文的发表情况、参与竞赛所获的成果等。准备保研的同学也要考虑保送的高校、学院或专业，其中主要的分类有——本校本院的保研、本校外院的保研和外校的保研。值得注意的是，某些高校的保研工作是在夏令营的时候完成的，例如北京大学的光华管理学院、复旦大学的经济学院等，所以同学们需要多留意各高校的研究生招生网。以下是中山大学2014年保送研究生的条件和要求①。

（一）招新计划

2014年中山大学计划招收硕士研究生约4700人，其中学术型硕士研究生计划约2500人，专业学位硕士研究生计划约2200人。学术型研究生与专业学位研究生属同一层次不同类型。

（二）报考条件

1. 全国统考学术型硕士研究生的报考条件
（1）中华人民共和国公民。

---

① 网址：http://graduate.sysu.edu.cn/gra02/。

（2）遵守中华人民共和国宪法和法律，道德品行良好。身体健康状况符合国家和中山大学规定的体检要求。

（3）国家承认学历的应届本科毕业生（不含成人高校应届本科毕业生，入学报到时未获毕业资格的，将被取消录取资格）或往届本科毕业生，或已获硕士、博士学位人员。

（4）医学临床各专业（学术型）只接收本科为医学专业的毕业生（含应届本科生）。

（5）成人高校生、自考生和网络教育学生须在报名现场确认截止日期（2013年11月14日）前取得国家承认的大学本科毕业证书方可报考。

（6）在校研究生报考须在报名前征得所在培养单位同意。中山大学不接受学生在中山大学同时攻读两个（及以上）不同层次或相同层次的学位。

（7）考生持境外获得的学历证书报考，须通过教育部留学服务中心认证，资格审查时须提交认证报告。

（8）考生须承诺学历、学位证书和考试身份的真实性，一经查证为不属实，将被取消准考、录取或入学资格，已入校的将被取消学籍。

2. 工商管理硕士、公共管理硕士、旅游管理硕士、教育硕士中的教育管理等专业学位硕士研究生的报考条件

（1）符合1.中第（1）、（2）、（6）、（7）、（8）项要求。

（2）大学本科毕业后有不少于三年工作经验者（从毕业后到2014年9月1日，下同）；已获硕士或博士学位并有不少于两年工作经验者。

3. 法律硕士（非法学）专业学位硕士研究生的报考条件

（1）符合1.中第（1）、（2）、（3）、（5）、（6）、（7）、（8）项要求。

（2）在高校学习的专业为非法学专业［普通高等学校本科

专业目录法学门类中的法学类专业（代码为0301）毕业生不得报考］。

4. 法律硕士（法学）专业学位硕士研究生的报考条件

（1）符合1. 中第（1）、(2)、(3)、(5)、(6)、(7)、(8)项要求。

（2）在高校学习的专业为法学专业［仅普通高等学校本科专业目录法学门类中的法学类专业（代码为0301）毕业生方可报考］。

5. 其他专业学位硕士研究生的报考条件

（1）符合1. 中各项要求。

（2）临床医学专业学位、口腔医学专业学位及"临床医疗技能训练与研究"的临床型方向只接受本科毕业于临床医学、口腔医学专业的考生报考，往届生在复试时须持有与报考专业相对应的国家颁发的执业医师资格证书。本科专业为医学影像学、麻醉学、中医学、中西医结合和授医学学位的康复治疗学等专业的应届本科毕业生，只能报考中山大学以下临床医学专业学位的学科方向：

1）本科专业为授医学学位的康复治疗学，只能报考"105114 康复医学与理疗学"方向。

2）本科专业为医学影像学，只能报考"105107 影像医学与核医学"方向。

3）本科专业为麻醉学，只能报考"105116 麻醉学"方向。

4）本科专业为中医学或中西医结合，只能报考"105126 中西医结合临床"方向。

5）往届生报考临床医学专业学位，在入学前须获得执业医师资格证书。

（3）由中山大学组织命题的单独考试专业方向的报考条件：

1）符合1. 中第（1）、(2)、(6)、(7)、(8)项要求。

2）取得国家承认的大学本科学历后连续工作四年或四年以上，业务优秀，已经发表过研究论文（技术报告）或者已经成为业务骨干；获硕士学位或博士学位后工作两年或两年以上，业务优秀。

3）所在单位同意作为本单位委托培养，并须有两名具有高级专业技术职务的专家推荐。

4）须获得组织生源的部门推荐。

（三）接收推荐免试生的条件

（1）免试生原则上是"985"、"211工程"高校优秀应届本科生，并获得所在学校的推荐免试生资格，推荐手续完备，材料齐全。

（2）免试生在校期间各方面表现良好，身心健康，学习成绩优秀，具备作为硕士研究生培养的能力和素质。

（3）外语水平原则上要求全国大学英语六级考试成绩合格（成绩不低于426分），外语类专业第二外语考试成绩达优良（80分以上）。

（4）入学前须本科毕业并获得学士学位。

（5）除工商管理硕士、公共管理硕士、教育硕士中的教育管理、旅游管理硕士等专业学位不接收免试生外，其他专业学位均可接收免试生。

注：中山大学接收推荐免试生的具体办法详见中山大学研究生院网页（http://graduate.sysu.edu.cn/zsw/）上的相关说明。

（四）初试科目

1. 硕士研究生招生全国统考或联考科目

101—思想政治理论、199—管理类联考综合能力、201—英语一、202—俄语、203—日语、204—英语二、301—数学一、

302—数学二、303—数学三、306—西医综合、307—中医综合、315—化学（农）、397—法硕联考专业基础（法学）、398—法硕联考专业基础（非法学）、408—计算机学科专业基础综合、414—植物生理学与生物化学、497—法硕联考综合（法学）、498—法硕联考综合（非法学）。全国统考和联考科目的命题工作由教育部考试中心统一组织，全国统考和联考科目考试大纲由教育部考试中心统一编制。

除以上统考或联考科目外，中山大学招生专业目录中出现的考试科目均由中山大学自命题。自命题科目中，211—翻译硕士英语、331—社会工作原理、333—教育综合、348—文博综合、349—药学综合、354—汉语基础、357—英语翻译基础、431—金融学综合、432—统计学、434—国际商务专业基础、437—社会工作实务、445—汉语国际教育基础、448—汉语写作与百科知识的考试大纲（或考试指导性意见）由相关专业学位指导委员会编制；308—护理综合的考试大纲（或考试指导性意见）由国家学位与研究生教育学会医药科工作委员会编制；其他自命题科目的考试范围参见中山大学各招生学院、直属系、中心、附属医院（以下简称"招生院系"）提供的考试范围或参考书目。

2. 中山大学初试科目中各科目满分值

初试科目为4门的专业，第一和第二门科目满分均为100分，第三和第四门科目满分均为150分；初试科目为3门的专业，第一和第二门科目满分均为100分，第三门科目满分为300分；初试科目为2门的专业，第一门科目（管理类联考综合能力）满分为200分，第二门科目（外语）满分为100分。

3. 初试科目每科考试时间一般为3小时

（五）学费及奖助金

（1）根据教育部、财政部等有关文件要求，2014级秋季学期入学的硕士研究生均须缴纳学费。

（2）非在职全日制学术型硕士研究生的学费标准每生每年不超过8000元。非在职全日制专业学位硕士研究生和委托培养硕士研究生按相关规定缴纳学费，具体收费标准按广东省物价部门批复执行，并在中山大学研究生招生网上公布。

（3）非在职全日制学术型硕士研究生、非在职全日制专业学位硕士研究生可获得国家助学金，并可申请国家奖学金和各类学业奖学金，以及通过申请助教、助研或助管岗位获得相应的岗位津贴。委托培养硕士研究生不享受国家助学金，也不能申请国家奖学金和各类学业奖学金。

（4）奖学金实行动态管理，每年评定一次。具体评定办法参见中山大学研究生教育奖助金相关规定。

案例一 中山大学国际商学院2006级周彤保送本学院研究生

周彤前三年绩点3.98，拿过两次国家奖学金，两次一等奖学金，一次三等奖学金。她的成功心得是："保研最看重的是成绩，不论保内保外，对成绩要求的标准是一样的。成绩排名学院前20%应该可以，前10%基本不成问题了。若想保到北京大学、复旦大学、上海交通大学、上海财经大学等名校，在学院排名前两名才有希望，第一最好，保送清华大学的数学成绩要好，有论文更出彩。"

案例二 中山大学国际商学院2006级肖亮保送本学院研究生

1. 大学期间所获奖励

（1）荣获中山大学2007年度"中山大学优秀团员"称号。

（2）荣获2006—2007学年、2007—2008学年、2008—2009

学年中山大学奖学基金优秀学生二等奖学金。

（3）Douglas 队荣获第五届企业文化案例分析大赛校区决赛优胜奖（本人任队长）。

（4）荣获 2007—2008 学年度中山大学国际商学院团委优秀副部长。

（5）2006 年校区院际五人足球比赛荣获校区第四名。

2. 学生工作经历

（1）大学一年级成为国际商学院辩论队成员，参加多场学院辩论比赛，并且在学院首次辩论赛上表现出色，获"最佳辩手"奖。

（2）大学二年级担任中山大学国际商学院团委外联部副部长，参与组织了学院音乐节的赞助活动，并被评选为"优秀副部长"。

（3）2008 年 4 月，作为 Douglas 队队长参加岭南学院经济文化节企业文化案例分析大赛，以第三名的好成绩进入校区前六强，和校区其他六强同台竞技，最终荣获优胜奖。

（4）大学期间连续三个学期身为学院足球队的主力，代表学院参加校区院际足球比赛，并且进入八强。其中学院足球队第一次参加校区院际五人足球比赛，荣获校区第四的好成绩。

（5）多次参加社会调查活动，包括关于 2008 年雪灾和深圳 CBD 发展等相关调查课题。

（6）作为 2008 年寒假招生宣传学生志愿者，回母校深圳中学进行招生宣传活动，表现出色并获得荣誉证书。

3. 社会实践经验

（1）2008 年，上海浦东发展银行深圳分行个人银行实习生。

（2）2007 年，中山大学珠海校区国际商学院迎新筹委会小组长、协调组成员。

（3）2009 年，深圳市福田区石厦北"好多多超市"采购部实习生。

其实保研比较看重的是学术能力、研究能力,所以在四年的准备时间里,同学们可以多向这个方面着手,例如肖亮同学有一句比较中肯的话:"大一、大二努力过好绩点关,大三就要多多找老师指导,特别是自己感兴趣的科目的老师。"

在保研这一点上,可以把个人能力分为学习能力和研究能力。学习能力主要是指接受知识、理解知识并且运用知识的能力;而研究能力主要是指个人发现问题、研究问题,最后得出自己原创的、对社会有意义的观点或者论点等的能力。所以,同学们在平时为保研做准备时,要尽量使用批判的眼光看待问题,不要忽视每一次写论文的机会,认真对待每一次科研的机会。

第二节 北京大学

北京大学2013年保送研究生的条件和要求[①]如下。
1. 基本条件
(1) 拥护中国共产党的领导,愿为社会主义现代化建设服务,品德良好,遵纪守法。
(2) 获得母校推荐免试资格的全国重点大学优秀应届本科毕业生。
2. 申请材料
(1) 北京大学2013年接收推荐免试攻读研究生申请表2份。
(2) 北京大学2013年接收推荐免试攻读研究生个人陈述1份。

---

① 网址:http://grs.pku.edu.cn/zsxx/bkzn/#。

（3）北京大学2013年接收推荐免试攻读研究生专家推荐信3封，即需要3位专家分别推荐，且密封并在封口隙缝处签字。

（4）本科阶段成绩单1份，加盖学校教务处公章后，装入自备信封密封，并在封口骑缝处加盖教务处公章。

（5）获奖证书复印件各1份。

（6）国家英语四、六级考试成绩或TOEFL成绩、GRE成绩等体现自身英语水平的证明1份。

（7）写好申请人通讯地址及邮政编码的信封3个。

（8）如申请免试攻读我校硕士研究生，须由所在母校提供推荐指标，并由其教务处提供申请人获得母校推荐免试资格的证明信，须加盖教务处公章，否则申请无效。

此外，申请人还可提交体现自身学术水平的代表性学术论文、出版物或原创性工作成果。

根据北京大学本校毕业生的实际情况，获得推荐免试资格并符合相关要求的本校应届本科毕业生，申请攻读本系硕（博）士研究生须提交如上（1）、（2）、（6）三项各一份，外校同学及本校跨院系申请的同学须向所申请院系研究生教务办公室提交以上全部申请材料。

3．申请办法

（1）提交申请材料。有意者请访问北京大学研究生招生网或北京大学研究生院招生主页（http：//grs.pku.edu.cn/zs/zs_ss.html），查阅招生专业目录、下载申请表格，并将填好的全部申请材料（统一使用A4纸）装入自备的信封，直接寄（或送）达所报考的学院（系、所、中心）研究生教务办公室，邮政编码为100871。过期不再接受申请。全部申请材料一经收到，恕不退还。申请材料中，正式成绩单以及具有母校推荐免试资格的证明信（如确有困难）可延期补交。申请免试攻读法律硕士的同学，请按照《北京大学接收国内重点院校优秀应届本科毕业生推荐免试攻读法律硕士的选拔办法》申请。

申请免试攻读我校医学部下属各院系免试生的同学，请将相关材料直接寄往北京大学医学部研究生招生办公室，地址为北京市海淀区学院路 38 号，邮政编码为 100083，电话号码为（010）82802338。

（2）经各学院（系、所、中心）招生委员会对申请材料初审后，我校将通知通过初审的申请人来我校参加差额复试（9月底）。

（3）通过复试并同意接收的外校推荐免试硕士生，还须持我校的接收函，到母校教务处（或学生处）领取省级高校招生办公室签发（加盖公章）的推荐免试硕士生报名表，并在规定的时间到所在母校指定的报名点办理正式报名手续，未办理正式报名手续的同学不能录取。复试通过并同意接收的本科起点推荐免试直博生，按照我校应试博士生的报名办法办理报名手续，具体办法另行通知。

（4）申请人必须保证提交的申请表和其他全部申请材料的真实性和准确性。我校将在复试结束后对拟初取免试研究生张榜公示，如果申请人提交的信息不真实或不准确，我校将取消申请人免试资格。

（5）除软件学院、法律专业硕士等在专业目录上明确只招收计划外研究生的部分院系、专业之外，其他学院（系、所、中心）推荐免试研究生一经初取，录取类别均为计划内非定向或定向。

4．资格复审及录取

在发出录取通知书之前，将对获得初取资格的免试生，按以下要求进行资格复审，通过者方可被录取，未通过者，将被取消录取资格，由学生所在学校本科教务部门按本科学籍管理规定办理相应手续。

（1）完成本科培养方案规定的所有课程及实践环节（含毕业论文或实习）的学分要求。

（2）毕业论文或实习成绩应在"良"以上。

（3）取得初取资格后，本科必修、限选及公选课程不得出现不及格。

（4）自取得初取资格至入学报到之日未受过任何处分。

北京大学经济学院、光华管理学院和中国经济研究中心，是较为适合经管类学院学生报读的学院。光华管理学院和中国经济研究中心的研究生保送工作是在夏令营里面进行。以2010年为例，光华管理学院将以夏令营作为选拔推荐免试研究生的唯一方式，夏令营之后将不再安排推荐免试选拔复试。

1．申请资格

（1）本科三年级在校生（2010届毕业生）。

（2）学习成绩优秀，原则上符合光华管理学院接受推荐免试生的基本条件：光华管理学院接收2009年推荐免试研究生的条件为：本院学生专业（或年级）排名原则上居前40%，本校其他院系应届本科生参照此条件；重点院校具有免试资格的优秀的应届本科生（专业或年级排名居前10%）。各专业（方向）接收院内、院外学生人数的比例不作限制。

（3）硕博连读、直博生对所报专业的学术研究有浓厚的兴趣，愿意从事学术研究工作；金融硕士项目申请人应对金融学有浓厚的兴趣，愿意从事金融业的工作。

（4）英语水平良好。

2．申请材料

（1）2010年"优秀大学生暑期夏令营"申请表（在线填报并打印、签字）1份。

（2）个人陈述1份，企业管理各方向申请者需以英文撰写个人陈述。

（3）专家推荐信3封，即需要3位副教授以上职称专家分别推荐，且密封并在封口骑缝处签字。

（4）本科阶段成绩单（由教务部门盖章）1份，前两年半总评成绩排名证明。

（5）获奖证书复印件各1份。

（6）国家英语四、六级考试成绩或TOEFL成绩、GRE/GMAT成绩等体现自身英语水平的证明1份。

（7）申请人还可提交体现自身学术水平的代表性学术论文、出版物或原创性工作成果。

北大中国经济研究中心2010年入学的所有免试推荐硕士生和直博生在2009年8月夏令营选拔，将不再进行9月份的硕士免试推荐。另外，经济中心将招收五年制直博研究生，并可享受一定额度的奖助待遇。

中国经济研究中心硕士项目（中心现设7个专业）：

（1）政治经济学：农业经济学、城市与环境经济。

（2）经济史：中国近代经济史、西方经济史。

（3）西方经济学：人力资源和劳动经济学、发展经济学、货币、银行与金融市场、经济计量学、工业组织理论、环境和资源经济学、微观经济学、宏观经济学、制度经济学、规制经济学、卫生经济学。

（4）世界经济：国际经济学、世界经济。

（5）金融学：金融市场、公司理财、国际金融。

（6）发展经济学：中国经济改革、劳动经济学、制度变迁、人口经济学。

（7）企业管理：国际商务管理、企业战略、市场营销。

案例三 中山大学国际商学院2006级李佩珊保送北京大学

李佩珊曾担任商学院团委办公室主任、组织部副部长、经济班团支书；被评为中山大学"优秀共产党员"，获中山大学优秀学生三等奖学金。她所走的路并非从一开始就很顺利，她的学习成绩从刚入学时高考成绩的年级倒数，到大一时班里二十几名，到大二的十几名，再到大三拿到奖学金，直到现在被保研去了北京大学。回忆当时的这段路，她说："我看到的是自己在一点点进步，回忆到的是自己的每一次挫折背后的总结与调整，而这些过程远远比简简单单的获奖要重要。"

放眼中山大学，莘莘学子济济一堂，或许有很多人没有得过奖学金，或许没有获得过多少奖项，或许没有过很多出彩的社会实践，但是，我们应该不断地总结自己，善于发现自己的闪光点，并将它展现出来，那么我们也能收获别人的一份欣赏。

案例四 中山大学国际商学院2009级关楠保送北京大学

中山大学国际商学院每年在国内读研深造的人大概30人，其中有十多人是通过保外保送到国内其他高校深造的。虽说准备考研的过程是对一个人的意志力和学习能力的磨炼，但是保送这一途径相对于考研来说更早出结果，能够省下不少时间和精力，风险比较小，还能借此机会对自己将要进入深造的高校有初步的了解，因此值得准备在国内深造的同学去尝试的。

1. 关于夏令营免试推荐

对于希望保送国内高校深造的同学，有必要了解一下保送——"面试推荐研究生"的流程。如果希望通过夏令营获得录取的，大概在三年级的春季学期，5月份左右开始网申，这时应该开始准备一下自己的一些文书资料了，"自我陈述，两到三封推荐信，学院或者学校的教务处开的成绩单和排名"，这三样一般学校都要的。同时要准备的还有GRE/TOEFL的成绩、自己的论文和一些获奖证书等等材料。接下来就要申请中山大学的外推资格了，学院网站六七月份会有通知。大多数夏令营在七至八月份的暑假期间进行，如果夏令营录取不太满意，在八月底九月份还能够继续通过外推途径申请。录取的学校会与你确认并给你寄发接收函，接收函交到中山大学的教务处之后，就等待学校发放外推指标，学校会发放一个校验码，用于在11月份研究生网上报名。报名完成之后得到报名号，填写一张免试推荐登记表，交到中山大学教务处盖章，取回后寄到你的接收学校。最后到研究生报名现场确认付款、照相确认，手续就全部完成了，下一年接收时方可收到保送学校寄发的录取通知书。

关于申请材料，除了必要的文书，可以根据自己的特长和申请的项目有针对性地准备一些材料。经济类的一般要求提交参营论文，金融类项目最好能够有一些比较出彩的实习经历，或者实习单位给你写的推荐信；会计、营销和管理类的项目则可以附上自己参加过的商业比赛的获奖证书等材料。无论什么样的项目都是非常重视英语的，部分项目对 GRE/TOEFL 成绩给予了不少免笔试等待遇。

关于夏令营与推免。传统的推免是九月份、十月份的时候进行的，一般程序是学生与希望就读的高校联系，然后对方对申请的学生进行考核，最后录取。高校夏令营参考国外高校文书申请的方式，申请上都要求个人陈述、推荐信和成绩排名等材料及一些与专业领域相关的材料。同时，夏令营期间给予学生不错的招待，也借此机会展示学院的师资、设备等条件和最新的研究，很多夏令营还包括出游等娱乐项目。根据国际商学院的学制安排，5月中旬基本结课，为大家的申请准备留出了很多时间，所以鼓励大家尽量参加一些夏令营。

2. 选校、专业与发展路径

接下来再说说我的申请和我的一些看法。我申请了七个项目，北京大学国家发展研究院、北京大学光华管理学院、清华大学经管学院、中国人民大学汉青研究院、复旦大学经济学院、上海交通大学安泰经管学院和上海高级金融研究院，除了上海高级金融研究院申请的是金融硕士，其他的都是经济学项目，最后入营的项目是七个，参加了清华经管学院、复旦大学经济学院和北京大学国家发展研究院三个夏令营。以上学校的夏令营都是比较成熟的夏令营，国内其他高校的学院也在增开新的项目，这方面的信息可以关注一下保研论坛（EEBAN），看看课程设置、学院的导向等，选择自己认可、喜欢的学校和项目。

关于各个高校的对比，我认为中国顶尖的经管类学院（非MBA，MBA的实力较强的是中欧国际工商学院），北京会好一些。上海的复旦大学和交通大学实力也很强。复旦大学有经济学院和管理学院，复旦的管理学院创收能力非常强、资金很充裕，但是学术氛围还是经济学院更加浓厚一点；复旦对学生的关怀无微不至，从夏令营的接待就能够感受到，硕博项目主管王城非常平易近人，也非常愿意帮助、推荐优秀学生到国外深造。经济学院硕博项目的设置（最主要是退出机制）考虑非常人性化。上海交通大学安泰经济与管理学院商业气息比较浓厚，上海高级金融研究院设备一流，就业也不错，但中大学生入营的人还是比较少的，2012年没有中大学生入营。上海财经大学也是很不错的学校。其实财经系列院校（中央财经大学、西南财经大学、上海财经大学）在中国金融业还是有个圈子的，比如广发证券现在招西南财经大学的人比招中山大学的多。武汉大学和中央财经大学中国经济与管理研究院的培养计划都是邹恒甫一手把关的，在本科阶段就对数理和高级课程很强调，这两所学校出来的营友很多都写的是 IO 或者 Dynamic 的论文，这两个学校的硕博研究生项目应该也比较偏数理一些。

关于项目类型。项目类型一般有三种，硕士项目、硕博项目和直博项目。硕士就是两到三年制的项目。硕博是有退出机制的直博项目，以复旦大学的硕博项目为例，入学任意分配方向，两年后若退出，那么你自己挑一个专业作为正式学历专业；如果不退出，转入你自己研究的那个方向。"直博"，顾名思义，过不了博士资格考试（一般拿博士都要过这个博士资格考试）或者过不了毕业论文答辩就没有学位。但是学校给博士研究生的待遇会比硕士研究生的待遇会好一些，同时硕博和直博项目很多交换机会，比如北京大学国家发展研究院所有博士生可以在学院的资助下去国外高校交换一年，交换对象都是纽约大学、斯坦福大学、哥伦比亚大学这一级别的学校。硕士项目优势在于比较灵活，学校培养方向也会更加偏向就业市场，第一年课程压力不大，专业学位的硕士的学费还是有点贵的，但是有很多奖学金，北大光华金融硕士中不少人的一半学费能免，复旦大学管院专硕也是不需要交学费的。我认为金融专硕是大势所趋，培养路径非常清晰，为就业量身打造，相当有竞争力。

关于项目考核。不同专业的项目类型有一些差别，经济学项目一般分为博士项目和学术型硕士项目，金融学、会计学和管理类项目一般是没有学术型硕士项目，只有专业型硕士项目（一般招生规模比较大）和博士项目（招生规模很小）。不同方向的项目的考核都是针对该领域的。经济硕士考察方式一般有考试、论文答辩；专业硕士的考核一般是笔试、面试、英语面试；直博（和部分硕士项目）的考核方式会有论文答辩。就我参加的夏令营而言：清华经管有考试和论文答辩，复旦经院流程大致相同。但是考试方面则各个学校有自己的特色，清华是非常标准的考题，博弈论、微观理论、宏观理论、计量理论每方面出一题；复旦的考题则是以北京和上海的车牌发放机制的对比，考察重心在经济学直觉；北大国家发展研究院不设笔试，以论文答辩评判录取。

关于准备。如果希望通过夏令营保送在国内高校深造的，在大三的课程中可以根据自己感兴趣的事情写点东西或做一些有针对性的准备，经济增长、财政学、国际金融、博弈论、国贸理论等课程的论文多花点心思写好一点，多与老师交流改进；金融市场那本书里面有很多阅读推荐的，想做资本结构题目的可以去找连玉君老师；可以和同学参加企业文化案例分析比赛、挑战杯、花旗杯、全国大学生数学建模竞赛、国际企业管理挑战赛（GMC）等一些比赛，既锻炼自己，又能够作为一个积极的信号以增加录取的筹码。

3. 如何选择

关于选校，我觉得不一定要选择"最好"的，学校仅仅是一个标签，这个标签贴身上不会马上彻底改变你是一个什么样的人。

最后说一点题外话。我认为必须花些时间想清楚你要的是什么，不要拿你未来几十年的时间开玩笑，你现在也许为生计去选不喜欢的方向或者不喜欢的职业，或者为了暂时不用走向社会去保研或者考研等。五年十年后，金钱不成为问题之后，你终会发现你自己最想要的其实是做学术、做销售、进四大（会计师事务所）、做咨询或者做银行等，每天做着自己不喜欢的事情折磨着自己，眼睁睁地看着自己在不感兴趣的方向上越走越远，这时候放下手头的东西，机会成本可能更大。如果不是真的喜欢做学术研究或者不知道想做什么，不妨先进入社会，之后再回去读硕博研究生或者读MBA，不必追求一步到位。

第三节 清华大学

清华大学2014年保送研究生的条件和要求[①]如下。

---

① 网址：http://yz.tsinghua.edu.cn/publish/yjszs/8550/index.html。

清华大学经济管理学院的科目目录：理论经济学、应用经济学、政治经济学、西方经济学、金融学、管理科学与工程、工商管理、国际贸易学、数量经济学、会计学、技术经济学、企业管理。

1. **申请条件**

（1）拥护中国共产党的领导，愿为祖国建设服务，品德良好，遵纪守法，身心健康。

（2）全国重点大学优秀应届本科毕业生：①能在现就读学校取得推荐免试研究生资格，推荐免试攻读博士学位研究生者本科前三学年总评成绩一般在年级前5%；②学术研究兴趣浓厚，有较强的创新意识、创新能力和专业能力倾向；③诚实守信，学风端正，未受过任何处分；④身心健康，符合所申请学科的体检要求。

2. **申请材料**

（1）清华大学2014年推荐免试攻读博士（硕士）学位研究生申请表（通过网上申请系统打印）。

（2）本人自述。

（3）两位与申请攻读学位学科有关的副教授（或相当职称）以上专家的"专家推荐信"（下载空表请专家填写），推荐信须由推荐专家密封并在封口处签字。

（4）历年在校学习成绩单，并加盖学校教务处或院（系）公章，密封后在该信封的封口处加盖公章。

（5）申请免试攻读我校硕士学位研究生，须由申请者现所在学校教务处提供同意推荐免试的证明信，并加盖公章；推荐免试资格类型为"专业学位"者只能申请免试攻读我校专业学位硕士研究生；申请免试攻读我校博士学位研究生，不需要提供同意推荐免试的证明。

（6）如果有在核心刊物或会议上发表的高质量学术论文、

出版物或取得具有学术水平的工作成果，请提交复印件或证明信。

（7）如果在学期间从事课外科技活动中有获奖或突出表现，请提交由学校教务部门出具并加盖公章的证明材料。

上述各项材料应在2013年9月17日以前提交，申请攻读我校硕士学位者其现所在学校推荐免试证明信最迟可在复试时提交。

3．申请办法

（1）有意申请者可于规定时间前上网（网址为tsinghua.cpge.cn）填写申请信息并打印相关表格，将填好的全部申请材料（统一用A4纸）寄（或送）达所申请的清华大学相应院（系、所）研究生教学办公室，过期不再受理申请。

（2）清华大学会在规定时间前对申请者提供的材料进行审查，择优选拔并通知部分申请者来我校进行复试，入围复试者应在参加复试前通过我校网上系统交纳复试费（100元/人，网址同上）。

（3）清华大学对通过复试并同意接收为推荐免试攻读硕士学位、博士学位研究生的外校优秀应届本科毕业生发放初步录取通知（接收函）。取得推荐免试直读硕士学位资格者到现所在学校领取省级高校招生办公室签发的（加盖公章）推荐免试硕士生报名表，办理正式报名手续（报名时间、方式由现所在地省级招办通知）；取得清华大学推荐免试直读博士学位资格者，在规定报名时间内登录清华大学博士生招生网站，下载正式报名表，准确填写本人信息，未办理正式报名手续者不能被录取。

（4）规定时间前清华大学会对同意接收并已履行正式报名手续的外校优秀应届本科毕业生进行资格复审（复审内容在初步录取通知上有详细说明），通过者发录取通知书，未通过者不予录取。

(5) 若申请人弄虚作假,一经发现,立即取消其来清华大学的免试读研资格,并通报申请人所在学校。

(6) 申请材料邮寄地址:

北京市　清华大学(申请者申请的院系名称)研究生教学办公室

邮编:100084

传真:010-62770325

电子邮件信箱:yjszb@mail.tsinghua.edu.cn

清华大学研究生招生办公室咨询电话:(010)62773824,62782192

清华大学电话查号台:010-62785001

4．其他

(1) 按照国家规定,从2014年起全部研究生实行收费。学校将按照国家和北京市的规定收取学费,并设立奖学金、助学金及助教、助研和助管岗位资助学生学习,符合条件的研究生还可以申请助学贷款。

(2) 工商管理硕士(MBA)、公共管理硕士(MPA)、工程管理硕士、新闻传播硕士、社会工作硕士、公共卫生硕士不接收推荐免试生。部分院(系)通过暑期夏令营选拔推荐免试生。

案例五　国际商学院2010级乔亦星保送清华大学

大四,是人生一个十字路口,我们将面临人生路上的多种选择——保研、考研、出国、工作,等等。这些选择没有哪个更好,只看哪个更合适自己。要做出正确的选择,最重要的就是要考虑清楚自己未来想成为什么样的人,做什么工作,过什么样的生活,从而选择一条最合适自己的路。

由于保研不确定性较大,所以我的主要精力放在了准备出国的材料上,并且按照国外研究生的要求去规划自己的本科生涯,保研只是顺其自然去参加。对于保研，我没有准备论文，也没有复习专业课。事实证明，无论国内还是国外的研究生申请，很多衡量标准是一致的，比如重视对学生综合素质和潜力的考核。我之所以可以顺利保研，优势主要是因为我有较好的英语水平和丰富的社会活动经历。

在大一英语课上，我有幸遇到了一位专业的英语演讲老师——袁文娟老师，她的讲解和训练使我深深地爱上了公共演讲。我按照她的指导，看了许多出名的演讲视频和材料，慢慢地开始训练自己。我从学校的英语口语比赛开始锻炼自己，逐渐走向全省甚至全国。在大二上学期，我获得了"外研社杯"英语演讲大赛广东赛区的一等奖。大二下学期，我参加了"新东方杯"英语口语大赛，获得了全国亚军，并且还额外获得了长江商学院20万MBA奖学金。为了进一步提高英语口语水平，我还参加了外语协会的英语辩论队，参加过马来西亚辩论公开赛，见识了一些国际上出色的辩手，获益匪浅。在保研时，英语成为我的绝对优势。除了六级660分，托福112分等硬性考试成绩外，我在北京大学、清华大华面试时，流利的口语水平，给面试老师留下了深刻的印象。保研时，几乎每所学校都对英语有相应的考察。因此，我认为师弟师妹应该尤其重视英语的学习。要想学好英语，最好找到一个载体，将英语与自己的兴趣爱好结合在一起。

我非常喜欢参加社会活动，尤其是青年外交活动。高中时加入了学校的模拟联合国社团。本科期间，大一我在学生会担任体育部干事。大一暑假，我回到山西老家进行了一个月的支教活动。大三上学期，我去台湾科技大学交换了一学期。其间，我参加了台湾科技大学和国际珍古德教育及保育协会一起举办的环保公益活动。我凭借着出色的英语水平和活动经验担任了珍古德博士来台湾科技大学当天活动的接待和随身翻译。从台湾回来后，我经过一系列选拔，成为2013年"G8伦敦青年峰会"中国代表之一（全国8人），6月份前往伦敦参加会议。随后，我又参加了模拟APEC全国总决赛。这些经历丰富我的学业，锻炼了我的能力，提高了我的实际分析问题、解决问题的能力，使得我无论是保研还是申请实习都越来越顺利。我也希望师弟师妹们，可以根据自己的兴趣和特长选择参加校内、校外的相关活动，开拓自己的视野，培养和锻炼自己的能力。我个人的体会是，精于一到两项活动要好过广泛参与活动。

其次，保研规划应该趁早，因为它需要出色的学业成绩、很多申请材料和一篇参加夏令营的论文。由于我之前没有准备论文，因此没有参加夏令营，只参加了9月的推免。然而，大部分名校都是以夏令营为主招收保送生，有些学校甚至把夏令营定为唯一的保送途径。因此，建议有志于保研的师弟师妹们，最好选择报夏令营。在9月份推免时，我报了清华经管学院的金融硕士和北大汇丰商学院的金融学硕士。清华推免的程序分为笔试和面试，笔试的内容每年不太一样。2013年是中英文题目结合，中文题目是：论述国债期货的重要性，论述高房价的原因以及政府的调控政策；英文题目是：学习金融你有什么优势，你的短期和长期规划。面试也是中英文结合，主要是根据简历上的经历提问。因此师弟师妹们一定要对自己的简历非常熟悉，并且提前准备好老师可能问到的相关问题。清华大学的金融硕士是职业导向的，因此非常看重学生的实习经历和综合素质。汇丰商学院的金融学硕士是学术型硕士，9月份推免考试是一个15分钟的全英文面试，问题很随机，主要围绕你简历上的情况。一个同学面对五个面试官，一般有3～4位外教。我的感受是，面试时最好表现出自己最真实的一面，自然、自信，让面试老师看到你的独特性和个性。我被清华和北大两所学校同时录取，最终根据我的职业规划，选择了清华大学。我认为保研成功最重要的就是有自己的绝对优势或是不可替代的东西，在短短的十几分钟内给面试老师留下深刻的印象。这种优势可以是突出的科研成果、专业的实习经历、丰富的社会活动经历，交换经历或其他特长。虽然我在保研时没有对专业知识进行准备，但是我从未放弃专业知识的学习和积累，对自己人生路的规划。面试官对我的经历非常认可，因此我获得保研成功。

第四节　复旦大学

复旦大学2014年保送研究生的条件和要求①如下。

（一）招生计划

本年度拟招收硕士生3600余名（含推荐免试生），包括学术型硕士生和专业学位硕士生两种类型，录取时将视生源状况和学校发展需要适当调整招生名额。

（二）申请条件

1. 学术型硕士生全国统一招生考试的报考条件

（1）中华人民共和国公民。

（2）拥护中国共产党的领导，愿为社会主义现代化建设服务，品德良好，遵纪守法。

（3）学历必须符合下列条件之一：①国家承认学历的应届本科毕业生。②具有国家承认的大学本科毕业学历的人员［自考本科生和网络教育本科生须在报名现场确认截止日期（2013年11月14日）前取得国家承认的大学本科毕业证书方可报考］。③获得国家承认的高职高专毕业学历后两年（含两年）以上（计算年限截止日期为2014年9月1日，下同）、通过八门相

---

① 网址：http://www.gsao.fudan.edu.cn/s/3/t/17/08/af/info67759.htm。

关专业本科课程的考试（需提供成绩单）、经审核已达到与本科毕业生同等学力者。④国家承认学历的本科结业生和成人高校（含普通高校举办的成人高等学历教育）应届本科毕业生，按本科毕业生同等学力身份报考。⑤已获硕士学位或博士学位人员。

（4）身体健康状况符合国家规定的体检标准。

（5）在读研究生须在报名前征得所在培养单位同意。

2. 专业学位硕士生全国统一招生考试的报考条件

（1）报考法律（非法学）专业学位硕士生者，除符合上述 1. 中的各项条件外，毕业专业应为非法学专业［普通高等学校本科专业目录中法学类专业（代码为 0301）毕业生不得报考］。

（2）报考法律（法学）专业学位硕士生者，除符合上述 1. 中的各项条件外，毕业专业应为法学专业［仅普通高等学校本科专业目录中法学类专业（代码为 0301）毕业生方可报考］。

（3）报考工商管理、公共管理、旅游管理、工程硕士中的项目管理专业学位硕士生者，除符合上述 1. 中第（1）、（2）、（4）、（5）项条件外，还应满足：大学本科毕业后有 3 年（含 3 年）以上工作经验（2011 年 9 月 1 日前获得毕业证书）；获得国家承认的高职高专毕业学历后，有五年（含五年）以上工作经验（2009 年 9 月 1 日前获得毕业证书）；已获硕士学位或博士学位并有两年（含两年）以上工作经验（2012 年 9 月 1 日前获得学位证书）。

（4）报考除法律（非法学）、法律（法学）、工商管理、公共管理、旅游管理、工程硕士中的项目管理以外的其他专业学位硕士生者，须符合 1. 中的各项条件。

3. 申请材料

通过复旦大学推荐免试研究生网上申请系统需提交以下材料：

（1）近期正面免冠彩色证件照片（电子版 JPG 格式，300×

400 像素，大小 100K 以内）。

（2）本科阶段历年成绩单（须加盖教务处或院系公章），JPG 或 PDF 格式。

（3）外语水平证明，如英语四、六级成绩等。

（4）有关获奖证书和学术科研成果（如发表论文、出版物或原创性工作等）。

上述第（2）至（4）项材料原件须于复试时携带并验证。

4. 入学考试

（1）初试。学术型硕士生入学考试初试科目设置，除教育学、历史学、医学门类为三个单元外（即思想政治理论、外国语、基础课，各科目试题满分分别为 100 分、100 分、300 分），其他各学科门类均为四个单元（即思想政治理论、外国语、基础课和专业基础课，各科目试题满分分别为 100 分、100 分、150 分、150 分），初试总分为 500 分。

专业学位硕士生入学考试初试科目的设置一般为四个单元（即思想政治理论、外国语、基础课和专业基础课），少数专业学位为三个单元（即思想政治理论、外国语、基础课）或两个单元（即外国语、管理类联考综合能力）。入学考试初试总分一般为 500 分，其中工商管理、公共管理、旅游管理初试总分为 300 分。

各专业具体考试科目详见本年度招生专业目录，考试方式均为笔试，各科考试时间为 3 小时。

（2）复试。实行差额复试，复试比例一般为 1∶1.2 左右（具体比例根据学科专业特点和生源情况而定，上限不超过 1∶1.5）。以同等学力资格报考的考生［法律（非法学）、工商管理、公共管理、旅游管理 4 种专业学位考生除外］，在复试阶段还须加试（笔试）两门所报考专业的本科主干课程。报考工商管理、公共管理、旅游管理 3 种专业学位考生的思想政治理论考试将在复试时进行。各专业复试的方式、科目及复试成绩所占权重详见我校研究生招生网,复试实施细则可浏览招生院系网页查询。复试时间为 2014 年 3 月中下旬,具体安排另行通知。

5. 录取

根据招生计划、考生入学考试成绩、思想政治与品德考核情况、业务素质以及身心健康状况择优录取。定向就业考生在正式录取之前,须签订定向培养协议书。

6. 体检

新生入学时须进行体格检查,未达到国家规定的体检标准者,取消入学资格。

7. 报考医学类专业有关说明

凡研究方向为"临床医疗技能训练与研究",只招西医临床专业本科毕业生,其中中西医临床方向可兼招中医临床本科毕业生,历届生须具有医师资格证书(复试时须交验此证;无证报考者,相关后果由考生本人承担)。住院医师项目原则上只招收应届本科临床医学专业毕业生。

本校自命题综合考试内容:①卫生综合:环境卫生学、职业卫生与职业医学、流行病学、医用统计方法、营养与食品卫生学;②药学基础:有机化学、无机化学、生物化学、物理化学、分析化学;③药学综合:药物化学、药剂学、药物分析学、药理学、药事法规;④生物综合:细胞生物学、动物学、组织胚胎学、微生物学、进化论;⑤生物医工综合:数字电子技术基础、数据结构、模拟电子技术基础、C 程序设计;⑥卫生管理综合:医用统计方法、社会医学、卫生事业管理学;⑦口腔综合:生理学、生物化学、口腔组织病理学、口腔解剖生理学;⑧护理综合:护理学基础、内科护理学、外科护理学。

8. 其他

(1)收费制度。按照国家规定,我校从 2014 年秋季学期起,依据"新生新办法、老生老办法"的原则,全面实行研究生教育收费制度。2014年秋季学期前入学并已按规定实行收费政策的硕士生（含学术型和专业学位两类），仍执行现行学费标准。2014年秋季学期起入学的硕士生，收费办法如下：①学术型硕士生（此前未收取学费者）的学费标准最高为每生每年8000元，按学年收取；②专业学位硕士生及此前已收取学费的学术型硕士生的学费标准，除院系有调整通知外，仍按现行学费标准收费。各类硕士生的现行学费标准请关注我校财务处网站（网址：http://www.cwc.fudan.edu.cn/）"通知公告"栏发布的教育收费公示。

在全面实行研究生教育收费制度的同时，我校将进一步加大对研究生教育的投入，完善研究生奖助体系，提高研究生在校学习生活待遇，使研究生们能够安心完成学业。新的研究生奖助方案请关注我校研究生院网页（网址：http://www.gs.fudan.edu.cn）"学生奖助"栏目或研究生招生网发布的最新信息。

（2）招收专业学位硕士生的专业是指招生专业目录中专业名称前标有"（专业学位）"字样的专业（专业代码第三位为"5"）。

（3）我校数学科学学院、物理学系、脑科学研究院自2012年度起，进行长学制博士研究生招生、培养模式改革试点。其中，数学、物理两院系均大幅减少公开招考学术型硕士研究生招生计划，改为主要从应届本科生中招收长学制"直博候选人"，具体方案详见我校本年度博士研究生招生简章。

（4）凡专业代码第五位为"Z"且后面带"★"者为自设专业。

（5）我校招收临床医学专业学位硕士生（住院医师）、单独考试硕士生、港澳台和外籍研究生简章另行制定。

（6）若2014年度国家出台新的研究生招生政策，我校将做相应调整，并及时在我校研究生招生网予以公布。本简章所涉内容若有调整,也将及时在我校研究生招生网予以公布。

复旦大学也有一些夏令营,目的主要是为了选拔研究生。复旦大学优秀大学生夏令营院(系)应结合夏令营活动考察、吸收部分优秀本科生攻读复旦大学研究生学位。院(系)可将通过面试的优秀大学生列入预录取名单,待其提交相关证明材料(如教务处盖章的成绩及排名证明等)并经研究生院审核批准后发放预录取通知。

接受申请的学生一般应具备以下条件:①本科三年级在校生;②达到所在高校推荐免试生要求;③有志于从事科学研究工作,有较强的科研能力;④英语水平良好;⑤遵守学术道德规范。

案例六 国际商学院2010级于珊保送复旦大学

我是中山大学国际商学院2010级金融学专业的学生,有幸获得复旦大学经济学院金融学(专业硕士)项目的保送资格。我将从"推外方式、夏令营准备、报考项目和我的夏令营"几个方面,向大家介绍保研的经历。

目前商科的保研主要有两种形式,一种是夏令营,即各大高校会在大三暑假的时候通过初步选拔,选取一些优秀的本科生进入它们主办的夏令营。夏令营一般4天左右,其间会有各种考核项目,最终选出一部分学生获得推免资格。另一种方式就是9月的推免,这种形式比较常规,也是先申请,后选拔,选拔的形式以笔试和面试为主。9月推免相对于夏令营而言,难度系数会有所下降,因为很多学生已经通过夏令营拿到了录取通知书,使得推免的竞争没有那么激烈;但就像之前提到的,可供选择的高校也变少了。

保研的准备主要有两个阶段,第一是夏令营或9月推免的申请阶段,第二是可以进营之后的考核阶段。

夏令营的申请就是各种材料的准备，网申和寄送材料同时进行。2013年公布夏令营招生简章最早的是厦门大学，是5月中旬。这就意味着，从5月份开始，就要时刻关注心仪的院校有没有公布招生简章。我之前就收藏了目标学院的网站，基本上每天都会浏览一遍，当然，保研论坛（特别推荐）上会有一个汇总贴，按地域汇总各高校的简章（不过时间上有些滞后）。每个学校要求的材料基本相同：成绩单、四六级成绩单、科研、各类获奖证书、老师推荐信、个人陈述、简历，等等。这些都比较容易准备，但有一项是比较重要的——学术论文，虽然不是所有学校都有这样的硬性要求，但他们会鼓励申请者交一篇代表自己学术水平的论文（是否发表均可）。如果你申请的是学术硕士，论文是必需的，而且进营之后都会有论文答辩的考核；而专业硕士没有论文答辩（复旦大学是无论你申请的是专业硕士还是学术硕士，你都要上传一份论文，虽然考核中不一定会涉及）。如果你对自己现有的论文不满意的话，就需要开始考虑重新写一篇质量较高的论文，最好是要找老师进行指导。据我所知，各校的论文答辩都是非常犀利的，论文答辩的过程是对知识和心理素质的双重考验。

夏令营的前期准备会和大三下学期的部分课程以及期末考有冲突，所以需要合理安排时间和精力。申请是否顺利就要看大家的硬性条件，最重要的就是成绩排名、学校背景、英语、获奖和科研，科研和发表学术论文都是锦上添花的，如果没有也不用太担心。成绩排名尤其关键，虽然说一般学校的要求都是专业前15%，但像清华、北大这些学校很多都只看前三名，更有甚者说，清华有"第一情结"。英语分数当然是越高越好，北京的学校和上海的学校对英语的重视程度也有所不同。北京的学校一般只要求六级通过，而上海交大今年是要求520分以上，复旦要求550分以上。除了六级之外，像雅思、托福、GMAT都是英语水平的证明，如果 GMAT 分数达到要求的话，清华大学经济管理学院是可以免笔试的。

因为夏令营申请基本没有学校的限制（但是同一学校不同学院就可能有限制，复旦大学只能申请一个学院，清华大学不限定），所以，在学校和学院、专业的选择上要考虑清楚。选择的学校最好要有一个梯度（这和高考志愿类似），还有在学院和专业上面，同级申请的同学之间最好有一个沟通，大家不要盲目选择同一个专业，这样很危险，因为一个学院可能之后只有一个同学能够进一个专业的营。

下面说一下我的申请过程：我的申请条件主要是：绩点专业第一，英语六级550分以上，一项校级科研，没有发表过论文，学术成果基本没有；一项国家奖学金，两项校级一等奖学金，还有一些校级的优秀个人奖。我主要申请了北京和上海的学校，共投了7所院校，分别是北京大学光华管理学院、清华经济管理学院、清华大学五道口金融学院、中国人民大学汉青经济与金融研究院、复旦大学经济学院、上海财经大学和南开经济学院，并且都是金融硕士项目。除了清华五道口金融学院外，都收到了进营的接收函。今年各校开始夏令营的时间都比较集中，我最终选择了三所学校：北京大学光华管理学院、复旦大学经济学院和中国人民大学汉青经济与金融研究院。

进营之后，之前的所有条件都不再起作用。大家都在一个起跑线上，最终是否能获得推免就要看大学三年的知识积累、灵活运用和临场应变的能力。复旦经济学院在中国人民大学汉青经济与金融研究院开营之前就通知了结果，所以我最后没有去参加中国人民大学汉青经济与金融研究院的夏令营。下面主要介绍一下我在北京大学光华管理学院和复旦经济学院的夏令营过程。

由于光华将金硕夏令营的考核提前了，所以我只参加了考核，并没有参加之后的夏令营活动。北京大学光华管理学院一直是最受商科学生追捧的商学院之一，据说报金融硕士的就有一千多人。今年金融硕士一共招了260人左右进营，最终录取了50人，录取比例在20%左右。金融硕士只有一个考核，即15分钟的面试，五位老师根据提交的资料轮流提问，包括专业知识、实习经历，等等。我抽到第一天上午面试，面试主要问银行的实习经历、钱荒的问题以及延伸、论文，还有一些比较日常的提问。整场面试下来，没有太大的错误，也没有什么亮点，所以以失败告终。这次面试给我的感受是：录取明显向清华大学、北京大学学生倾斜，同时也偏好北京地区的高校，对于中山大学学生而言，这是一个挑战。

北京大学面试结束之后，我去参加复旦大学的夏令营。复旦大学的夏令营共四天，前三天是讲座、考核、交流会穿插进行，最后一天是上海一日游。复旦大学专业硕士的考核主要是笔试、英语面试、报告答辩和无领导小组讨论，学术硕士则只有笔试和论文答辩。

夏令营第一天是开营仪式、三场讲座和笔试。讲座有金融方面的，也有职业规划方面的。笔试两个小时的时间分别考察了数学、经济学和写作。数学考题中微积分、线性代数和概率论都有涉及，经济学主要是中级微观经济学的内容，而写作是要求写一篇以杠杆为话题的经济小论文。整场考试时间比较紧张，考试内容有基础知识，也有没有涉及过的知识。

第二天上午主要有两场讲座，下午则是英语面试。英语面试有日常问题也有专业问题，这要看主考官的喜好。讲座关系到第三天的报告答辩，一开始大家都不清楚，直到讲座结束之后，老师给出了与当天讲座有关的6个话题，要求我们利用下午和晚上的时间做一份报告，并且在第三天早上进行展示和答辩。最后一场考核是无领导小组讨论，由复旦的一名老师和陆家嘴金融中心的人力资源部职员担任考官。

保研从准备到结束虽然只有大半年,但是建立在前三年的学习和积累的基础上。所以,如果大家有意向通过保送这条道路继续深造,一定要在前三年打好基础。首先是专业课的学习不能放松,毕竟成绩是进行保送的重要前提。特别是在数学的学习上,金融学到深处就是数学的实际运用,很多经济学家都是有数学方面背景的。我们大多数人学的都是数学三,但其实数学三的知识是远远不够的。有意保研的同学需要看工科数学,提前打好数理基础。除了数学和专业课之外,英语也是十分重要的。在学习之外也可以多参加一些科研活动和相关的比赛与实习。

案例七 中山大学国际商学院2006级李效冶获得复旦大学保研机会

李效冶2009年入选复旦大学经济学院首届经济学优秀学子夏令营,最后被成功录取。选择报考研究生,要有优秀的学习成绩,在校期间她连续四次获得一等奖学金,两次国家奖学金。她的论文被编入《教学研究与实践学生论文集》。她还担任中山大学国际商学院第一届学生会常务副主席,在社团工作方面,出色的沟通能力、富有亲和力的微笑,给人留下深刻的印象。从2007年开始,她先后在珠海移动公司、宁夏银川胶带有限责任公司、上海硕慧医疗信息技术有限公司实习;2008年,她参加了新加坡国立大学暑期交换项目,丰富的课外和社会实践使她拥有一流的竞争能力。

第五节 南开大学

南开大学2014年保送研究生的条件和要求[①]如下。

---

① 网址:http://graduate.nankai.edu.cn/admissions/。

南开大学的经济学院和商学院比较适合经管类专业的学生报考。

1. 申请条件

(1) 重点院校的优秀应届本科毕业生。

(2) 拥护中国共产党的领导,愿为社会主义现代化建设服务,品德良好,诚实守信,遵纪守法。

(3) 必须具有推荐院校的推荐免试资格,并占本科就读院校的推荐免试指标。

(4) 取得推荐免试资格的应届本科毕业生必须由学校教务处开具推荐函(主要内容为该生专业排名,是否具有学术型推荐免试资格等),院(系)公章无效。

(5) 英语要求取得六级证书或新英语六级成绩在425分以上(含425分)。

(6) 学习成绩优秀,专业排名名列前茅。

(7) 获国家级以上学科竞赛前三名或在核心期刊发表学术文章者同等情况下优先考虑。

2. 申请材料

(1)《南开大学2014年接收外校推荐免试硕士研究生申请表》(从南开大学接收外校推免生网报系统中下载),其中签字和日期部分必须手写。

(2) 本科就读院校的"推荐函",要求"推荐函"上必须有本科就读院校教务处或研究生院公章,院(系)公章无效。推荐免试生必须具备本科就读院校的推荐免试资格,并占本科就读院校的推荐免试指标。

(3) 英语等级证书:英语一般要求获得六级证书或六级达到425分。(少数学院有可能提高英语接收分数,请以各学院网页公布的要求为准)(小语种学生:要求日语一级;俄语专业四级)。

（4）成绩单及专业排名，要求必须有教务处公章。

（5）其他材料：科研成果、获奖证书等材料（不需要专家推荐信和体检表）。

3. 申请办法

（1）品行优良并获得毕业院校推荐免试资格的"985"或"211"重点院校的应届本科毕业生直接登录南开大学接收外校推荐免试生网上报名系统（http://graduate.nankai.edu.cn/sstmwb/Student/StudentDefault.aspx/）注册并按要求填写个人真实的相关信息，由各学院研究生办公室老师审查推荐免试资格。推免生信息通过学院审核合格后方能向学院寄送相关材料，材料一经寄出，学校不予退回。各学院研究生办公室联系方式请到研究生院网站查询。

（2）书面材料审查合格者，由各学院研究生办公室发出面试通知，收到面试通知的推免生请在规定的时间内持身份证、学生证等相关材料参加面试，择优录取。

（3）由各学院研究生办公室向通过面试的推免生发放拟接收函。

（4）拟接收推免生必须在教育部规定时间内到中国研究生招生信息网参加网上报名（考试方式选择推荐免试），并到相关报名点确认、缴费、照相，相关细则如下：①南开大学本校推免生请选择南开大学报名点，并在南开大学缴费照相；②天津大学推荐免试到南开大学的学生请选择南开大学报名点，并在南开大学缴费照相；③南开大学推荐免试到天津大学的学生请选择天津大学报名点，并在天津大学缴费照相；④外省市院校推荐免试到南开大学的学生请选择当地省市招办报名点，并缴费照相。

（5）外校推免生将经省市招办盖章的《攻读硕士学位研究生登记表》（推荐免试生专用）寄达南开大学各接收学院研究生办公室，寄达时间将在拟接收函中写明，未按时寄达者取消推免资格。收信地址如例（接收学院为商学院则收信地址为）：

地址：天津市卫津路94号 南开大学商学院研究生办公室 收

邮编：300071

电话：022－23508017　　022－23503428

（6）推免生不再参加复试。

（7）推免生最终在教育部网报系统中所填专业（包含南开本校学生干部保研和西部支教保研）必须与接收面试的考核专业一致（如果出现不一致的情况，任何时间一经查出，取消保送资格），并且专业在报名时一经确定，后期一律不予更改。

（8）入学前未取得本科毕业证书，或受到处分的，取消录取资格。

4. 注意事项

（1）推免生需按照材料1～5排好顺序并装订，或用文件夹夹好，方便老师评审和避免材料丢失。

（2）联系方式要准确，有可能用电话方式通知相关事宜。

（3）不需要专家推荐信和体检表。

（4）有些院校推免工作启动较晚，暂时拿不到推荐函的同学可先将其他材料寄往我院，待拿到推荐函后用特快专递方式按时寄来，逾期未到者，取消录取资格。

（5）请在信封注明"推免"字样。

（6）到武汉、长沙、上海参加面试的同学，请携带《南开大学2013年接收外校推荐免试硕士研究生申请表》等相关材料，通过面试，并取得"面试成绩确认函"的同学，依照以上要求邮寄材料，并在信封注明"提前面试"字样。

5. 组织面试

面试时间一般分为两次，6月上旬在武汉、长沙地区，上海地区。具体安排请看南开大学研究生院网上招生信息。9月上中旬在校本部进行面试，具体安排以南开大学研究生院和商学院网上最新通知为准或电话通知。

第六节 武汉大学

武汉大学 2014 年保送研究生的条件和要求[①]如下。

1. 招生计划

除工商管理硕士、公共管理硕士、工程硕士中的项目管理、教育硕士中的教育管理外，其他学术型专业和各专业学位均可接收推免生。

各培养单位应根据学科状况，以上一年"简章计划"为依据，统筹考虑接收推免生计划。接收推免生比例原则上不低于本单位年度招生总规模的 25%（全校推免生录取平均比例，约 1530 人），其中学术型硕士研究生推免生接收比例不低于本单位接收推免生总数的 74%，专业学位硕士研究生接收比例不低于本单位接收推免生总数的 26%。

2. 申请条件

（1）拥护党的领导，愿为国家建设服务，品德良好，遵纪守法，身心健康。

（2）学习成绩优秀。总评成绩名列本学院（或系）同年级、同专业前茅。获得国家英语六级水平考试证书（或参加六级考试成绩达到 422 分以上），或雅思成绩 6.5 分以上，或托福成绩 80 分以上，英语专业通过专业英语八级考试。在校期间曾参加科学研究、全国竞赛等活动，表现突出者优先接收。

（3）所在学校一般为国家"985 工程"、"211 工程"重点建设的高校或所在学科为国家重点学科。考生本人须取得生源学校推免生资格。

---

① 网址：http://www.gs.whu.edu.cn/ziye/recruit/shshizhsh.htm。

（4）诚实守信、学风端正，本科期间必修课程均为及格以上，且无任何剽窃他人学术成果以及其他违法、违纪、处分记录，并在硕士研究生入学前取得学士学位与本科毕业证书。

3．申请材料

所有推免生均须登录武汉大学研究生院网站"武汉大学2014年推荐免试生报名系统"（http：//recruit.whu.edu.cn/tjms/）填写、提交个人信息。

（1）外校推免生需提供以下申请材料：

①《武汉大学2014年推荐免试攻读硕士学位研究生申请表》（研究生院网站下载）；②由本科毕业学校教务部门密封并在封口处加盖公章的历年学习成绩单和总评成绩证明；③由本科毕业学校教务部门加盖公章的出版物、科研活动说明书及外语等级证书或成绩证明复印件、获奖证书复印件等。

（2）本校推免生按学校教务部要求提供相关材料。

4．复试内容及要求

（1）复试内容由各培养单位根据自身学科特点按《武汉大学关于接收优秀应届本科毕业生免试攻读硕士学位研究生工作管理办法》（武大研字〔2009〕25号）文件要求确定，其中综合面试时间不少于20分钟。

（2）复试小组须详细记录面试过程并当场给出评语和分数。

（3）所有推免生（部分培养单位通过夏令营选拔考核的优秀营员除外）均需参加复试。

5．接收程序

（1）接收推免生材料和资格审查。

（2）对通过资格审查的推免生进行复试。

（3）上报复试结果。

6．推免生奖励措施

（1）所有推免生一律享受基本奖学金和国家助学金（原普

通奖学金)。

(2) 国内"985"高校推免生综合成绩排名在生源学校所在专业前10%者,可获得"武汉大学研究生优秀新生奖"。

第七节 吉林大学

吉林大学 2014 年保送研究生的条件和要求[①]如下。

吉林大学的经济学院、管理学院和商学院都比较适合经管类专业学生报考。

1. 接收推荐免试生的原则

(1) 坚持公开、公正、公平的原则。

(2) 坚持德、智、体全面衡量,择优选拔的原则。

(3) 在对推荐免试生平时学习和科研能力综合测评的基础上,突出对其创新精神、创新能力和专业水平的考查。

推荐免试研究生:考生可于 2013 年 9 月中下旬浏览该校研究生院网页查询有关申请手续,获得推荐免试资格的考生应在规定的时间内进行网上报名和现场确认手续。

2. 招新计划

接收推荐免试生的专业范围主要为除工商管理硕士、公共管理硕士和教育硕士中的教育管理以外的我校 2014 年硕士研究生招生专业目录公布的专业。

3. 申请条件

申请推荐免试攻读我校研究生的学生,须符合以下条件:

(1) 拥护中国共产党的领导,愿意为国家和社会服务,品德良好,遵纪守法。

(2) 国家"211 工程"建设重点大学的优秀应届本科毕

[①] 网址: http://gim.jlu.edu.cn/yjsy/new/。

业生。

（3）诚实守信，学风端正，具备良好的可作为硕士（博士）研究生培养的综合素质和培养潜能。

（4）大学本科三年成绩优秀，英语通过国家六级考试（或参加英语六级新题型考试成绩达到 425 分以上者），外语类专业第二外语考试成绩优良（80 分以上者）。

（5）身心健康，符合所申请学科的体检要求。

（6）申请者在现就读大学取得推荐免试研究生资格。

（7）有下列情况之一者，不得申请：①本人不自愿；②在校期间受过处分，或有学术不端行为的；③主干课程有补考或因考试不及格而重修（含补考或重修通过）；④身体有严重疾病，不能适应研究生阶段学习；⑤申请材料中提供虚假信息的。

4．申请材料

（1）吉林大学接收 2014 年外校推荐免试硕士生申请表一份，须加盖所在学校教务处公章（原件）。

（2）本科三学年成绩单一份，须加盖所在学校教务处公章（原件）。

（3）在校期间发表论文、申请专利或其他研究成果、获奖证书和外语水平考试证书等材料的复印件。

吉林大学将对申请人提交的材料进行审查，合格者方可来校进行复试；申请人只可选择一种推荐免试研究生类型（即学术学位或者专业学位），并填报一个申请志愿。推荐免试资格类型为"专业学位"者，只能申请免试攻读我校专业学位硕士研究生。

5．复试

（1）复试工作由招生学院（所）组织。复试既要考查学生历年的学习情况，又要注重对其综合素质、创新能力、业务水平以及其他特长的考核。

（2）复试主要内容：专业课、外语水平、综合面试。其中，专业课及外语水平测试可采用笔试或口试的形式，由各学院（所）根据学科专业的需要自行决定。综合面试主要考核学生的思想政治品德、语言表达能力、运用所学知识分析和解决实际问题的能力。

（3）复试日程安排：接收外校推免生的复试工作将于10月16日之前结束。具体复试时间由各学院（所）自定，并要及时通知申请人。

（4）复试时，申请人须向招生学院（所）出示有效的二代身份证原件、每学期均注册的学生证原件、外语水平考试证书原件以及在校期间发表论文、申请专利或其他研究成果、获奖证书等材料原件。

（5）各学院将复试合格并且拟接收的外校推荐免试硕士生名单及时公示，并于10月22日之前将《接收2014年外校推荐免试硕士生复试情况表》报送研究生招生科。

（6）通过复试并同意接收的外校推荐免试硕士生，由我校发给接收函。

6. 办理全国考研报名手续

（1）被我校接收的推荐免试生，持接收函到推荐学校教务部门领取省级高校招生办公室加盖公章签发的《全国推荐免试攻读硕士学位研究生登记表》。

（2）推免生在教育部规定的时间进行网上报名（报名网站：中国研究生招生信息网，http://yz.chsi.com.cn），并到指定的报考点办理现场确认手续。未进行网上报名及现场确认的推免生不能被录取。报考院所、专业、录取类别等信息要严格按照《接收函》确定的内容填写，考试方式选择"推荐免试"。

（3）《全国推荐免试攻读硕士学位研究生登记表》加盖公章之后，必须在2013年11月15日之前，通过中国邮政特快专递

（EMS）邮至或直接送至吉林大学招生办公室研究生招生科，逾期不能提供的，将取消接收资格。

7. 关于直博生招生

根据教育部的相关规定，学校决定 2014 年继续在国家重点一级学科开展招收直接攻读博士学位研究生（以下简称直博生）工作。

2014 年招收直博生的专业分别为：数学、化学、机械工程和地质资源与地质工程 4 个国家重点一级学科，含 17 个二级学科，分别是数学（基础数学、计算数学、概率论与数理统计、应用数学、运筹学与控制论）、化学（无机化学、分析化学、有机化学、物理化学、高分子化学与物理）、机械工程（机械制造及其自动化、机械电子工程、机械设计及理论、车辆工程）、地质资源与地质工程（矿产普查与勘探、地球探测与信息技术、地质工程）。

生源必须从 2014 年校外推荐免试学术学位硕士研究生中选拔。推荐免试生本科毕业学校应为国家"985"重点建设院校。

直博生需提交《吉林大学接收 2014 年外校推荐免试直博生申请表》，其他要求均与接收 2014 年外校推荐免试硕士生相同。

直博生学制一般为 5～6 年，按培养方案入学两年后进行中期考核，合格者继续攻读博士学位；中期考核不合格者转入攻读硕士学位。

被确定为直博生的学生入学当年可直接获得研究生国家奖学金 2 万元，并享受吉林大学研究生奖助政策体系中的待遇。具体办法按学校相关规定执行。

8. 其他

（1）申请人必须保证提交的申请表和其他全部申请材料的真实性和准确性。若申请人所提供的材料不真实，任何阶段一经查实，立即取消来我校免试读研资格，所产生的后果自负。

（2）获得接收资格的申请人本科毕业前须未受到任何处分，未有考试作弊或者剽窃他人学术成果的记录，毕业论文（毕业设计）要达到良好以上成绩。新生入学报到前须如期获得学士学位证书和本科毕业证书，否则取消录取资格。

（3）体检将在新生入学报到后进行，按国家有关规定，体检不合格者取消入学资格。

（4）为保证招生计划顺利进行，被录取的推免生不允许参加全国硕士生统一入学考试。

案例八 国际商学院 2010 级经济学专业李泽耿保送中国人民大学

1. 保外的流程

完整地说，外校研究生保送的程序包括：网申夏令营、弄文书、找教务证明排名、寄送材料（仅适用于夏令营，不去夏令营的不必寄送）。

（1）联系你想去的学校，去对方那里或考试或面试（第一批是暑假期间的夏令营，第二批是传统的 9 月推免），然后对方学校会接收你，给你一个接收函。

（2）申请外推资格，中山大学会（第一次）发放外推"资格"。

（3）接收函拿回来给中山大学，中山大学会（第二次）发放外推"指标"，给你一个校验码用于网上报名。（推荐资格数一般会大于指标数，当出现差额的时候，按照推荐资格的排序顺序发放指标）。

（4）报名后得到报名号，填写教育部印发的《全国研究生报名统一登记表》，盖章后寄给对方学校，然后在研究生报名现场交钱确认，下一年学校会寄给你录取通知书。

2. 个人经验

接下来说一说申请夏令营。应该讲，经管或者商科可以申请的高校院（系）是很多的，很多名校都有经济、金融、管理类的夏令营，清华大学有经济管理学院、五道口金融学院；北京大学有光华管理学院、国家发展研究院；复旦大学有经济学院、管理学院；上海交通大学有安泰经济与管理学院、上海高级金融学院；中国人民大学是一个文科类院校，有七个经济管理类的学院，包括汉青经济与金融高级研究院、经济学院、财政金融学院等。此外还有南开大学、南京大学、浙江大学、厦门大学、武汉大学等，以及财经类专业院校，比如上海财经大学、西南财经大学、中央财经大学等，应该说选择还是很多的。

但是这里有两个问题，一个是大部分的夏令营的时间都在 7 月份至 8 月初，时间基本上是冲突的，最终可以参加的夏令营也不过三四个；另一个问题是夏令营的入营资格的竞争，基本上也是胜者全得，有些人会拿到所有的入营资格，有些人只能拿到一两个甚至没有。经管类还面临一个挑战：理工科专业的学生也可以跨专业参加夏令营，主要因为他们的数学基础非常好。所以总的来讲，保外的风险要比保内高得多，而且政策上还倾斜于保内（内推可以转外推，外推不可以转内推），保外一旦失败，连保内的时间都错过了。

我获得北大光华、清华经管、人大汉青、上交安泰、人大经院等夏令营的入营资格，光华和安泰、汉青是同一个时间段的，而且光华的录取比例低至 5/80，于是我没有选择参加。我参加了录取率高达三分之一的汉青夏令营，在汉青之前参加了清华经管，都被录取了，接下来的夏令营就没有继续参加。

首先讲一下我参加的第一个夏令营，清华经济管理学院的金融专业硕士项目。就中大而言，商科这类热门专业基本上在专业排名前三名以外的学生获取参营资格的概率很小。

清华经管金融专硕的夏令营从 5 日开始，9 日结束，考核只是一个简单的个人面试（五位老师加一个教务秘书对一个学生），以及简单的笔试（该笔试只是画个及格线，过了即可）。

获得参营资格之后，录取率很高，但也非常明显地向清华大学、北京大学学生倾斜。

接下来我详细说一下汉青的夏令营。汉青的全称是"中国人民大学汉青经济与金融高级研究院"，名字来自其发起人和捐款人企业家赵汉青，是一个研究生院，所有学生全部为保送生且公费。

下面这段话来自汉青学院官网，描述了其入营规模和参营者的基本条件："本届夏令营延续'合作、交流、自主、竞争'的理念，吸引了来自著名高校的近180名优秀学子（2013年申请者遍布全国116所重点大学共1325人，其中专业排名第一者占总人数的45.35%，英语六级成绩600分以上者占总人数的60.3%，国家奖学金获得者占总人数的83%）。秉承'做人、做事、做学问'的院训，营员将经过长达七天的严格考核（考核内容涉及笔试、答辩、群面、素质拓展、团队协作等各个方面）。"

夏令营的活动包括一系列讲座和出游。讲座嘉宾包括斯坦福大学教授洪瀚（岭南学院校友）、耶鲁大学终身教授陈志武等。考核分为三个部分，一个是群面，还有笔试，最后还有论文答辩。笔试内容是中级微观经济学、中级宏观经济学、计量经济学、微积分、线性代数、概率论、博弈论等混合，试卷是英文的。考得很全面也很难，但不会有偏题，基本都是课本例题之类。比如数学部分考了范德蒙德行列式的计算过程，基本上不会的话只能得零分。面试是无领导小组群面，讨论的主题是克强经济学、钱荒、互联网金融、地方债务等热门话题。论文答辩是四个老师做评委，你展示，他们随时打断提问。

汉青的这个项目是个三年制的学术性硕士项目，录取时如果排位偏后,会被强制性选择为硕博连读,如果排名靠前,则可由学生自主选择攻读硕士或者硕博连读。

3. 如何准备

首先,保持非常好的成绩是非常必要的,专业排名是入营的很重要的参考。其次,要练习好英语,起码要把六级考得很高,上海的高校一般对英语要求很高,比如上海交通大学就把六级成绩大于等于550分设为参加夏令营的门槛之一,而申请出来的结果往往是六级的平均分会到620分以上。

如何准备笔试呢?应该说本科阶段有一些课程是非常重要的,比如中级微观经济学、中级宏观经济学、计量经济学,这些是经济学深入学习的基础。数学方面,微积分、概率论当然非常重要,线性代数的作用则是学得越深入其作用越大,高级计量经济学的推导过程,矩阵简直是漫天飞舞。金融学方面,基本原理肯定需要能够深入掌握的。

附 考研

硕士生入学考试分初试和复试两个阶段进行。初试分为全国统一考试、联合考试、单独考试以及推荐免试。复试按照各高校硕士研究生招生复试办法的规定组织进行,可参阅相关高校的研究生院网站。初试和复试都是研究生入学考试的重要组成部分。复试的目的是进一步考查考生的专业能力和综合素质,特别是创新精神和创新能力等个性素质。

全国统一考试是指部分科目由教育部统一组织命题的考试。联合考试是指特定学科、专业部分科目由全国统一命题的考试。单独考试是指为符合特定报名条件的在职人员单独组织的考试,考试科目可由学校自行组织命题。

基本上,考研的主要程序是初试和复试,而基本的条件都是相当的，不过具体的内容要看所选报的专业、具体的要求，而通常研究生考试都会有参考书目和参考试卷。所以比较重要的是看清楚要考研的学校和专业要求。考研通常要在大三的下学期开始进行针对性复习，可能会耽误比较多的实习的时间，所以需要慎重考虑，有些同学一边准备考研复习，一边找工作，两者难以兼顾。

第三章 企业就业

第一节 综述

一、企业看重的能力

1. 学习能力
学习不仅是在学校中所学的理论知识的实际运用,更要善于发现和解决实际中出现的各种问题,通过解决问题来将理论知识运用到实践中去,丰富自己的经验和提高自身能力。

2. 动手能力
动手能力是指需要有一定的文字、图表和计算机操作能力。缺乏动手能力,在企业中求胜十分困难。

3. 与人交往和沟通的能力
工作以后,周围的生活环境、工作条件、人际关系与读书时期相比会有很大的变化,适应这些变化并能融洽与人交往是大学生应该具备的能力之一。某公司人力资源部的经理透露,企业十分重视员工与客户沟通、协调的能力,因而在招聘过程中非常重视学生的沟通技巧。

4. 随机应变的能力
企业需要具有高度灵活应变能力的人,简而言之,即听得认真,写得明白,看得仔细,说得清楚,叙述准确,具有这类能力的员工在未来的发展中前途不可限量。

在面试中,考官给你一个模拟的场景,让你作出一些判断和决策,以考查应聘者的灵活应变能力。考官有时会故意用一些很诡异的问题来刁难应聘者,这时最重要的就是保持一颗平常心,不要慌乱,停顿 5～10 秒钟整理一下思路,然后大胆地说出自己的观点。其实,答案是次要的,考官主要考查的还是应聘者的应变能力和逻辑思维能力。

二、企业看重的素质

1. 学习成绩

在取得的计算机证书、英语证书相同的条件下,党员、学生干部和获得过奖学金的学生更受企业青睐。

2. 忠诚度

企业往往会看重应聘学生对忠诚度的看法,尤其是一些国有大型企业,更为重视员工的忠诚度。

3. 社会实践经历

多数企业非常重视应聘者的实践经历,很多公司表示他们要招聘的绝不是简单的"学习机器",在校期间实习、兼职、家教的经验都是积累社会经验的好机会。

4. 团队协作精神

许多刚走上职场的毕业生,往往满怀抱负、血气方刚,在团队中常常流露出个人英雄主义。在一些企业常常可以见到这样的员工:在市场上敢拼敢打,是一名虎将,而自恃学历层次高、工作能力强、销售业绩好,在同事和领导面前狂傲不羁,不愿遵守劳动纪律,还经常在公开场合反对领导的意见。这样的员工业绩再出色,能力再强,最终也会被企业淘汰。

5. 创新精神

当代社会变化如此之快,创新精神也十分重要。特别是对于大型企业来说,离开了不断的创新,就等于失去了生命力,因此应聘者是否具有创新精神也是重点要考查的一项。

6. 对企业文化的认同程度

目前越来越多的企业在笔试阶段引入性格测验或心理测验这一单元，凸显出企业对于毕业生性格和心理素质的重视。性格测试或心理测试是为了考查学生与应聘企业的企业文化是否匹配，企业所期待的员工，不仅要能力出众，更要认同企业文化。

7. 敬业精神

敬业精神是一种基于热爱基础上的对工作对事业全身心忘我投入的精神境界，其本质就是奉献的精神。不论是在什么类型的企业，敬业精神十分重要。

毕业生要想适应当今的职场环境，就必须具备明确的工作目标和强烈的责任心，带着激情去工作，踏实、有效率地完成自己的本职工作。工作态度很大程度上能够决定一个人的工作成果，有良好的态度才有可能塑造一个值得信赖的形象，获得同事、上司及客户的信任。

第二节　各类企业的要求

一、国有企业

国有企业多年来一直是毕业生就业的主要渠道，其中最重要的是其自上而下的人事制度，使其在招聘面试中过于中规中矩，因此在许多国企面试时一般对毕业生并不特别苛刻，但应聘者自由发挥的余地也不大。近年来随着国有企业改革的进一步深化，国企在人才引进上也逐步与市场接轨，人事制度的进一步完善使招聘人才的手段也日趋科学合理。总的来说，国有企业在招聘人才特别是高校应届毕业生时，主要还是注重学生的在校成绩与表现，如有良好的计算机技能，英语至少过四级，计算机要过二级等。特别是曾经担任过学生干部、是党员以及曾在校获得奖学金的学生往往更受国有企业的关注。在面试过程中,国有企业一般都会重点考察学生的政治素质与思想品德,了解应聘者是否能够踏踏实实在国有企业做一番事业。

有时国企招聘比较看重个人的特长,比如唱歌、跳舞、运动,等等,但是通常个人特长只是加分项,对是否录取没有直接关系。

国企比较看重的是老实肯干的员工。面试时要体现出自己性格沉稳,耐得住寂寞。另外,基本的面试礼仪和着装也很重要。

二、民营企业

民营企业的要求和外企差不多,但对于外语水平的要求稍低。

民营企业更看重你有踏实肯干的精神,看重大学期间是否有创业经历,或者项目领航者。进入民营企业,面临的是更加复杂的环境变动,需要极好的应变能力。同时,民营企业看重创新与学习能力,良好的大学成绩和奖学金经历会给简历加分。

三、外资企业

外资企业比较看重个人的领导能力和团队精神。对于英语的写作和口头能力要求高,而且很看重学生在学校的社团经验和活动经验,特别要求学生对于自己大学四年里的经历作回顾,然后从中看到学生的能力所在。

良好的语言能力可以让你在应聘中出彩,如果不出国,大学期间通过英语六级,平时可以学学商务英语。想给自己以后的应聘整体加分,或者想为进一流外资企业而拿一个过硬的证书,可以根据自己的专业信息考一个比较大的世界范围认证的职业证书,更有用。

1. 外资企业实习经验

这是外资企业设的第一道关卡，也是应聘外资企业最重要的条件之一。符合这个条件，一般都能得到面试的机会，也相当于成功了一小半，因为在这一关人力资源部人员会筛掉很多人。一般情况下，人力资源部人员挑选简历首先筛掉的是没有外资企业实习经验的人，尤其当应聘的是经理级别的职位时。因为外资企业的企业文化、工作习惯、工作效率的要求都大不同于国有企业、机关单位以及其他非外资性质的企业。除非万不得已，或者是该职位急于用人，否则外资企业一般不会考虑没有外资企业工作经验的应聘者。所以很多人如果开始的时候没机会进入外资企业，工作一段时间后再想从其他性质的企业过档的话，难度就大多了。

而有外资企业经验的人能比较有机会得到面试的原因，是因为外资企业相信之前的外资企业能招他进去，就是对其能力的肯定。此外，有了在上一家外资企业的历练，求职者更容易适应新公司的企业文化，公司可以省掉许多培训的成本，并缩短磨合的时间。所以，有意向到外企工作的学生，最好在大学阶段注意积累在外企的实习经验。

2. 工作能力

过往的业绩是评价能力的最佳标准。对应聘者的工作经历考官会问得很仔细，一般会要求举例子，来评测应聘者所说的是否与简历的描述相符合，是否真实。还要评估应聘者处理事情的方式和态度是否合理和成熟，从中可看出应聘者的专业水平。有的应聘者为了应聘过关，简历包装得很漂亮，面试时言过其实地夸大自己的能力。这样即使过了人力资源部的面试，到了直属经理一关也会露出马脚。所以不要试图夸大其词，粉饰过头会坏事，诚信地回答，反而是一个好方法。

3. 学历和学校背景

除了行政类的低级职位，如行政助理、市场部助理、前台等可以适当降低到大学专科，外资企业对大部分职位要求在本科学历以上。在技术类的如生产部门、研发部门的职位都要求研究生的学历。

对于没有经验的毕业生外资企业会非常看重其学校背景，基本上都会首选名牌大学的毕业生，有"211工程"或"985"学校背景的一流学校的毕业生会被优先录取。所以，每年的名企校园招聘会都在名牌大学里进行。

4. 专业背景

除了一些对专业技术要求非常高的职位，例如IT系统架构师、高级软件编程员等职位，一般外资企业不太看重求职者的专业背景，而更看重求职者的综合素质和个人潜力。因为他们相信经过公司系统的专业培训，一个有素质的求职者一定可以胜任本职工作。诸如IBM、麦肯锡咨询、毕马威会计师事务所、埃克森石油等表面对专业背景要求非常高的企业，却在招聘的时候，尤其是面对毕业生的校园招聘的时候，对各种非技术类的职位从来都不限定专业。

5. 个人的综合素质

一般来说，外资企业会通过面试和笔试来判断应聘者的综合水平。面试中，面试官会对应聘者的谈吐、反应能力、逻辑表达能力和口才进行综合考评。灵活、自信、显得有经验都能大大提高考官的印象分。很多时候，在前面那些硬件条件过关后，真正决定胜负的就是这个环节，这个环节没有特别的方法和捷径，只有靠自己平日的修炼和能力积累。

6. 外语水平

很多人认为，进外资企业一定要有英语六级、专业八级的水平。其实英语水平在外资企业最大的用处是在面试的时候，一旦进入外资企业,除了一些往来邮件和文件、一些特定的场合要用到英文外,真正用得上英文的机会并不太多,说的机会就更少了,毕竟是在中国,中文应用还是占大多数。但在面试的时候,一口流利而标准的英语,无疑能大大提高考官的印象分。所以平时在口语方面注意加强,比起纯靠英语四级、六级证书要有用得多。

第三节 应聘攻略参考

一、国有企业

1. 中国石化

(1) 申请流程:宣讲→笔试→面试→录用。

(2) 宣讲。中石化每年9月份会在各大高校举办宣讲会,部分分支机构会在网上发布校园招聘信息。要留意中石化的校园宣讲会时间表,现场投递简历。

(3) 笔试。中石化的笔试会与面试一起进行,基本都是开放性题目。参加中石化的笔试之前,最好事先做一下相关准备,多了解中石化的背景和业务等相关信息,做到心中有数,不慌乱。

(4) 面试。中石化的面试基本分为传统面试和评量中心(Assessment Center,以下简称AC)两部分,面谈中人力资源部人员所问问题都会围绕应聘者简历中的经历以及应聘者的专业而设置,因而建议在简历上多下功夫,同时多熟悉与应聘岗位相关的专业知识,做到胸有成竹。

中石化招聘注重应聘者的综合素质,应聘者需要有较宽的知识面、扎实的专业知识,以及较强的应变能力。

2．中国移动

（1）申请流程：网申→宣讲会→笔试→面试→录用。

（2）网申。中国移动的网申平台位于智联招聘，网申中有开放性问题部分。在网申的过程中，要在简历中突出个人优势，如本科成绩排名、大赛获奖情况、论文发表情况、活动组织经验、社会实践经验等。同时，回答开放性问题时需要重点突出而简洁，切忌抄袭。

（3）笔试。中国移动的笔试类似行政能力测试，分为多个部分，考查应聘者的逻辑、英文以及性格等各方面的综合素质。参加笔试之前，最好先熟悉一下行测题型，做到心中有数，不慌乱。

（4）面试。中国移动的面试有多轮，基本分为面谈和 AC 两部分，面谈中人力资源部人员所问问题都会围绕应聘者简历中的经历以及应聘者的专业而设置，因而建议在简历上多下功夫，同时多熟悉与应聘岗位相关的专业知识，做到胸有成竹。

中国移动招聘注重应聘者的综合素质，应聘者需要有较宽的知识面，扎实的专业知识，以及较强的应变能力。

3．中国电信

（1）申请流程：网申→笔试→面试→录用。

（2）网申。简历应包括《应届大学毕业生就业推荐表》、成绩单、英语（四级或六级）证书或成绩单。网上投递简历时请将上述材料原件扫描成电子文档（jpg 格式），添加在简历的附件栏中。材料不齐有可能会影响简历筛选的结果。

在填写志愿时认真阅读招聘岗位目录，按所学专业或特长选择岗位，每位毕业生可以申请不多于两个省级子（分）公司，每个省级子（分）公司不多于两个职位。

（3）笔试。笔试部分，技术类专业性非常强，有一定难度；非技术类多考察应聘者的市场营销知识以及中国电信的业务知识。有一部分职位的笔试题中会有行测题目。建议应聘者针对电信业务和企业背景进行针对性的准备,做到心中有数。

(4)面试。电信的面试多为两轮,包括传统面试和AC,其中传统面试部分会涉及大量专业问题,一定要在扎实的专业知识基础上做充分准备。AC部分应注意控制时间和团队合作。

案例一 AC面试经历示例

10个人一组,共三个环节。

第一环节:自我介绍,3分钟。要求包含至少三个方面的基本信息:①个人基本信息,比如专业、特长爱好等;②谈谈对电信的看法;③谈谈对你影响最为深刻的一本书。

第二环节:场景描述。三个场景供选择:①上一次挨批评的场景;②上一次和别人发生意见不一致的场景;③上一次或者是对你影响最为深刻的受挫折的场景。三选一,描述时间3分钟。

第三环节:假设10个人分成两组,每组坐的轮船在一个荒岛附近沉没,5人乘坐唯一的小救生艇来到荒岛,有6样物品:水、食物、镜子、指南针、塑料布、火柴。小组讨论20分钟,拿出一个方案,使得全组所有成员在最短时间内安全逃生。

4. 中国工商银行

(1)申请流程:网申→笔试→面试。

(2)网申。网申的初审很简单,基本符合中国工商银行(简称"工行")招聘条件就可以(国内应届高校毕业生,要求全日制大学本科以上学历,具有国家英语六级证书或英语六级成绩在430分以上,身体健康)。国内应届高校毕业生可填写两个部门志愿,非国内应届高校毕业生可填写一个部门志愿,个人志愿将作为今后工作岗位安排的主要依据。

(3)笔试。工行历年笔试题型并不相同,总结工行各部门各职位的历年笔试题目，基本与公务员考试题目类似，但难度较公务员要低一些，另外，工行本身的发展历程和当年的时事新闻也是笔试的重要考察点。应聘者需要满足以下几点要求才能确保拿到好的笔试成绩：①工行历年笔试考题都是知识面较广，平时积累非常重要；②经济时事知识较多；③各专业岗位的专业题目十分重视应聘者的专业性；④公务员考试的部分内容可以借鉴；⑤题量不太大，部分题目有仔细考虑的时间；⑥公文写作一定要看，主观题往往会涉及，且占很大比重；⑦英语写作部分也要好好复习，该部分分值比重很大。

（4）面试。工行的各岗位面试轮数并不相同，部分面试中还会有群体面试的部分。工行的大部分岗位的面试中专业问题会占最大的比重。部分部门面试会有一部分英文问题，要做好充分的准备。

二、民营企业

1. 百度

（1）网申。百度使用自己的招聘主页进行校园招聘，地址为www.HR.baidu.com，需要填写的内容只是基本情况和联系方式，没有开放性问题和性格测试，需要把个人简历上传，格式支持doc、pdf、jpeg、zip格式的简历文档上传，最大不要超过500K。简历一定要在网上投，因为面试及以后状态通知等环节都是通过简历系统发放的。

（2）面试。百度通常有三次面试，如果中间挂掉一般就没有后面的面试，但是最后的通过却会综合考虑三次的面试表现。如果面试中间隔两周没有消息，那么一般会在一个月后得到拒信。

第一次面试（以下简称"一面"）面试官通常是百度二、三年级工程师，面试内容一共五个部分：①介绍所参与的项目；

②测试写代码，面试官会出一个算法题，要求写代码实现；③C++基础知识问答；④数据结构设计，通常是给一个类似上亿的数据，如何排序、如何搜索、如何存储的问题，考验数据结构和算法的基础；⑤面试者提问。

第二次面试（以下简称"二面"）面试官可能会是项目经理或者项目技术主管，内容：①参与过的项目介绍；②就个人知识体系进行基础知识问答；③面试者提问；④可选环节，智力题。面试官偶尔会问一些逻辑智力题，主要考验反应和思考问题的方法。偶尔看看网上的逻辑智力题，应该可以对这类题目有一些解题思路。

第三次面试（以下简称"三面"）是部门技术主管面试，面试内容主要有两个方面，一个是对已知事物的看法，另一个是思考问题的方式。面试具体形式是问对某些事情的想法，比如职业规划，比如对当前社会、生活或者项目工作中某些问题的看法。其次是问一些技术上的解决方案，但一般都是基于方案，而且通常会要求两个以上的解决方案，不会问太深的技术细节。

如果应聘者在百度公司有认识的人，就可以让他直接推荐，因为百度很信任员工的推荐。总的来说，百度很重视个人的能力，包括基础知识、解决和分析问题的能力。技术类面试通常都是单对单面试，非技术类会有一轮群体面试。

2. 腾讯

（1）申请流程：宣讲会→网申→笔试→三到四轮面试。

（2）笔试。

第一，技术类。笔试时间为2个小时，开发和测试的题目是一样的。考查的知识点主要是C、数据结构和算法，题型包括选择填空必做题（100分）和附加题（60分）。填空题考的都是算法，一道是递归，一道是背包。附加题考得比较简单，一道是数据库表的设计，一道是IP地址。

第二,产品类。先是30分钟的性格测试和10道言语理解,不过性格测试里面好多相同的题目;然后是40分钟的专业测试,因为是非技术类职位,其实主要是IQ题、推理题。有时间可以看看公务员的考试题型,虽然题型不太一样,可是思维是一样的。

(3)面试。不同的部门面试也有所不同,分别介绍如下:

第一,技术类。一面为工程师单面,二面为综合面试,由腾讯的人力资源部人员进行面试。

第二,业务类。一面为群体面试,讨论一个问题,和一般群体面试类似;二面为专业面试,主要是简历和业务的问题;三面是人力资源部人员面试,谈基本情况,包括薪资等。

第三,产品类。一面是人力资源部人员面试;二面是群体面试:20分钟讨论,5分钟总结;三面是产品总监面试;四面是人力资源部人员资格审查面试。

3. 万科

(1)申请流程:在线职位申请→校园宣讲会→笔试→面试(2~3轮)→体检→发放录用意向书→签署就业协议书。

(2)笔试。通过电话联系适合的同学参加笔试,笔试主要测试应试者的职业认知能力,笔试时间约一个小时。

(3)面试。面试流程:小组面试→人力资源面试→专业面试→录用面试。

小组面试:面试官一般只看10分钟的展示就已有决定,因此要抓住每一个机会展示自己。

人力资源面试:一般是一对一面试,大多数情况下会让应聘者进行自我介绍。

专业面试:①自我介绍,着重展示个性和优点;②对行业的认识,对各种问题的看法;③对社会某件事的自我看法(如"郭美美事件")、看图题(三只猫在吃鱼,一只猫在捉老鼠,旁白：有鱼吃还捉老鼠？)。专业面试主要考察应聘者的应变能力。

万科的小组面试考察候选者的合作、沟通能力。一对一面试考察候选者性格各方面的全面性及适合程度。最终录用名单将于全国范围内最后一站校园招聘活动结束后2周内确定，录用通知函发至本人及所在学校。

4．华为

（1）申请流程：网上申请→简历审核→笔试→面试。

（2）笔试。

第一，基本评测。包括5分钟的反应题、20分钟的逻辑题，还有50分钟的个性调查（全是选择题）。举例：东南西北中左右，分别用字母LKTXSPE表示。那么，西北右东的编码是什么？答案：TXEL。其实完全没有难度，只是考反应速度，题量比较大。逻辑题和公务员考试的图形变换、数列题等相似。

第二，个性测试。华为会对应聘者的性格进行一定的测试，了解应聘者的性格与否跟企业的文化或者从事的岗位性质相匹配。比如你对异性失去兴趣吗？想结束自己的生命吗？你感到大家都在注视你吗？

第三，技术类。题目很杂但是大多比较基础，操作系统、编译原理数据库、算法与数据结构、C/C++语言都有涉及，只有一个小时的时间答题，时间比较紧张。题型有改错题、编程题和选择题。专业技术类的应聘者需要看四本书：C语言、C++、操作系统、计算机网络，同时可以多做一些各个名企的笔试题。在C语言和C++中，指针、内存、字符串操作函数原型、递归、排序、二叉树等是考试重点；还经常会考一些小知识点，如Typedefine、Union、Include、Struct，等等；在操作系统方面会考线程和进程、文件的存储（表、页之类）；在计算机网络方面会考几类地址、参考模型结构、TCP传输控制的可靠性等。

（3）面试。面试流程一共五轮，第一轮是资格考试和面试

（由相应职位的资深工程师主持）。第二轮其次是小组群体面试，让每个人用一张纸作一个名牌，写上自己的名字和学校，自我介绍，基本三部分：①自我描述；②优点、缺点；③为什么选择华为。然后给一个案例，15分钟讨论后发言。有些小组最后还有小辩论，最后是让组内投票，选出贡献最大和最小的同学，同时会在这些问题上考察应聘者的反应。第三轮是英语测试和性格测试，第四轮是人事面试，最后是副总级的面试。

三、外资企业

1. 毕马威（KPMG）会计师事务所

（1）笔试。毕马威会计师事务所的笔试采用的是SHL的试题，分为数学推理和英文阅读两个部分，主要考察英文阅读能力、逻辑能力、数字能力和准确率。第一部分数学推理是中文形式，6大题每题4小问，总共24道题，24分钟。题型为加减乘除运算和图表题，题量大、难度不大，考察效率。第二部分英文阅读，类似于判断，一共给了9篇英文短文，每篇4个小问，总共36道题，20分钟，根据原文进行判断选择（true，false，not given）。每篇英文短文都不长（100字左右），类似四六级考试的阅读理解。大约有20%的人通过笔试进入面试环节。

（2）面试。一面见经理。经理面试主要分为案例展示和自我介绍两部分。案例展示使用中文对自己选择的案例进行清晰的阐述，回答面试官提出的问题；自我介绍则以英文与面试官交流。

二面见合伙人。合伙人面试一般时间都比较短，先是合伙人向应聘者提问，然后再问应聘者有没有什么问题。合伙人比较轻松，他们的问题只是想进一步了解应聘者，一半时间用英文，一半时间用中文。

案例二　经理面试

案例展示我选的是中国移动，在此之前阅读了网上关于中国移动市场分析的所有信息，准备了一个 SWOT 分析和市场策略。我对整个案例的掌握非常好，对于面试官的所有疑问都给出了相当有说服力的回答。所以如果有两天以上的准备时间，每个人都应该尽全力将案例做到极致。另外，建议完全脱稿。

用中文问完有关案例的问题后，经理就告知我说下面就都是英语了。问题主要有从实习中学到的东西；实习或社团工作中有没有遇到过什么困难，如何克服的；有没有面对工作压力的情况，如何处理等问题。这几个问题都比较经典，出现的可能性也较大，目的是考查应聘者的心理承受力和面对压力时候自我纾解的方式和能力。所以要好好想一个例子来说明自己如何很好处理了压力并且取得最后的成功。个人提问环节用英文，要对想问的问题有一定想法，一来防止面试官反过来问你，二来也可以有机会和面试官交流，增加印象分。

2. 普华永道会计师事务所

（1）网申。普华永道（PWC）的简历申请是在网上递交，采用统一的格式，比如填写一些个人的基本情况，或者回答一些开放性的问题，如"为什么你认为你适合所申请的职位？"等，因此，个人发挥的空间相对较小，认真填写每一环节至关重要。一个看似简单的问题，不同的表达方式和回答内容会有一个截然不同的效果。除了文字表达上力求完美，内容上更要精益求精，在统一格式的申请表上，显示出与众不同的经历，尽可能地展现各方面的能力和特长并以实例来证明。普华永道比较注重个人的综合能力，如学习成绩、获奖情况和社会活动能力等。值得注意的是，普华永道的人力资源部门在浏览网上简历时，也非常注重填写申请表的质量以及认真程度。申请表有以下五大问题：

A. What community or students' clubs do you belong to and to what extent are you involved?（你属于什么团体或者学生社团，你在该团体中取得了怎样的发展？）

B. Describe a recent project you have worked on which demonstrates your determination to complete challenging tasks and your ability to work with others.（描述你最近的一个项目，这个项目说明你具有完成挑战性任务的决心和你的团队协作能力。）

C. Why are you applying for this position?（你为什么申请这个职位？）

D. Why do you think you are suitable for this position, and what differentiates you from other candidates?（你为什么认为你适合这个职位，你与别的候选人相比有什么不同？）

E. Any additional information?（有没有其他的需要补充的信息？）

（2）笔试。机试形式，笔试内容为 CN-Verbal、CN-Numerical 和 Writings，分别为 17 分钟 34 题、22 分钟 20 题和 30 分钟 200 个单词的要求。

CN-Verbal、CN-Numerical 即 SHL 题型的中文版，总的来说题目不难，题量大，每题都有时间限制，并且做完一道题是不能返回前面的。英文写作除了自己的观点还要举例，另外也不要完全依赖计数器。

（3）面试。

一是 AC 面试。采用两小组同时面试的方式，流程是：自我介绍（1 分钟）→破冰游戏→案例分析（30 分钟讨论，10 分钟展示，5 分钟问与答）→单人经理面试（每人 15 分钟左右）。

二是合伙人面试。形式与经理面试类似，合伙人问一些比较简单的问题，侧重点放在你是否真心想来普华永道，对这行有无兴趣以及你能为公司带来什么。

案例三

1. AC 面试

（1）归纳总结面试经验，预演流程。看面试经验是每个申请人都会做的，但一定要归纳总结。我在准备时，在头脑中预演整个流程，并组织各个环节的语言。

（2）准备一本稍微职业一点的深色本子，一支非卡通笔，讨论时方便记录。如果不嫌麻烦，在本子的后面把常用的商业用语抄/背下来以备案例展示时使用。

（3）不要总是关注经理对自己的态度如何，关注案例本身，你才能说出掷地有声的话来，让经理记住。

（4）这个环节的终极目的不是讨论案例的内容，而是讨论出最后到底如何做展示。

2. 合伙人面试

（1）无论对方是不是有意和你握手，先伸出手去，用力地握。

（2）一定要诚实地展示自我，不要怕谈缺点。

（3）个人提问环节要掌握主动权。

3. 安永会计师事务所

（1）网申或开放性问题。安永的网申相对比较简便，不会花费太多的时间。

2008 年安永的开放性问题：

A. How do you support others in a team situation? Use examples that show this. （max 1000 characters）（在团队中如何帮助他人？用事例说明，不超过 1000 字。）

B. Do you seek out challenges to stretch yourself? Use examples to show why. （max 1000 characters）（安永是一个价值导向的组织。你最近展示出了哪一种价值，是如何展示的？不超过

1000字。)

2011年安永的开放性问题：

A. Describe how you have applied something significant that you have learnt to make a practical difference. （你怎样应用你学到的某种重要的能力或者知识，使得这种能力和知识对你生活中的事件产生影响？）

B. Ernst & young is a value-based organization. Which value have you recently demonstrated? how? （你是否寻找挑战来锻炼自己？用事例说明）

（2）笔试。安永笔试题即为托业形式，2个小时完成100道听力题与100道阅读题。听力45分钟，主要有图片描述、单个问答、对话问答和短文独白；阅读75分钟，分为40个单选（12个文章基础上的单选，28个简单的文章阅读）和20个传统意义上的阅读。听力没有很长的对话，阅读文章篇幅也较短，主要需要耐心和细心。

（3）面试。

一是AC面试。流程是：自我介绍（10分钟）→案例分析（40分钟讨论，10分钟展示，5分钟问答）→讨论（20分钟）→经理面试。

二是第二次面试。

案例四

9点左右，AC开始，我们被带进了一个小型会议室，面试者是一位中年女经理。她用英文示意我们坐下，介绍了面试流程之后，就开始第一个环节——互相介绍坐在对面的同学。我主动提议向经理要了笔和纸，这样方便把要点记下来。接下来是案例。分成3人一小组讨论，是帮一个钢铁公司建立关键指标体系的案例，材料很少，主要是发挥发散思维，其实大家想的思路都差不多,从成本、人力、生产流程等方面去讨论。30分钟的讨论,10分钟的展示,我们三个做了分工,我做介绍,一个同学做中间重点,另外一个女生做结论。这两个环节都是用英文。接下来就是下一轮的辩论,用中文。论题是 Leaders are bone and leadership cannot bet rained。两组作正反方辩论,用时20分钟。最后是单独面试,问题包括个人性格、对审计工作的理解、以前的实习经历、最有成就感的事情,还问要是其他会计师事务所也给我录取通知书,我会选哪家。

4. 德勤会计师事务所

(1) 网申。德勤(DTT)网申的主要问题及方法如下:①申请语言,中英文皆可。②申请步骤(以新注册用户为例):a. 提出申请,选择要申请的职位;b. 注册;c. 填写个人信息;d. 填写教育背景;e. 填写实践经历;f. 语言能力;g. 获得的奖励和证书;h. 上传简历;i. 确认提交;j. 完成。

(2) 笔试。不同的岗位,笔试内容也不同。德勤创新性很强,笔试每年都不一样。①Audit(审计)。Online test(线上测试)主要也是分为 Verbal(语言)和 Numerical(数值)两部分,分别是19分钟30题和25分钟18题,均为英文作答。语言部分可练习经典42题,数值部分比较难,要分配好时间。②Consulting(咨询)。12题性格测试、Verbal(语言)、Numerical(数值)、Diagrammatic(图解),后三部分每部分8题,6分钟。

(3) 面试。德勤面试一般两面,分为AC面+合伙人面试。AC面采用无领导小组讨论的形式。合伙人面试会围绕简历问一些相关问题,然后让你提问。比如给你10万美元,怎么分配在投资上并给出理由;给东方广场刷一层涂料,作为供应商,怎么给物业公司报价。主要考核逻辑性和表达能力。

5. 宝洁公司

宝洁公司（简称"宝洁"）的招聘从网申到拿到录取通知，大约历时一个月，时间较长。

(1) 网申。宝洁的网申除了包含个人的基本信息外，还包括应聘者的成绩在群体中属于什么位置等，你认为自己的领导能力、创新能力、团队合作能力处于什么水平。宝洁很重视应聘者的自我评价，如果你自己认为各项指标都没有达到前十名，它自然不会给你通过的机会。

宝洁的性格测试是第一关，有 60 多道题，网上可以下载到模板。性格测试主要是考察应聘者是否跟企业文化匹配，要了解宝洁的核心要求：Leadership（领导力）、Integrity（正直）、Ownership（主人翁精神）、Passion for winning（积极求胜）、Trust（信任）。性格测试里的每一个问题都是对这五方面的考察，宝洁会选取跟自己的企业文化相匹配的应聘者。

第二关是图形推理，15 道题 30 分钟。宝洁的图形推理只有两个思路：旋转和数字，旋转是图形不变，顺时针或逆时针，出现的角度是 45°、60°、90°、120°、135°、180° 等 6 种；数字是图形不停地变，但是你不用关注是什么图形，只用数边数。宝洁的图形推理题难度不大，只要掌握技巧就能提高正确率。

(2) 笔试。笔试有两场，包括推理测试（或解难测试）和托业测试。推理测试又称 Global Reasoning Test（或 Problem Solving Test），中文版分为三部分：数学推理、语言推理、图形推理，都是与商务有关的内容，时间是 65 分钟；托业测试只有听力和阅读，题量很大，题不难。

(3) 面试。所有的笔试完成后一周会接面试通知，面试通知一般提前 5 天左右告知，面试地点在广州。一面十分重要，淘汰率很高，比例大约为 1/50。

(4) 宝洁八大问题（旧版）如下：

A. Describe an instance where you set your sights on a high/demanding goal and saw it through completion. （举例说明，你如何制定了一个很高的目标，并且最终实现了它。）

B. Summarize a situation where you took the initiative to get others going on an important task or issue and played a leading role to achieve the results you wanted. （请举例说明你在一项团队活动中如何采取主动性，并且起到领导者的作用，最终获得你所希望的结果。）

C. Describe a situation where you had to seek out relevant information, define key issues and decide on which steps to take to get the desired results. （请详细描述一个情景，在这个情景中你必须搜集相关信息，划定关键点，并且决定依照哪些步骤能够达到所期望的结果。）

D. Describe an instance where you made effective use of facts to secure the agreement of others. （举例说明你是怎样用事实促使他人与你达成一致意见的。）

E. Give an example of how you worked effectively with people to accomplish an important result. （举例证明你可以和他人合作，共同实现一个重要目标。）

F. Describe a creative/innovative idea that you produced which led to a significant contribution to the success of an activity or project. （举例证明，你的一个创意曾经对一个项目的成功起到至关重要的作用。）

G. Provide an example of how you assessed a situation and achieved good results by focusing on the most important priorities. （请举例，你是怎样评估一种情况，并将注意力集中在关键问题的解决。）

H. Provide an example of how you acquired technical skills and converted them to practical application. (举例说明你怎样获得一种技能,并将其转化为实践。)

宝洁八大问题(新版)如下:

A. 请举一个你最自豪(最成功)的例子。

第一个问题很重要,你的回答会代表面试官对你的第一印象,第一印象十分重要。

B. 请举一个你带领团队完成一项任务的例子。

宝洁是最强调领导力的公司之一,这个问题每年必问,这个问题也很关键。这个问题不是想知道你担任了多高的学生干部职务,而是想通过这个问题了解你。总结来看:目标→分工→激励→反馈→指导→负责,围绕这六点(注意这是有逻辑顺序的,最好不要颠倒顺序)去挖掘,你就可以讲一个生动的关于领导力的故事。

C. 你遇到最大的困难是什么?你认为困难的来源是什么?你怎么解决的?

D. 举一个你在大压力下同时完成多项任务的例子。

E. 举一个你解决矛盾冲突的例子。

F. 举一个你团队合作的例子。

G. 举一个你创新的例子。

H. 举一个你说服别人的例子。

6. 联合利华集团

(1)申请流程:简历接收及筛选在线测试→第一轮面试→精英见面会→评估中心和性格测试→发放录取通知书。

(2)网申中的开放问题:

A. Describe a time when you had to come up with a new solution to overcome the considerable resistance and solve the complex problem finally. (No more than 1000 letters)(描述你提出一个新的解决方案来克服不少的阻力并最终解决复杂问题的经历,不超过

1000字。)

B. Describe the situation where you had to convince someone who was not easily to be convinced, What did you do. (No more than 1000 letters)(描述你说服一个不容易被说服的人的情形,你是怎样做的?不超过1000字。)

C. Please describe a time when you saw an opportunity to really make a difference on yourself. (No more than 1000 letters)(请描述你经历过的一个机遇对你产生影响,让你有所成长,不超过1000字。)

D. Have you ever been part of a workgroup and attained the group goal through the joint efforts? What role did you play in the whole process?(No more than 1000 letters)(你有曾经作为一个工作团队的一员,并通过团队共同努力达到团队目标的经历吗?你在整个过程扮演什么角色?不超过1000字。)

E. Tell us you strength that makes you different from other applicants?(No more than 200 letters)(告诉我们跟其他的申请人相比,你的优势是什么?不超过200字。)

F. What are your short term plans?(No more than 200 letters)(你的短期计划是什么?不超过200字。)

G. Why are you interested in applying Unilever?(No more than 300 letters)(为什么你有兴趣申请来联合利华工作?不超过300字。)

H. What are your expectations to Unilever Management Trainee Program?(你对联合利华管理培训生项目的期望是什么?)

(3)笔试。数学题型是20题20分钟完成,10张图每张图两个小题。Log题型是24题12分钟内完成,图形推理。题量很大,难度不大。跟公务员的行政能力测试题目类型相似,但题目都是英文的,在答题时需要分配好时间,不要在一个题目停留太久。

（4）面试。联合利华一面采用一对一或一对二的形式面试，面试者会面对一个或两个面试官（具体会因部门和面试地点而有所不同）。一个面试官来自所申请部门，若有两个面试官，则一名来自申请部门，另一名来自人力资源部门。一面的内容主要以结构化面试为主，包括自我介绍、行为面试等，以中文为主，但其中会穿插英文问题。问题比较常规，主要就是自我介绍、优缺点、最骄傲的事情，选择公司的时候考虑的因素，体现一个你具有领导力的例子，用英语介绍下你相比其他人的优势，联合利华是你第一家投的公司吗，为什么要来联合利华，为什么要这个职位，对联合利华的印象、三到五年的工作规划等。

二面采用小组讨论形式，每组8人。一般10分钟看材料，35分钟讨论，5分钟展示。

案例五　财务部门的面试题目

Disaster on the M5

You're working within the company as Distribution Operation Manager. It is 2:30 am on Saturday Morning, and you are asleep at home. You receive a call at home and the following message is left for you by the night-shift Team Leader an North Rocks. "I have just received a call from the Police. Tragically, one of our vehicles has been involved in a fatal accident on the M5. The driver of our vehicle and a member of the public are confirmed casualties. As a result of the impact, there has been a spillage of Domestos and the motorway has been closed."

Task and time:

1. You will have 10 minutes to work by yourself to decide key actions you must take and order of priority.

A. Think about all of the issues that would arise in this situation.

B. Think about which are the most important and should be addressed first.

C. Think about how you would evaluate their importance.

2. 5 minutes presentation and 10 minutes for Q&A.

译文：

发生在 M5 的灾难

你在公司担任货运分配调度经理。周六凌晨 2:30 时你正在家中睡觉。你在家中接到了一个电话，其中的信息是由一个值夜班的领队留给你的："我刚接到警方的电话，不幸的是我们的一辆货车被卷入了一个重大的事故，事故发生在 M5。货车的司机和一个市民被确认伤亡。撞击导致消毒剂泄露，高速公路被关闭了。"

任务和时间：

1. 你有 10 分钟的时间来独自决定接下来必须采取的关键行动以及行动的优先顺序。

A. 考虑所有在此情况中可能出现的问题。

B. 考虑什么行动最重要并且应该被最先采取。

C. 考虑应该怎样评估它们的重要性。

2. 5 分钟展示时间和 10 分钟问答时间。

7. 美国箭牌糖果有限公司（简称"箭牌"）

（1）申请流程：网申→笔试→面试。

（2）网申。箭牌 2012 年开放性问题：

A. What was the biggest achievement you have accomplished in university? Please describe how you did to get it done. （你在大学里收获的最大成就是什么？请描述你是如何实现的。）

B. What was the biggest setback in your college life? How did it impact you? And how did you face this setback?（你大学里最大的一次挫折是什么？它给你带来了怎样的影响？你是如何应对的？）

C. Please describe one of the most difficult and demanding tasks you have had in university. What did you do to overcome it?（请描述你在大学面对的最困难艰巨的任务之一，你是如何做并克服它的？）

D. Please describe the most successful case that you have inspired or motivated others to take actions and reach goal. How satisfied/dissatisfied were you with that, and why?（请描述你通过启发、激励他人，最终采取行动实现目标的最成功例子。你对此是否满意，为什么？）

（3）笔试。题目主要是个人能力测试和英语能力测试。第一部分为22道图形、推理、计算；第二部分为4篇英文SHL，答题时间一共60分钟。笔试经验以先做英文部分为主，不过试题仍有很大可能做不完。

（4）面试。箭牌面试一般需要多轮，基本流程如下：

一面采用无领导小组讨论面试的形式，时间为半个小时到一个小时，25分钟讨论，5分钟展示，组员可以对问题进行补充。

二面是人力资源面试，主要了解你的大学经历，以及根据你的简历来提问。

三面是性格测试，采用小组游戏的形式，游戏完毕之后每人做1分钟总结。

最后一面是大区经理一对一面试，问题如下：①介绍你自己。②为什么选择箭牌？③是否做过和销售相关的实习，业绩如何？收获什么？④大学里受过什么挫折没？⑤如果发现你最好的朋友生活中有一些不检点的事，你会怎么做？会公之于众吗？⑥和朋友之间有过矛盾吗？怎么处理的？⑦小组面试时，你担当什么角色。

8. 汇丰银行

(1) 申请流程：在线申请→人力资源面试→笔试→AC (Line Manager) 面试。

(2) 网申。汇丰的网申中需要选择部门，这是有别于其他外资企业网申的特点，可以选择的部门有个人业务部（Personal bank）、（Commercial bank，针对中小企业）、（Corporate bank，针对大企业）等。选择部门时一定要慎重，一旦拿到录取通知书，就不能再换部门。在选择部门前最好了解自己的兴趣并调查清楚各部门的工作内容。

(3) 笔试。笔试是全英文的，SHL（外企数学能力英文测试）形式，包括 Verbal 和 Numerical 两部分。难度比"四大"高。Numerical 一共35题，40分钟；Verbal 48题，25分钟。中间不可以问问题，不给提示时间。可以带计算器。建议参加笔试之前多多熟悉 SHL 题型，力求在考试过程中触类旁通。

(4) 面试。汇丰的面试为全英文，有人力资源面试和 AC 面试。

案例六

(1) 英语：从笔试到最后的阅读与案例展示都要求英语好，阅读速度快。在被提问的时候，不能语无伦次。

(2) 礼节：不管是什么面试，礼节都很重要。汇丰银行寻找的是未来的中国银行家，风度是必要条件。要体现你的干练和职业。

(3) 学会察颜观色：观察你的面试官或者老板喜欢什么样的人，在不改变原则的条件下，去改变自己。

9. 英国石油公司

（1）申请流程：宣讲会→网申→筛选简历→笔试→面试→测试中心。

（2）网申、开放性问题、性格测试。

英国石油公司网申常见开放问题：

A. Please tell us why you want to join BP IST EH, why you have chosen to apply for the Trader Development Program and what you believe you have to offer us. (maximum 300 words)（请告诉我们为什么你想加入英国石油公司，为什么选择申请 Trader Development Program 这一部门，你认为你能给我们提供什么？不超过300字。）

B. What have you done to develop your experience/knowledge/skills outside the academic environment? How will what you learned be beneficial to BP? Describe what you did, what you learned and how it has helped you or will help you in future. Please be specific and list no more than three examples. (maximum 300 words)（在校园之外，你通过怎样的经历来增长你的经验、知识、技能？你所学的将对 BP 有何益处？描述你的经历，你学到了什么以及这些经历在过去或将来对你的帮助。请具体描述，不超过三个事例，不超过300字。）

C. What do you consider to be your most significant achievement other than your academic results? This should be something which you personally decided to do and worked hard to achieve. Please describe why you see the achievement as significant and any obstacles you had to overcome. (maximum 300 words)（除了你的学习成绩，你认为你最重要的成就是什么？这项成就应该是你个人决定去做并通过努力最终实现的。请描述为什么你觉得它重要并说明你所克服的其他阻力。）

D. At BP, we need people to demonstrate strong business acumen——for example by making or saving money, buying or selling goods/services or finding ways to improve performance. Which of your achievements or experiences best illustrates your business acumen? What was the situation? What did you do? What was the outcome? (maximum 300 words) (在 BP，我们需要能展现很强的商业敏锐度的人才，例如赚钱或是省钱，购买或是销售商品和服务或者找到方法提高绩效。哪一项你的成就和经历最能说明你的商业敏锐度？当时是怎样的情形？你做了什么？得到了什么？不超过300字。)

E. Please list any extra-curricular activities such as clubs, sports, business. (请列举学校课程以外的活动，例如社团、体育活动、商务活动。)

F. Ventures, societies or professional associations you have been active in and describe your specific involvement e. g. your level of responsibility, length of involvement, notable achievements. Please give association names in full rather than using abbreviations. (maximum 300 words) (列举你所参加的企业、社会、专业社团并说明你的具体参与程度。例如，你所承担的责任，你的参与深度以及显著的成就。请写出社团的全称而不是简称，不超过300字。)

（3）笔试。英国石油公司的笔试题是 SHL 题型，但普遍反映比其他几家外企使用的试题要难。分为数学、语言理解能力、英语部分。数学部分16分钟20道题，语言部分12分钟49道题，英语部分3小块共10分钟。

（4）电话面试。

英语问题通常为：

A. Self introduction.

在英语自我介绍时，不要死记硬背。只要记住一个框架，然后临场发挥，这样才显得比较自然。

  B. Example of solving a technical problem.

  C. CICPA（中国注册会计师协会）的考试计划。

  D. Why FC&A？（为什么选择该部门之类的）

中文问题通常为：

  A. 工作调动问题。

  B. 20年的职业规划。

  C. 工作以后会继续学习吗？（如MBA）

  D. 对会计准则的理解水平。

  （5）面试。首先是competency interview（胜任力面试）和人力资源部的全英文面试，面试时间大约为一个小时，问题来源于应聘者的简历。英文面试完之后是小组讨论，时长大约一个半小时，一般考察应聘者的表达能力、团队协作能力、分析问题的能力等。

第四章　公务员考试

第一节　公务员概述

一、公务员的定义

公务员，是指依法履行公职、纳入国家行政编制、由国家财政负担工资福利的工作人员。"公务员"不是一个广泛概念，而是专门指通过公务员考试，正式进入政府部门工作的人员。

二、公务员的分类

中国公务员正规统一都叫国家公务员，不管是中央还是地方都是国家公务员，具体分为中央、国家机关公务员和地方国家公务员。

公务员职位按职位的性质、特点和管理需要，划分为综合管理类、专业技术类和行政执法类等类别。国务院根据《中华人民共和国公务员法》（简称《公务员法》），对于具职位特殊性，需单独管理的，可增设其他职位类别。

国家根据公务员职位类别设置公务员职务序列。公务员职务分为领导职务和非领导职务。领导职务层次分为：国家级正职、国家级副职、省部级正职、省部级副职、厅局级正职、厅局级副职、县处级正职、县处级副职、乡科级正职、乡科级副职。非领导职务层次在厅局级以下设置。

三、公务员的基本素质

1. 政治素质
（1）必须具有远大的共产主义理想、坚定正确的政治方向。

（2）坚持全心全意为人民服务，密切联系群众，坚决维护人民群众的利益。

（3）坚持求真务实的工作作风，解放思想，实事求是，一切从实际出发，勇于开拓前进。

（4）模范遵纪守法，树立清正廉洁的公仆形象。

（5）刻苦学习，勤奋敬业，不断加强知识积累和经验积累。

2. 专业知识
公务员的知识分两部分——专业知识和相关知识。专业知识包括本专业的基本概念、基础理论、基本框架和基本常识以及本专业的来龙去脉和前后动态。相关知识即指相近或交叉专业的有关知识，这些知识的了解有助于本职专业知识的深化和提高。

3. 智力素质
智力是公务员的基本素质之一，智力水平的高低直接影响到公务员对于问题的观察、理解和思考。智力包括观察力、记忆力、思考力和想象力。普通人智商大体相当，只是不同的人对于智力的各个方面稍有侧重，有的长于抽象逻辑思维，有的长于形象思维，有的长于观察，有的敏于反应。

4. 心理和身体素质
公务员的心理素质指公务员在内部和外部环境作用下所形成的意志、心理感受等方面，主要包括情绪的稳定性、团结协作的相容性、工作的独创性、面对服务对象的谦和态度、心理的自我调适等。身体素质主要指公务员的体力和适应力，公务员必须具备连续作战的精力，能够适应外部环境的各种变化。

四、公务员要履行的义务

《公务员法》第十二条公务员应当履行下列义务：

(1) 模范遵守宪法和法律。

(2) 按照规定的权限和程序认真履行职责，努力提高工作效率。

(3) 全心全意为人民服务，接受人民监督。

(4) 维护国家的安全、荣誉和利益。

(5) 忠于职守，勤勉尽责，服从和执行上级依法作出的决定和命令。

(6) 保守国家秘密和工作秘密。

(7) 遵守纪律，恪守职业道德，模范遵守社会公德。

(8) 清正廉洁，公道正派。

(9) 法律规定的其他义务。

附　概念辨析

(一) 事业编制

事业单位是我国特有的，它的划分方式较多。有按经费来源划分、按编制管理划分、按组织机构划分等。

按照经费来源划分，可分为自收自支事业单位、全额拨款事业单位、差额拨款事业单位。

按照组织机构划分，可分为国家机关、企业、事业单位、社会团体、其他机构。其中，国家机关包括国家权力机构、国家行政机构、国家司法机关、党派组织、人民政治机构；事业单位包括农业、林业、水利、气象事业单位和文教卫生事业单位，科学研究事业单位，勘察设计事业单位，社会福利事业单位，城市公用事业单位，交通事业单位，等等。

按照《国家公务员管理条例》规定，国家行政机构（即国务院、各级地方人民政府，以及国务院各职能部门、地方人民政府各职能管理机构）的行政编制人员实行公务员管理，国家权力机构、国家司法机关、党派组织、人民政治机构的人员参照实行公务员管理。事业单位一般不要求实行公务员管理，但也有个别事业单位参照实行公务员管理。

公务员与事业单位的人员的区别，主要有以下四个方面：

一是工作性质方面。公务员从事的主要是国家行政事务性工作；事业单位人员从事的主要是社会公益性工作，或者说是非营利性的工作。

二是工资收入方面。公务员的工资收入是按照《国家公务员管理条例》的规定发放，并根据国家财政状况进行调资；事业单位人员的工资收入一般不受国家约束，由各事业单位根据市场情况而定。一般来说，事业单位人员的工资收入比公务员高。

三是保险福利方面。公务员享受的保险福利是按照《国家公务员管理条例》的规定执行；事业单位人员享受的保险福利是按照国家有关的社会保障规定执行，一般要逐步实行社会化。一般来说，公务员享受的福利待遇比事业单位的人员要好一些。

四是用人方面。公务员的录用、提升、退休、辞退、辞职等是按照《国家公务员管理条例》的规定执行；而事业单位人员的录用、提升、退休、辞退等是按照国家劳动法的有关规定执行，但事业单位对人员的管理权限要大一些。

（二）参公事业单位

《公务员法》第一百零六条："法律、法规授权的具有公共事务管理职能的事业单位中除工勤人员以外的工作人员，经批准参照本法进行管理。"这就是参公事业单位的来源。而公务员，是指依法履行公职、纳入国家行政编制、由国家财政负担工资福利的工作人员。由此来看，公务员和参公，只是编制不同，一个是行政编制，一个是事业编制。

而《公务员法》规定的公务员的条件、义务与权利，职务与级别，录用，考核，职务任免，职务升降，奖励，惩戒，培训，交流与回避，工资福利保险，辞职辞退，退休，申诉控告，职位聘任，法律责任，附则等，包括退休、交流调动等待遇是一样的。

另外，其他的所有公务员管理的法律法规如《新录用公务员之相关规定（试行）》、《行政机关公务员处分条例》等都会加上一句："参照公务员法管理的机关（单位）录用工勤人员以外的工作人员，参照本规定执行。"

（三）大学生村官

大学生"村官"不是公务员，大学生"村官"是村级组织特设岗位人员，系非公务员身份。大学生"村官"要进入公务员队伍，还必须经过公务员考试。专家指出，当前社会上有些人以为当上大学生"村官"就进入了公务员队伍，这是一种误解。

但是对于表现优秀、聘期考核合格的大学生"村官"，可以享受公务员报考的优惠政策。以北京为例，北京市人力资源和社会保障局发布公告称，5月5日至5月8日，2006年到村任职的北京市大学生村官即可登录北京市人事考试网，报考北京市公务员，任职期间表现优秀的大学生村官可以享受5～12分的加分照顾。

（四）选调生

选调生也属于公务员系统，但与普通公务员还是有一定区别的。

1. 报名条件不同

选调生的报名条件除符合一般国家公务员的报名条件外，还要求政治素质好，有志于从事党政工作并有发展潜力的优秀学生，主要选调本科生、研究生中的共产党员、优秀学生干部和三好学生。

2. 培养目标不同

选调生的培养方向主要是党政领导干部后备人选和县级以上党政机关高素质的工作人员人选，公务员一般招考的是非领导职务国家公务人员。

3. 选拔程序不同

选调生的选拔采取本人自愿报名、院校党组织推荐、组织（人事）部门考试考核相结合的办法；而公务员录用考试采取笔试和面试的方式进行，不需要院校党组织推荐。

4. 培养管理的措施不同

选调生到基层工作采取岗位培训、脱产轮训等多种形式。选调生在基层工作期间，至少要脱产培训一次，时间一般不少于3个月。而公务员主要采取岗位培训的形式，在工作初期一般不安排脱产培训。

5. 管理使用有所差别

选调生是省委组织部的后备干部，放到基层锻炼，人事权归省委组织部管辖，委托接收单位考评。调动范围是全省建有党组织的各级党政机关、事业单位、人民社团，可以理解成一种特殊的干部身份。

公务员是针对具体职能的职位，人事权一般归该单位人事机构或上级单位人事机构或人事厅管辖。一般只要有人事权的单位都有管辖权。调动范围取决于人事归属单位，在该单位人事管理范围内调动。

6. 发展前景有所差别

选调生是省、市、县委组织部掌握的后备干部，而招考录用的公务员，是普通的机关工作人员。选调生提拔速度比公务员快得多，一般本科毕业定科员，硕士定副科，博士定正科。我国干部队伍中，许多年轻有为的领导干部都是选调生出身。所以，组织部门一直把选调生工作视为优秀年轻干部的"源头工程"。

选调生的提拔一般采取借调方式，借调满一年可转入借调单位，有公务员岗位编制的不通过公开公务员考试直接提拔，借调单位可以是省级机关或该生所在市级组织部人事范围内。

第二节 公务员考试

公务员考试是公务员主管部门组织的担任主任科员以下及其他相当职务层次的非领导职务公务员的录用考试。

《公务员法》规定录用担任主任科员以下及其他相当职务层次的非领导职务公务员，采取公开考试、严格考察、平等竞争、择优录取的办法。民族自治地方依照前款规定录用公务员时，依照法律和有关规定对少数民族报考者予以适当照顾。中央机关及其直属机构公务员的录用，由中央公务员主管部门负责组织。地方各级机关公务员的录用，由省级公务员主管部门负责组织，必要时省级公务员主管部门可以授权设区的市级公务员主管部门组织。

一、考试概述

公务员考试分为国家和地方公务员考试两种。国家公务员考试是指中央、国家机关以及中央国家行政机关派驻机构、垂直管理系统所属机构录用机关工作人员和国家公务员的考试。地方的公务员考试是指地方各级党政机关、社团等为招录机关工作人员和国家公务员而组织进行的各级地方性考试。中央和地方考试单独进行，不存在从属关系，考生根据自己要报考的政府机关部门选择要参加的考试，也可同时报考，相互之间不受影响。

中央公务员考试和地方考试性质一样，都属于招录考试，考生填报相应的职位进行考试，一旦被录取便成为该职位的工作人员。具体公务员政策可参看国家公务员网的相关政策。

地方公务员考试有资格考试和招录考试两种，资格考试即成绩合格者发给公务员资格证书，考生可凭此资格证在市、区、县等国家机关求职，如北京市。有的需要再参加具体部门的一些考试，有的直接面试考核。绝大多数地方公务员考试采用的是招录考试的方式，考生选择职位报名参加考试，考上后就直接录取为该部门的公务员，和中央公务员考试程序一样。

1. 从概念来说

中央、国家机关公务员和各省、直辖市分别组织公务员考试，不存在什么从属关系，考生根据自己要报考的政府机关部门选择要参加的考试，也可同时报考，相互之间不受影响。如报考者可以报考国家公务员考试，也可以报考地方公务员考试，两者不冲突；如果没有户籍限制的话，也可以报考其他省市的公务员，比如江苏的可以报考浙江的公务员。

2. 从考试性质来说

绝大多数地方公务员考试采用的是招录考试的方式，考生选择职位报名参加考试，考上后就直接录取为该部门的公务员。

3. 从招考对象来说

中央、国家机关的公务员考试是面向全国进行招考的，没有户籍限制，而地方的公务员考试主要面向当地的居民和在当地就读的大学生以及本省生源的大学生。但大部分省份对户口的限制进行放宽，这就需要考生报名时认真阅读招考简章，一般研究生及以上学历不受户籍限制。

4. 从考试科目来说

中央、国家机关的公务员笔试包括公共科目和专业科目两部分。公共科目为《行政职业能力测验》和《申论》两科，所有报考者都参加这两科的考试。

各地方公务员考试和国家接近，基本沿用国家的模式，大部分省份考试大纲也是参照国家的。但也有例外的，比如江苏公务员考试，包括《公共基础知识》、《行测》和《申论》三部分。

5. 公共科目命题上的差异

（1）题型基本相同。中央、国家公务员考试对各省市命题有很强的指导作用，大部分省市命题及考试大纲均采用国家的形式，甚至直接采用国家的大纲，这也是为什么备考地方公务员考试也最好选择国家公务员考试资料的原因。

（2）命题组织模式不同。中央、国家公务员考试有自己的命题组，由命题专家统一命题。但地方没有足够的人力、物力、财力组织自己的命题组，所以地方公务员考试试题主要来自人事部门考试中心题库。

（3）题目数量不同。中央、国家机关的公务员考试近两年都是135道题，答题时间为120分钟。地方的公务员考试与中央、国家的考试有一些区别，各地方也不尽相同，如有些地方考试为90分钟100题，有些地方则与国家一致。当然各地方也不是每年都一成不变，所以还是要关注当地的考试大纲。此外，每种题型的数量也与国家的不尽相同。

（4）答案设置不同。中央、国家机关公务员考试和各省市公务员考试行测科目全部为单选题。江苏公务员基础知识有多选题，多选少选均不得分。

6. 从考试时间来说

从2002年起，中央和国家机关公务员招录工作的时间将固定下来：报名时间在每年10月下旬，考试时间则在每年11月的第四个星期日或12月的第一个星期日。

地方的公务员考试时间差异很大，而且每年招考时间会有一些变动，一些省份一年还有春、秋季两次考试，春季考试一般是在4月上旬举行。此外，政府还会组织一些选调干部到基层的考试，有些部门还会单独招考。除了省里的考试，各个城市也会有一些零散的考试，如村官考试，时间都很灵活。

报考各类公务员考试不受次数限制，只要时间上不冲突，可以参加多次公务员考试：中央的公务员考试、学校所在地的公务员考试、生源地的公务员考试，还有一些对生源没有限制的省份、城市的公务员考试，只要是符合条件的都可以参加。

二、招考公告

制定和发布招考公告是报名前的首要工作。用人部门关于考试录用的主要信息，都是通过公告告知社会的。公务员录用招考公告主要包括以下内容：①招考范围、招考对象和条件；②录用单位、职位与计划（名额）；③考试录用的方法和程序；④报名时间、地点及报名时应审查的证件；⑤笔试的科目、时间和地点；⑥面试办法；⑦笔试、面试成绩公布办法；⑧录用的程序和方法；⑨其他须向考生说明的事宜。

公务员招考公告一般选择知名度高、读者面广、权威性和严肃性强的报纸发布，同时要考虑到地域性。例如，国务院各部门如面向全国招考公务员，则应在《人民日报》上发布招考公告；如只限在北京地区招考，则可在《北京日报》或《北京晚报》上发布招考公告。各省、自治区、直辖市政府如面向全省（全自治区）招考公务员，则应在省级报纸发布招考公告；如只限在省、自治区驻地市内招考，则可在驻地市报纸上发布招考公告。

招考公告具有法规性质，一经发布，任何单位、任何个人不得违背其内容行事，如有特殊情况需改变或调整其内容时，须由发布公告的部门于报名前在原公布公告报纸上作更正声明。

招考公告在文字上简单、明了。有些问题如考试的一些具体要求，可制定《报名须知》在报名处张贴或印发，作为招考公告的辅助说明。

三、报考条件

①具有中华人民共和国国籍；②18周岁以上、35周岁以下，本科应届毕业硕士研究生和博士研究生（非在职）年龄可放宽到40周岁以下（1971年10月15日以后出生）；③拥护中华人民共和国宪法；④具有良好的品行；⑤具有正常履行职责的身体条件；⑥具有符合职位要求的工作能力；⑦具有大专以上文化程度；⑧具备中央公务员主管部门规定的拟任职位所要求的其他资格条件。报考特殊职位的考生还应具备该职位要求的特殊条件。

招考职位明确要求有基层工作经历的，报考人员必须具备相应的基层工作经历。基层工作经历，是指具有在县级以下党政机关、国有企事业单位、村（社区）组织及其他经济组织、社会组织等工作的经历。离校未就业高校毕业生到高校毕业生实习见习基地（该基地为基层单位）参加见习或者到企事业单位参与项目研究的经历，可视为基层工作经历；在军队团和相当于团以下单位工作的经历，可视为基层工作经历；报考中央机关的人员，在地（市）直属机关工作的经历，也可视为基层工作经历。

招考职位要求有农村基层服务项目工作经历的，报考人员应为服务期满且考核合格的大学生村官及"农村义务教育阶段学校教师特设岗位计划"、"三支一扶"计划和"大学生志愿服务西部计划"等服务基层项目人员。

曾因犯罪受过刑事处罚的人员和曾被开除公职的人员、在各级公务员招考中被认定有舞弊等严重违反录用纪律行为的人员、现役军人、在读的非应届毕业生、服务年限不满2年（含试用期）的公务员、公务员被辞退未满5年的，以及法律规定不得录用为公务员的其他情形的人员，不得报名。报考人员不得报考录用后即构成回避关系的招录职位。

报考人员不得报考与招录机关公务员有《公务员法》第六十八条所列回避情形的职位。《公务员法》第六十八条："公务员之间有夫妻关系、直系血亲关系、三代以内旁系血亲关系以及近姻亲关系的，不得在同一机关担任双方直接隶属于同一领导人员的职务或者有直接上下级领导关系的职务，也不得在其中一方担任领导职务的机关从事组织、人事、纪检、监察、审计和财务工作。因地域或者工作性质特殊，需要变通执行任职回避的，由省级以上公务员主管部门规定。"

相关的一些补充提示：

（1）学历要求。现在公务员考试一般都要求本科以上学历（不分应往届），只有极少数县级以下的职务或为照顾少数民族考生才只要求专科学历。国家公务员招考几乎不招专科学历。

（2）在校学生报考。在校大学生只有到大四才可以报考公务员。比如2007年7月毕业的大学生，在上一年也就是2006年9月以后就可以参加各个地方的公务员考试了。

四、考试基本流程

1. 报考

（1）浏览报考信息（考试公告、考试大纲、职位条件一览表）。

（2）选定职位（专业上有疑义，可咨询所报单位）。

（3）开始网报。①登陆网报网站及页面；②填写报名信息并上传照片；③等待审核；④审核通过后网上缴费；⑤报名成功。

现在大多数省市均采取网上报名,并在网上直接打印准考证,现场确认报名的方式。

2. 笔试

中央、国家机关的公务员考试包括笔试(公共科目、专业科目)和面试,公共科目笔试以往按A、B类职位分别进行。A类职位笔试公共科目为《行政职业能力测验》(A)和《申论》;B类职位笔试公共科目为《行政职业能力测验》(B);专业科目笔试和面试时间由招考部门自行通知。从2006年开始,A、B类都要考一样的科目,就是《行政职业能力测验》和《申论》,只不过《行政职业能力测验》分别命题。

国家公务员考试按中央机关招录职位区分为三类——中央机关及其省级直属机构、市(地)级以下直属机构、专业性较强的部门(单位),在考试内容和招录政策上有所区别。

笔试包括公共科目和专业科目。公共科目由中央公务员主管部门统一确定,专业科目由省级以上公务员主管部门根据需要设置。面试比例与计划录用人数比例一般有 3:1、4:1、5:1 三种,只有通过笔试后,按录用人数与面试比例确认笔试成绩排名前几位的才有面试资格,进入面试关。

各个地方的考试科目都是地方自定的,一般都有笔试和面试。笔试科目各有不同,北京、山东、浙江、上海和广东等省的笔试科目为《行政职业能力测验》和《申论》。要报地方公务员考试的同学要注意查阅当地政府公布的招考简章,以便有针对性地进行复习。

公共科目包括《行政职业能力测验》和《申论》两科,满分 200 分。如果对专业需求比较严格的,会加试专业考试的科目。考查范围具体如下:

(1)行政职业能力测验主要测查与公务员职业密切相关的、适合通过客观化纸笔测验方式进行考查的基本素质和能力要素。

2007年、2008年、2009年、2010年《行政职业能力测验》都是140题，2011年为135题，要求在120分钟内完成，满分100分，包括言语理解与表达、数量关系、判断推理、资料分析与常识判断五个部分。

（2）申论是测查从事机关工作应当具备的基本能力的考试科目。《申论》往年一般包括5～6道大题，按照省级以上（含副省级）综合管理类、市（地）以下综合管理类和行政执法类职位的不同要求，设置两类试卷：前者主要测查报考者的阅读理解能力、综合分析能力、提出和解决问题能力、文字表达能力；后者主要测查报考者的阅读理解能力、贯彻执行能力、解决问题能力和文字表达能力。满分也是100分，要求在150分钟内完成。

（3）外语水平测试。报考中联部、外交部、教育部、商务部、文化部、对外友协、中国贸促会等部门日语、法语、俄语、西班牙语、阿拉伯语、德语、朝鲜语（韩语）等7个非通用语职位的报考人员，还将参加外语水平测试，考试大纲请在各部门网站查询。

3. 面试

公务员面试是一种经过组织者精心设计，在特定场景下，以考官对考生的面对面交谈与观察为主要手段，由表及里测评考生的知识、能力、道德等有关素质的一种考试活动。最常用的是结构化面试和无领导小组讨论两种形式。

结构化面试，是指按照事先制定好的面试提纲上的问题一一发问，并按照标准格式记下面试者的回答和对他的评价的一种面试方式。无领导小组讨论采用情景模拟的方式对考生进行集体面试，通过给一组考生（一般是5～7人）一个与工作相关的问题，让考生们进行一定时间（一般是一小时左右）的讨论，来检测考生各方面的能力和素质，由此对考生作出综合评价。

面试内容分为若干测评要素,主要包括综合分析能力、言语表达能力、应变能力、计划组织协调能力、人际交往的意识与技巧、自我情绪控制、求职动机与拟任职位的匹配性、举止仪表和专业能力。必要时,根据职位要求,面试内容可以增加其他测评要素。

4. **体检和考察**

面试和专业科目考试结束后,将按照综合成绩从高到低的顺序确定进入体检和考察的人选。

5. **录用**

拟录用人员由招录机关按规定的程序和标准从考试成绩、考察情况和体检结果合格的人员中综合考虑,择优确定。

五、考试攻略

1. **考试用书**

任何一类公务员考试都不指定用书。因此无论什么公务员考试用书都不权威。但有些公务员考试网站和培训中心对历年的考试试题进行分析、总结、归类,也写出了不少好的书,比如公务员考试教材中心(www.china-edu.org)的《2010年国家公务员考试综合教材》就是比较热门的选择。所以书是一定要买的,但是要根据自己的情况来买。

2. **应试准备**

确定要报考公务员后更重要的是精心准备考试,因为公务员考试现在很热,而且目标很明确。

(1)先买一本好的复习用书认真看,学习公务员考试的大体内容。在网上下载一些公务员考试的培训视频(免费或价格便宜的)学习一下,权当加入培训班。

(2)做几套历年真题(在《2010年国家公务员考试综合教材》中就有很多真题),从而了解考试的方向,找出自己的薄弱环节，找准自己的位置。

（3）找大量的试题进行针对性练习，多做分类试题，把自己最弱的项目补上来。在练习时一定要计时练习，因为公务员考试考的就是速度。

（4）做最近几年的公务员考试真题和近年的模拟试题，注意一定要严格计时，也可以利用计时练习的软件和在线考试网站。

3. 针对行政职业能力测验的复习计划

行政职业能力测验（简称"行测"）是考生比较薄弱的环节，下面仅就该部分提供一个参考的复习计划。

（1）充分了解行政职业能力测验的具体要求。行测的第一轮复习一般安排在起步期（8～9月），这个时间段主要是夯实基础阶段。行测主要分为五大基本题型，内容和难度都有不同的要求。首先要充分了解各个题型的具体内容。

言语理解与表达：主要测查报考者运用语言文字进行思考和交流、迅速准确地理解和把握文字材料内涵的能力，包括根据材料查找主要信息及重要细节；正确理解阅读材料中指定词语、语句的含义；概括归纳阅读材料的中心、主旨；判断新组成的语句与阅读材料原意是否一致；根据上下文内容合理推断阅读材料中的隐含信息；判断作者的态度、意图、倾向、目的；准确、得体地遣词用字；等等。常见的题型有：阅读理解、逻辑填空、语句表达等。作为一名公务员，需要具备快速、准确地阅读、理解各种形式的文字材料的能力，需要具备灵活、准确、简练地运用文字材料表达信息的能力，只有准确地理解别人传达的信息和更好地表达自己的信息，才能有效地实现信息的顺畅流通。

数量关系：主要测查报考者理解、把握事物间量化关系和解决数量关系问题的能力，主要涉及数据关系的分析、推理、判断、运算等。常见的题型有数字推理、数学运算等。在高度发达的现代信息社会中，会有大量的信息要求管理者快速、科学、准确地接受与处理，而这些信息很多都是用数字来表达或是与数字有关的，因此作为公务员只有掌握快速数学运算的能力，才能胜任现代化的信息管理工作。

判断推理：主要测查报考者对各种事物关系的分析推理能力，涉及对图形、语词概念、事物关系和文字材料的理解、比较、组合、演绎和归纳等。常见的题型有图形推理、定义判断、类比推理、逻辑判断等。公务员担负的行政管理工作所面临的事物间的关系和矛盾纷纷复杂，要处理好这些复杂的关系，必须具备较强的判断推理能力。

资料分析：主要测查报考者对各种形式的文字、图表等资料的综合理解与分析加工能力，这部分内容通常由统计性的图表、数字及文字材料构成。在现代信息社会中，大量的信息往往是以统计资料来反映的，要准确地做出决策，必须对信息进行综合分析和加工，特别是行政管理机关人员必须具备对各种资料进行准确理解和快速分析的综合能力。

常识判断：主要测查报考者应知应会的基本知识以及运用这些知识分析判断的基本能力，重点测查对国情社情的了解程度、综合管理基本素质等，涉及政治、经济、法律、历史、文化、地理、环境、自然、科技等方面。此类试题取材广泛，涉及从古至今、从自然到社会的诸多方面知识，考生要在短时间内提高常识判断能力的水平，重要的是注重平时的观察、思考和积累。

正是因为行测复习具有基础性和长期性的特点，内容多而杂，量很大，因此第一轮复习宜早不宜迟。

(2) 第一阶段复习要狠抓基础知识。复习之始，非常有必要把行测教材通看一遍，主要是对一些重要的概念、公式的理解和记忆，当然在理解记忆的过程中做一些比较简单的习题，有助于知识点的回忆和巩固。这些课后习题对于总结一些相关的解题技巧也很有帮助。在复习阶段可以选择比较好的教科书。比如国家公务员考试网的《2010国家公务员考试综合教材》。

需要强调的是一定要通读一遍往年公务员考试的大纲,这样有助于对整个公务员考试知识点的把握,有助于对考试题型、试题难度的掌握。公考大纲严格划定了各类专业考生应考的范围和难度要求,是考生制订计划的依据。仔细阅读,体会考题的题型类别和难度特点,与大纲中内容无关的坚决不看。

行测毕竟是一门理解加运用的科目,不练习是肯定无法熟练掌握各个知识点和公式的。因此在复习过程中一定要重视平时的练习,把经常出错、辨别不清、掌握不牢固的知识点、公式以及相关练习题总结在一个专用的笔记本上,坚持到最后冲刺阶段,平时经常翻看、总结。最后冲刺阶段,只需把笔记本上的知识点拿出来再看一遍。不仅可以节省大量的时间,而且也不会因临考前的紧张而不知所措。

总之,第一阶段的复习要体现以下三点:①充分理解公务员考试大纲中行测部分的要求,做到准确定位;②重视对基本概念、基本定理和基本方法的复习,夯实基础;③循序渐进,合理安排时间,切忌搞突击。

行测成绩是长期积累的结果,所以行测复习准备时间一定要充分。只有对各个知识点做深入细致的分析,注意抓考点和重点题型,才能在一些大的得分点上灵活运用、举一反三。

4. 面试的关键要素

面试成功的关键因素很多,但并不是每一个因素都能让你成功,重要的是找到自己的薄弱点,然后着重加强,这样才能事半功倍。

(1) 充分自信。自信能体现一个人的气质,自信的表现就是要让各位考官相信你是最合适的人选。作为考官,一般会预先制定一套理想人选的条件,然后再逐一检查应试者,看谁最合适、最能担任这种工作。他们挑选的并不一定是某一方面的天才或专家，而是各种条件的综合考察。

（2）展现真诚。即你要让考官认为你有诚意做这份工作。即使你最适合这份工作，但是你对该机构没有诚意，或者在面试时没有表现出诚意，或者让主试者认为你没有诚意，都不利于你的被录取。一般地说，去面试时，提前对这份工作作了比较详细的了解，如单位的基本状况、工作的性质、管理制度、领导职工关系、你与该单位的协调程度、你的兴趣专业所长等，面试者总是愿意，并且想获得这份工作。实际上，最关键的是要让考官知道你的真心实意，并且相信你的诚意，让他认为他如果选你做了这份工作，你会很乐意接受这份工作，并且认认真真做下去。

（3）强调自己的不可或缺。一个单位聘用你，是因为你对该单位有用、有价值，你加盟之后有好处。看起来，这个道理很明显，也很简单。可是，在求职面试当中，有许多人重点采取各种各样的形式和方法解释自己，没有注意到被录用以后的价值在招聘中所起的作用，那就是：如果录用我，则对贵单位或机构十分有利。

（4）谦虚礼貌。表现无礼是最容易令面试失败的因素。没有老板愿意聘请粗鲁、傲慢、懒散、冲动、不守常理的应试者。面试时所要求的礼貌，是日常公事之中普通的待人仪态礼节，并不要求谦恭卑下。

（5）仪态优雅。比如，进办公室之前先敲门（有公司职员引入的情况例外）；走进室内轻轻关门后，向主试人打招呼（如问好）、微笑、照指示坐下；根据具体情况，一般不需要主动伸出手来握手；未得许可不得抽烟；尽可能记住每位主试者的姓名及称谓（××博士、××经理等），整个面试过程应保持一种认真、谦虚的状态；主试者示意面试结束时，可以表现出一种有信心、活力的状态；微笑、起立、道谢及再见，没有特别的必要时，不用主动伸手来握；交谈当中，最好不要打断其他人的说话。

第五章　英语类考试

一、雅思考试

雅思考试是由英国文化协会（The British Council）、剑桥大学考试委员会（CESOL）和澳大利亚教育国际开发署（IDP Australia）共同举办的国际英语水平测试。

雅思考试包括四个部分，依次为听力、阅读、写作和口语，考试时间共2小时45分钟。每一部分都独立评分，四部分得分的平均分作为考生的雅思综合得分（小数部分取舍到最近的一分或半分，即如果平均分为6.125分，雅思得分算作6分）。成绩单上将列出考生每一部分的得分，同时给出考生的综合得分。雅思考试满分为9分。考试成绩在考试结束十个工作日后通知考生。成绩有效期为2年。雅思为了保证考生考试时的良好状态，将笔试与口试分开进行，避免连续几个小时的考试让考生产生疲倦而影响发挥。

雅思考试分为两种类型，分别是培训类（General Training）和学术类（Academic）。培训类目前较多适用于移民；学术类目前较多适用于留学。无论哪种考试，听力、口语考试同一次都使用同一份试卷，而阅读、写作分别分为培训类卷和学术类卷。考试中不涉及专业知识，只考试英语水平能力。全球135个国家超过7000所机构认可雅思成绩，包括国外大学、移民局、职业机构和雇主。

1. 题型大纲

（1）听力部分。首先进行的听力考试时间为40分钟，题目分四个部分。第一个部分是日常生活中会发生的对话（通常为两人），第二个部分是生活中的独白，第三个部分是学术性的对话（通常两人以上），第四个部分为学术论文演讲，难度依次增加（亦为了再筛选精英，有时有些句子会带重口音或地道词语）。通常前三个部分都会分成两段，分别回答不同的问题。考生在听完每段录音后会有一小段时间复查（但因为不会重复，所以要即时写出答案）。全部录音放完需时30分钟，剩余10分钟供考生将答案从试卷填写到答题卡上。之后考官会把试卷收上来，并要求考生将答题卡翻过来。听力题的类型包括选择题、填空题、简答题、表格题、搭配题和地图题。

（2）阅读部分。听力考试之后是阅读考试，时间60分钟，题目分三个部分。每篇文章为1200～1500字，13～14道题，总共40道题。结束后考官会把答题卡和试卷都收上来。每正确回答一道问题，考生将获得一分。阅读题型分为8类：①找小标题（Headings）；②摘要填空（Summary）；③是非题（True/False/Not given）；④简答题（Short Answer Questions）；⑤选择题（Multiple Choice）；⑥因果关系搭配（Matching）；⑦完成句子（Sentence Completion）；⑧填图填表题（Diagram/Flowchart/Table Completion）。

（3）写作部分。阅读考试之后是写作考试，时间也是60分钟。题目有两道，作文一是看图说明（学术类）或者书信（培训类），要求150字，20分钟；作文二是议论文或说明文（议论为主），要求250字，40分钟。在作文一中，主要有5类题目，分别为Graph（图表）、Table（表格）、Map（地图）、Bar Chart（条线图）、Pie Chart（圆形分格统计图表）。考生需对这些信息或数据进行描述，文章字数不能少于150字，建议考生用20分钟完成。在作文二中，题目中会给出一个看法、问题或议题，考生需就此进行论述。根据不同的情况，考生可能需要针对问题提出解决方法、论述和证明一个看法、对比和对照论据或看法或者评价和反驳一个论点或观点。文章字数不能少于250字，建议考生用40分钟完成。

（4）口语部分。口语考试是一对一进行，分为三个部分。第一部分（3～5分钟）考官会首先就考生的一些个人问题发问，并选择话题加以展开。第二部分（3～4分钟）为卡片题，要求考生就题目所涉及内容进行回答并适当展开论述，时间不少于1分钟，考生有1分钟的准备时间。第三部分（3～5分钟）考官会就一些深入的话题与考生进行讨论，以考察考生的应对能力。总长度时限为10～15分钟。

2. 考试时间及考点

全国33个城市共设有42个考点，报名只需提前1～2个月，且能同时报考2场考试。全年有48个考试日期，从时间和地域上给考生提供了最大便利。

3. 考试费用

2014年4月1日前为1680元/次，之后增至1700元/次。

4. 报名入口及流程

网上报名，报名网址：http：//ielts. etest. net. cn/cn。

雅思报名流程为报名前的准备→注册NEEA（教育部考试中心）用户→预付考试费→选择考位→填写报名表并确认付费→转考→查看个人考试信息，打印确认信→退出→友情提示。

5. 备考方法

（1）雅思阅读：掌握阅读技巧。雅思的阅读量大，生词多，学术类考试有很多专业词汇。但这并不是说需要你狂背单词，而是要掌握一定的阅读技巧。首先，要熟悉各种题型，弄清文章是搭配标题型还是寻找细节型。其次，要广泛阅读，训练阅读速度和捕捉信息量的能力。雅思的阅读多是考察综合的阅读能力，不是很短时间内的技巧训练可以解决的。阅读的训练可以从语法、词汇和阅读量三个方面入手。

认为雅思没有专项的语法题就不用学语法的想法是不可取的，考生可以先全面迅速地复习语法知识，找出自己的弱点，做一些针对性的练习，语法过关了，再进行其他的项目就会事半功倍了。词汇量是在日常学习中一点点积累起来的，把自己在阅读中遇到的生词写下来集中记忆也是个好办法，重要的是要找到适合自己的方法并持之以恒。最后是阅读量，需要多看多做增加自己的阅读量。平时多接触一些阅读材料，一定要是自己感兴趣的东西，比如小说、故事等。每天争取时间多看，不一定要记住，但当时一定要看懂，并保证一定数量。当然，雅思的阅读训练也不能放弃。开始时可做分类的训练题，对题型有一定了解。即使具备了一定的英语基础，一般至少要安排三个月以上的时间来准备阅读，才能取得较为理想的成绩。

（2）雅思听力：利用材料反复精听。听力训练的最好方法是坚持不懈地听，与各种雅思听力材料亲密接触。不论是走路还是课间休息，抓住一切零碎时间练耳，并把不懂的单词、句子、段落记下来，晚上总结。只要反复听，就会越听越顺耳，不知不觉就大有提高。同时，听力训练也是为提高口语打基础。一方面，听得多了，语音方面自然会更纯正。另一方面，雅思听力材料的内容与在国外的学习、生活密切相关，听完后会增长不少知识，谈话也会言之有物。

（3）雅思口语：创设语境积累话题。雅思口语涉及的范围很广，话题包罗万象，而且可以向很多方面延伸。它要求交谈的信息量大、逻辑性强、语速流畅、语音标准。因此，在准备口语考试时，需要广泛的知识和思考问题的能力。要多关注身边发生的事，多了解一些有争议的问题和社会关注的事件。

建议多看书、读报，与人交流辩论，以增长知识，培养思辨能力。同时，还需要创造英语环境来练习英语对话。另外，口语的第一部分是基本固定的一些内容，可以提前准备好，将它背熟。这样在考试时可以给考官留下一个比较好的第一印象，而且也可以缓解自己的紧张情绪。

（4）雅思写作：对照范文加强速度。雅思的综合能力最终体现在写作上。它要求在250个单词中展现语法功底、词汇应用、逻辑思维，是雅思考试中花费时间最长、精力最多的一个方面。开始准备时，要先对英文写作有一个总体的了解，特别是基本的东西不要忽视，如大小写、标点符号、关联词、基本结构、开头结尾段的写法等。训练时，可以自己按题目要求先写，写完后对照范文，比较两篇文章的好坏。然后分析文章的用词、句子结构和逻辑顺序，将好的词汇、句子记下来，作为以后的参考。同时，也要训练写作速度。自己写的时候，尽量把写大文章的时间控制在35分钟内、小文章的时间控制在25分钟内。另外，还需要把英文字练好，要写得清楚醒目，又要适当连笔，以争取良好的纸上印象。

6．考后服务

从2012年1月4日起，雅思考试全面升级考后服务。升级后的雅思考后服务将额外成绩单申请方式统一为"成绩公布后在雅思官网在线申请"。作出调整后的服务政策可以帮助考生根据自己的成绩有的放矢、有针对性地申请其目标院校，更灵活地安排申请计划。

另外，对从2012年起参加考试的雅思考生，免费寄送的额度将延长至考试成绩2年有效期内的前5份额外成绩单。考试主办方英国大使馆/总领事馆文化教育处还将推出一系列快捷和便利的成绩单寄送服务，详细信息可登录雅思考试官方网站进行查询。除了调整额外成绩单寄送服务政策，雅思考试还从2012年1月4日起在雅思官网正式推出考后服务平台（PTS），提供一站式在线服务。考生在此平台上就可完成额外成绩单寄送申请、成绩复议申请、通过第三方支付平台支付考后费用以及查询各项服务进展状态。

二、托福考试

"托福"译自TOEFL，中国人称为考"托福"。迄今为止，美国和加拿大共有2300多所院校规定，凡是外国学生申请到该校入学学习的，必须提供TOEFL、GRE、GMAT或TSE的某一项或两项标准化考试证明，只有达到学校所要求成绩的报考者，才能取得入学和申请奖学金的资格。除了美国、加拿大等大部分国家的高等院校外，欧洲（如英国）、大洋洲（如澳大利亚、新西兰）以及东南亚一些国家和地区也都已承认托福考试成绩。近几年来，国内的联合国驻华机构和外企及合资企业在聘用职员时，或国际基金组织在测试职员的英语水平时，也都采用TOEFL考试成绩。

IBT全称Internet Based Test，即托福网考，也就是现在的新托福，与旧托福最大的区别是多了个"网"，也就是通过网络，而不再是纸质的考试。新托福考试是以互联网为依托，取代了以计算机为依托的托福考试（CBT）。网考首先应用于美国、加拿大、法国、德国和意大利，托福网络考试始于2005年末，并在2006年在全世界普及。2004年之前的托福是用PBT，也就是Paper Based Test（纸质考试）。如果你对自己的英语水平没有把握，特别在听力和口语方面（托福网考的难点）你可以去美国考PBT，全世界只有美国本土还保留着PBT。

美国的大学在录取工作中越来越看重托福成绩，尤其在2012年不少美国大学提高了对国际生的托福录取标准，托福录取分数线上调幅度大概为10分,比如凯斯西储大学由2011年的80分上调至2012年的90分,俄亥俄州立大学由2011年的71分上调至2012年的79分,综合排名前20的埃默里大学甚至建议学生考取托福100分以上。

1. 考试结构

新托福由四部分组成,分别是阅读(Reading)、听力(Listening)、口试(Speaking)、写作(Writing)。每部分满分30分,整个试卷满分120分。

(1)阅读(Reading):三篇文章。与旧托福不同的是,考生不需要在答题之前通读全文,而是在做题的过程中分段阅读文章。每篇文章对应11道试题,均为选择题。除了最后一道试题之外,其他试题都是针对文章的某一部分提问,试题的出现顺序与文章的段落顺序一致。最后一题针对整篇文章提问,要求考生从多条选择项中挑选若干项对全文进行总结或归纳。新一代托福阅读文章的篇幅比旧托福阅读文章的篇幅略长,难度也有所增加。这部分持续时间为一小时,在此时限中考生可以复查、修改已递交的答案。

(2)听力(Listening):取消了短对话。由两篇较长的校园情景对话和四篇课堂演讲组成,课堂演讲每篇长约五分钟。由于是机考,考生在听录音资料之前无法得知试题。在播放录音资料时,电脑屏幕上会显示相应的背景图片。考生可以在听音过程中记笔记。考生不能复查、修改已递交的答案。这个部分持续大约50分钟。

听力水平无疑是新托福成功与否的关键,除阅读外,无论哪一部分都离不开"听"。对于中国考生来说,听力却正是薄弱环节。中国考生提高听力的其中一条有效途径是"听写法",即把相关听力材料拿来精听,并把听到的内容逐句写下来。"听写法"提高听力的一个缺点是,刚开始练习时可能比较费时。此外,也有专门用来练习新托福听写的软件。

(3) 口试(Speaking):把 TSE(Test of Spoken English) 融合在新托福中。这个部分共有 6 题,持续约 20 分钟。第一、二题要求考生就某一话题阐述自己的观点。第三、四题要求考生首先在 45 秒内阅读一段短文,随后短文隐去,播放一段与短文有关的对话或课堂演讲;最后,要求考生根据先前阅读的短文和播放的对话或课堂演讲回答相关问题,考生有 30 秒钟的准备时间,然后进行 60 秒钟的回答。第五、六题要求考生听一段校园情景对话或课堂演讲,然后回答相关问题,考生有 20 秒钟的准备时间,之后进行 60 秒钟的回答。考生可以在听音过程中记笔记以帮助答题。在准备和答题时,屏幕上会显示倒计时的时钟。

(4) 写作(Writing):要求考生在一小时内完成两篇作文。其中一篇类似于旧托福的写作,要求考生在 30 分钟内就某一话题阐述自己的观点,字数要求为 300 字以上。

另一篇则要求考生首先阅读一篇文章,5 分钟以后,文章隐去,播放一段与文章有关的课堂演讲。课堂演讲列举了一些论据反驳文章中的论点、论据。随后要求考生在 20 分钟内写一篇作文,总结课堂演讲的论点、论据,并陈述这些论点、论据是如何反驳文章的论点、论据的,字数要求为 150～225 字之间。在写作时,文章会重新显示在屏幕上。这篇作文不要求考生阐述自己的观点。

(5) 加试。一般实际考试中,考生往往会在听力或阅读部分碰到加试试题,也有可能阅读、听力两部分同时被加试。加试部分不算分(有人说会算分,说是抽几题给分),但考生事先并不知道哪一部分是加试部分(有的时候经典加试是能判断出来的),所以应该认真对待。

2. 考试形式

新托福考试采用真实场景,如模拟大学校园中的动态和交互式环境，试题综合考查听、说、读、写4项英语语言能力，考生可充分展示使用英语进行交流的能力。

新托福考试通过互联网进行，考试采取机考形式。新托福考试的考试时间和各部分试题数目都是固定的。但该考试不采用计算机出题的方式，即题目难度与上一题回答是否准确无关。

3. 考试分数

新托福听、说、读、写各部分满分30分，共计120分。新托福80分相当于旧托福550分，新托福100分相当于旧托福600分。

4. 注意事项

（1）证件要求。托福网考要求考生参加考试时须携带有本人签字的护照或同时携带两类证件，其中至少有一种是一类证件。台湾地区居民必须且只能携带台湾地区居民往来大陆通行证。非中国籍考生只能携带护照参加考试。证件上的姓名和生日等个人信息必须与报名信息完全一致。考生如未携带美国教育考试服务中心要求提供的证件或携带证件不符合要求，将被拒绝进入考场，考费不予退还。

美国教育考试服务中心接受的一类证件包括合法有效的中国护照、正式居民身份证（含香港和澳门身份证）和中国军人证件。接受的二类证件为政府部门颁发的合法有效的身份证明，包括中国护照、正式居民身份证、军人证件、驾驶证、学生证以及考生所在学校学籍管理部门或公安机关开具的带有照片和公章的正式身份证明信。

美国教育考试服务中心不接受的证件包括但不限于：任何过期证件、任何伪造证件、国际驾驶执照、国际学生证、任何学习卡、任何信用卡、公证函（书）、社会保险卡、工作卡（证）、任何临时证件、任何影印证件等。

（2）到达时间。考生必须在开考前30分钟到场。如考试开始时间在上午8:00，则考生须在上午7:30以前到达考场。考场主考有权拒绝晚于此时间到达的考生进入考场。迟到的考生不予退款或安排重考。

（3）个人物品。考生可携带托福网考确认和身份证件前往考场。除身份证件之外，任何个人物品都不允许带入考场。个人物品须存放在考场外指定的储物柜。请勿携带贵重物品前往考场，否则遗失恕不负责。

禁止携带进入考场的个人物品包括并不限于：①自带文具和键盘；②钱包和钱夹；③电子及通信设备；④计时器；⑤参考资料；⑥食品和饮料；⑦监考人员认定的其他违规物品。

5．考试过程要求

（1）等待进入考场。考生到达考场后应有秩序地在等待区等候，听从考务人员的指令，禁止大声喧哗和拥挤。在完成个人物品的存储、身份证件初审以及阅读和签署考务人员分发的保密协议后，等待考务人员安排入场检录。为避免占用考试时间，建议考生利用此时间如厕。

（2）进场检录和考位安排。考务人员将依次安排考生检录进入考场。考生应携带身份证件和签署的保密协议接受主考检录。主考将核收保密协议，审核证件并进行数码摄像。身份证件上所显示的姓名和生日与报名信息不符的考生将被拒绝进场。主考不能更改考生的姓名，只能对姓名拼写的个别错误（如姓名倒置、空格位置不对等）通过电子邮件提交修改的申请。

考生的座位由计算机系统随机分配。考生的照片、注册号、姓名和生日将显示在所分配考位的计算机显示器上。考务人员将引导考生到达考位就座。此时严禁考生触摸计算机键盘和鼠标，考生应核对显示器上的信息是否正确，在考务人员输入键盘解锁指令后，考生方可使用键盘和鼠标开始考试。

（3）考试过程。托福网考允许考生在考试进行当中做笔记。

考场将发给每位考生一支铅笔和三张专用草稿纸。考试完毕后考生须在退场前将铅笔和草稿纸如数退还。考试计时由计算机系统控制并显示在显示屏上。禁止考生携带和放置个人计时器。耳机的音量由考生在计算机上通过鼠标调整。

考生在考试时，只需使用计算机的键盘、鼠标和耳机进行考试，不得擅自触摸和拔插计算机其他部件。因考生非正常使用而导致计算机及耳机损坏（如将耳机电缆拉断），由考生负责赔偿。

如遇计算机系统故障或死机，请考生不要紧张，立即举手示意考务人员帮助重新启动考试系统。停机期间考试的计时停止。重新启动系统后将从停止时刻开始。

6. 费用

2012年10月9日教育部考试中心上调托福报名费用，从原来的1421元突然上调为1500元。自2012年10月10日起，考生须按调整后的金额支付考试相关费用。此前已在个人账户中预存考试相关费用但未报名的考生，须补足差额后方可申请考位；已报名的考生不受此次考试费调整影响。

7. 入场时间

自2013年1月托福考试起，考试日到达考点报到时间提前到上午8:30。晚于上午8:30到场将被拒绝入场。请考生提前了解所报考场周边交通情况，妥善安排考试日交通，避免迟到。

8. 复议时间

自2012年10月10日起，托福网考成绩复议申请期限开始调整改变，由原来的考试结束后的三个月内变为考试结束后30天内提出申请。

9. 注册时间

从2013年1月起，两次考试相隔时间须超过20天。如果没有超过20天的，那么无法注册托福考试。已经注册考试的，则不受该政策影响。

10. 有效证件

中国内地考生必须持二代身份证原件并经过核验后才能参加考试。为避免因身份证原因不能通过核验影响如期考试，请考生提前检查所持二代身份证是否有破损、电子芯片失效、过期等问题。未办理二代身份证的考生，特别是未成年考生，请先到户籍所在派出所办理二代身份证，再进行托福考试报名。

11. 退款形式

自2012年6月20日起，托福考试退款将取消邮局汇款方式，同时新增银行转账汇款方式。在此日期之前提交邮局退款申请的考生，退款仍按邮局方式退回；此后将不再受理邮局退款事务。

附　新托福与雅思比较

（1）考试方式。新托福通过互联网与美国教育考试服务中心总部组成局域网，为每个人发出不同的考题。考题一次有效，不会再有题库。此外，网考通过电子方式记录答案后，将答案传输到人工评分网络，并予以客观、可靠的评分，确保考试的公平合理性。

雅思官方并未公布采用"机考"的消息，中国考生所参加的雅思考试仍然是以笔试的方式进行，考试会有一定的题库，部分题目会在考试中重复出现。

专家提示：新托福考试原则上考题不会重复；而雅思考试中仍然会有题库，考生可以通过一些"过来人"的考试经验，对考试背景作大致了解，但对于在网络上公布的考试答案，考生不能完全依赖。因为考试中的题目有可能极其相似，但答案却完全不同。

（2）听力。新托福原来的短对话被取消，听力内容更加学术化，演讲篇幅大大加长。此外，听力部分出现了5种新题型：

"选择两个正确答案的题目"、"听部分文章摘要后完成的细节题"、"根据文章内容点击图片相应位置的题目"、"通过拖动来选择答案的多选题"、"点击表格的题目"。

雅思听力部分会出现多个经典场景，对细节考核将更贴近国外生活要求。此外，听力部分将出现一些新场景，比如商业场景、超市、纪念品店等信息。考核题型也趋向多样化，不再是单纯考查填空或选择题。

专家提示：新托福听力部分的考查给予考生答题思考的时间要多于雅思，当中有个别题目可以重复，而且题型还是以选择题为主，与雅思的填空式作答相比，更符合中国学生的考试模式。

（3）口语。新托福口语部分采用人机对话，模拟正式的上课讲演来考查学生。考试共有6道题目，第一、三、五题针对的是校园生活，第二、四、六题是相对学术性的题材。

雅思口语采用"人人对话"形式，考生可以对没有听清楚的问题要求考官重复，并且可以要求考官解释卡片上题目的单词与句子，更加人性化，但客观性相对减弱。

专家提示：雅思口语在网络上有较全面的"机经"（考生对考试题目和答案的回忆），考生可以把这些内容作为参考。而新托福口语考试，由于考生开始时间有差异，在同一个考场中可能会出现说话声音此起彼伏的情况。

（4）阅读。新托福阅读部分内容变得更加学术化，其涵盖的题材也更加广泛，包括历史、科学、教育、商业、社科、艺术文学、工程技术、体育文娱8个方面。此外，阅读部分还出现两种新题型："插入句子题"和"拖动选择的多选题"。

雅思文章内容基本来自传统的题库，比如有关古代文明、移民史的社会科学话题，英国农业和动物特征等自然科学话题等。新题的出现都比较有规律，如教育方面的科技英语（Scientific English）话题。阅读部分新题占20%～30%。

专家提示：雅思阅读的"机经"只可以提供文章的背景信息，建议考生最好多花时间来熟悉真题和题型。

（5）作文。新托福作文部分新增一篇考查综合能力的文章。要求考生用三分钟时间读一篇学术性文章，然后听 2～3 分钟的相关讲座的录音，最后要求考生在 20 分钟内写下一篇字数在 150～225 的短文章。大作文部分基本不变，字数比旧托福要求稍长。

雅思一大一小两篇作文，小作文话题中的各种常规图表、柱状图、线图、饼图等交替出现。大作文的话题比较全面，包括政府、环境、科技、媒体、犯罪、文化、动物等各种争议性话题。

专家提示：不管是雅思还是新托福，考试中的大作文题都有全球范围内进行考题轮换的趋势，考生可以将网上的"题库"作为参考练习。

（6）认可度。加拿大所有大学认可雅思成绩，英国、爱尔兰、新西兰、荷兰等英联邦国家的院校优先认可雅思成绩；澳大利亚只接受雅思成绩；法国、丹麦、芬兰等欧洲国家的英语授课项目也要求雅思成绩。在美国有超过 2000 所院校接受雅思成绩（此数字正不断增长），如顶级的 8 所常春藤联盟院校全部接受雅思成绩。US News & World Report 公布的美国排名前 130 位院校，有 115 所院校接受雅思成绩，占总数的 88.5%；在前 50 位院校中有 47 所接受雅思成绩，占 94%。

三、GMAT 考试

GMAT 是 Graduate Management Admission Test 的缩写，中文名称为经企管理研究生入学考试。它是一种标准化考试，目前已经被广泛地用作工商管理硕士的入学考试，是当前最为可靠的测试考生是否具备顺利完成工商管理硕士项目学习能力的考试项目，专门帮助各商学院或工商管理硕士项目评估申请人是否具备在工商管理方面继续深造学习的资格。因为 GMAT 的主办方管理专业研究生入学考试委员会（GMAC），其成员包括世界各地许多知名的商学院，所以 GMAT 成绩获得全球各大商学院的普遍认可，是目前世界范围内申请攻读 MBA 时最被普遍要求申请者所提供的一个考试成绩。

1. 题型大纲

GMAT 考试由分析性写作评价、数学、语文、综合推理四部分组成（见表 5-1）。

表 5-1 GMAT 考试内容

	GMAT 考试	考试时间	考试分数
写作 （AWA）	论证辨析 （Analysis of an Argument，简称 AA）	30 分钟	0~6
数学 （Math）	问题解答（Problem Soling）	40 分钟	200~800
	数据充分性（Data Sufficiency）	35 分钟	
语文 （Verbal）	阅读理解 （Reading Comprehension，简称 RC）	25 分钟	
	评论性推理/逻辑 （Critical Reasoning，简称 CR）	25 分钟	
	句子改错/语法 （Sentence Correction，简称 SC）	15 分钟	
综合推理 （IR）	图标解读题（Graphics Interpretation）	30 分钟	1~8
	表格分析（Table Analysis）		
	二元分析题（Two-part Analysis）		
	多源推理（Multi-source Reasoning）		

(1) 分析性写作评价（Analytical Writing Assessment）。由两个独立的写作部分组成，即观点陈述（Analysis of an Issue）和论证辨析（Analysis of an Argument）。考生各有 30 分钟的时间来完成上述两篇文章。文章必须用英语完成，并用键盘输入电脑。

(2) 数学部分（Quantitative）。该部分包括 37 个多项选择题，内容涉及数据充分性（Data Sufficiency）和问题解答（Problem Solving）两种类型。

(3) 语文部分（Verbal）。语文部分包括 41 个多项选择题，内容涉及阅读理解（Reading Comprehension）、评论性推理（Critical Reasoning）和句子改错（Sentence Correction）三种类型。

(4) 综合推理（Integrated Reasoning，简称 IR）。该部分总共 12 道题目，其中有 4 道是实验不计分题，但是考生并不会被告知哪道是实验题，所以都要细心做。12 道题目中共有四种题型：图形解读（Graphics Interpretation）、二段式分析（Two-Part Analysis）、表格分析（Table Analysis）、多源推理（Multi-Source Reasoning）。考试题目涉及逻辑推理、数学概念及计算（中数、概率、值域等）和美国文化背景知识。

2. GMAT 考试内容

最新 GMAT 考试包括七个部分（Section）试题，每个部分的考试时间为 30 分钟，其中有阅读理解（Reading Comprehension）、句子改错（Sentence Correction）、问题解答（Problem Solving）、数据充分性（Data Sufficiency）以及评论性推理（Critical Reasoning）各一个部分。剩下两个部分的题型分布都不一样。这七个部分试题中有一个是试测性部分，不计入 GMAT 成绩。但由于分辨不出哪个部分不计分，因此所有部分的试题均要认真回答。

(1) 阅读理解。提供阅读文章 3~4 篇，共设 25 个问题，每个问题有四个可供选择的答案。文章内容涉及人文科学、社会学、物理学和生物学等领域。

（2）句子改错。共有25道题。出题形式是：一般给出一个句子，在句子一部分或全部的下方用线标明，要求考生针对画线的部分，从五个选项中作出最佳选择。请注意：答案往往就是画线部分本身。

（3）问题解答。共有20道问题。试题形式可能是文字叙述形式，要求考生进行计算，也可能要求对图、表进行解释。内容涉及大量的算术、代数和几何的基本定理。

（4）数据填充。共有25个问题，每道题中均含有数学问题和两个与之相关的说明。考生必须作出判断，利用这些信息能否解答试题：①仅第一个数据说明可以解题，而第二个不行；②仅第二个数据说明可以解题，而第一个不行；③两个数据说明放在一起可以解题，但任何单独一个均不行；④任何一个数据说明均能解题；⑤两个数据说明放在一起都不能解题，必须增添新数据。

（5）评论性推理。共有20道问题。该部分试题有下列几种出题形式：

1）推断与设想（Inference or Assumption）。一般是先给出一段陈述、论证、意见或事实，然后要求从陈述中的概括和推断两个方面作出最佳选择。试题往往会问：在下面的陈述中能得出上述的推断吗？

2）缺陷（Flaws）。要求考生选择的最佳答案或者代表在陈述中出现的错误，或者如果它属实，可以淡化其结论。试题常常会问：下述情况如果属实的话，是否影响到上述答案？

3）事实陈述（Statements of Facts）。要求考生选出的答案是对陈述的赞同或概括。试题常常问：如果上述情况准确，是否可以肯定下面所述正确？

3. 考试时间及考点

目前在北京、上海、广州，每周二、周三、周四均会举办考试，其他城市的考点每月3日以后的特定工作日将举行考试；考生每个日历月可参加一次考试，累计最多可考5次。北京目前只有一个考点，正常情况下，该考点每个考试日举办两场考试，开始时间分别为9:30和13:30，如果考生需求量大，可能在17:30加开一场；每场考试提供7到10个考位。考试主办方会根据考生邮件中对考位需求的信息反馈来增设考位或考点。自从GMAT改为机考考试后，比以前方便了很多，考生可以随时报名参加考试。

4. 报名考试要求

北京、上海、广州每周二、周三、周四均会举办考试，其他城市的考点每月3日以后的特定工作日将举行考试；最佳考试时间是每年6月份前，以方便申请学校。每个考生每个月可以参加一次考试，连续12个月内最多只可以参加5次，两次考试预约间隔必须超过31天。可提前六个月注册参考，注册后也可进行改期。如果考试预约时间前七天或更早时间申请改期的将收取50美元的考试改期费。考试预约时间前七天之内申请改期的将收取250美元的考试改期费。考试预约时间前七天申请取消会有80美元的返款，否则无返款。如考生考试缺席考试不退还费用，因考试中央忽然关闭导致考试无法进行的除外。必须至少提前一天注册考试。考场不提供注册服务。

5. 报名入口及流程

网上报名，报名网址：http：//gmat.etest.edu.cn/。

报名流程如下：

（1）考前阶段。缴费报名—收到确认邮件，弄清考试时间地点—上网或者实地查询考场情况，同时准备好本人的有效护照（护照是唯一可以使用的考试证件，已过有效期的护照除外）。

(2) 考试当天。①大约提前半个小时到达考场，熟悉考场环境，比如洗手间方位等；②在候考区等候，按照监考人员的指示上交护照，存储随身物品，信息检录，进入机室；③正式考试。

(3) 考后阶段。注意登录查询自己注册时的邮箱，查收成绩通知的邮件，点击进入链接，输入纸质档成绩单上的号码，即可下载完整版的（包括作文、数学和语文部分成绩的）电子档成绩单。

6．注意事项

约定日期、时间和地点：报名中心在收到报名信息及考试费后，只能安排其后两个工作日以后的考试；对于除了邮寄地址外没有其他有效联络方式的考生，报名中心只能安排三个星期以后的考试。

报名中心完成注册后，将按照考生所留下的邮箱地址、电话、传真或邮寄地址与其联系进行确认。汇款后10个工作日内若未收到考试协调处的通知，应向考试协调处查询。

一般考试四个星期后，考生就将收到成绩通知单。

修改取消：报名一经确认，考生若要求修改考试地点、时间或取消考试，请至少在确认的考试日期前七天中午12：00之前与报名中心联系。修改费为40美元，折合为人民币336元。报名中心在没有收到修改费时，不会为考生修改。对于决定取消考试者，将自动返还76美元。

GMAT考试报名表填写，是一项严谨的任务。本着对自己负责的态度，考生应该详细了解GMAT考试报名表填写的具体注意事项，最关键的是要了解GMAT考试报名表填写的重要禁忌。

7．考试分析

(1) GMAT主要测试四种技能，即耐性与精神集中；语法、数学、推理、立论的基本知识；猜测，把握时间和在一定压力下作决定的能力；解决问题的能力。

至于耐性，你必须盯着电脑屏幕近四个小时。身体和脑力是考好 GMAT 的前提。所以，平时应该多多训练自己的耐心，最好的办法是做整套的历年真题。第三个技能测试合理分配时间的能力。把握时间在 GMAT 机考中尤其重要。由于机考不能"回头"的特点，如何将准确度和速度结合是获取高分的关键。

（2）GMAT 机考特点。自 1998 年 1 月起，国内 GMAT 已采用机考方式。不像以前笔考时每一位考生都有一套同样的题（包含易、中、难三种题），机考将根据你的表现出题。第一题的难度适中，程度为 2 或者 3（共有 1、2、3、4、5 五种难度）。如果你第一题答对，第二题的难度就增加，直到 5；如果第一题答错，第二题就变得容易，直到 1。难度处于 5 的题分数最高，而 1 则最低。所以前 10 题十分重要，它们几乎决定了你的分数段。考试中心大概每年换一次题库，由于每个题库题量相当大，所以即使考过几次也几乎不可能碰到重考题。

1）难题高分：机考的特点就是难题高分。你的目标应该是尽量做对高难度的题，因为那样能带给你异常的高分。

2）掌握 GMAT 机考速度。机考和以往的笔考有很大的差别：①双倍惩罚：当时间到了而你没做完题时，考试中心要对剩下没做完的题双倍扣分。也就是说，那些没做完的题对你分数的影响比你答错题都糟糕。所以，机考时一定要掌握好速度，如果确实做不完就随便选一个，千万不要空着。②不能回头检查：所有答案都是最终的。所以应当充分利用每一部分的时间，虽然第一部分数学对中国的学生来说都很简单，但还是建议你充分利用这 75 分钟，争取数学满分。③不能"跳题"：当你碰到一个难题时，你也必须硬着头皮做下去，因为下一题是根据你这题回答的对错从题库中抽取的，所以不回答这一题，下一题是出不来的。即使用猜的，你也要做，不要在某一题上浪费太多的时间。

④做题越来越快：由于题的重要性越来越低，你答题时应该越来越快，也就是说你应该在前面的题中多花时间，而在后面的题中相对用较少的时间。

8．GMAT 机考策略

（1）猜。学会猜，就像把握速度一样，在 GMAT 机考中比在你参加过的其他考试要重要得多。

猜的最好途径是排除法。如果你能排除一两个你确认错的选项，那么你猜对的可能性就大大提高了。① 排除你认为错误的选项。即使你不知道正确的答案是哪一个，你也经常知道哪个是错误的。比如，在数据充分性中，只要你能确认其中的一个陈述正确的话，那么你就能排除两个选项。② 排除那些很可疑的选项。比如，在句子改错题中如果其中有一个选项跟其他选项差别很大，那么你最好排除这个选项。再如，数学部分中如果有一个选项是负数，而其他选项都是正数的话，那么也应排除这个选项。③ 缩小了"包围圈"以后，你就可以从剩下的选项中挑一个了。根据经验，选项 A 和 C 比其他的选项（B，D 和 E）更有可能是正确的选项。

（2）画个草图。假如笔考时你有做记号的习惯，那么机考时你应该考虑使用草稿纸。草稿纸不仅能帮你做数学计算，在语言部分同样能帮你。在经过一个小时的作文考试再加上一个多小时的数学后，你可能很难记住自己已经排除的选项，这时你往往会浪费一些不必要的时间重读已经排除的选项，所以我们建议考试时，在已经排除的选项后打个×。

（3）草稿纸的重要性。考试中心没有规定你只能用几张草稿纸，所以你最好多要几张（12 张）。平时应该训练自己，如何能将屏幕上的东西准确简洁地表示在草稿纸上。

（4）不要慌。如果机考那天感觉很糟糕，你可以选择取消成绩。你做完题时，计算机屏幕上会显示"cancel"或者"accept"。假如你选择"cancel",那么这次考试无效——相当于你没有参加这次考试,因为有关你这次考试的所有信息都将取消,考前你所选择的所有的学校都收不到关于你这次考试的信息。

9. 关于题库

美国教育考试中心将在2014年下半年放手GMAT的出题,将考试移交给其他的部门,到时候出题策略可能会有所改变,当然不短期内不可能改变太多。

GMAT考题全部从一个题库中随机抽取,按前一道题目的难度系数和做对与否来决定下一道题目。由于题库的容量有限,不可避免地会有重复的问题。

GMAT全球共用一个题库,所以不管你是在内地考,在台湾考,在新加坡考还是在北美考,当月的机考经验都一样适用。并且机考经验很有可能和上月,以及去年同月重复。如果要看机考经验,可以多参考这两个月份的。

四、GRE考试

GRE全称Graduate Record Examination,中文名称为美国研究生入学考试,适用于除法律与商业外的各专业,由美国教育考试服务处主办。GRE是世界各地的大学各类研究生院(除管理类学院、法学院)要求申请者所必须具备的一个考试成绩,也是教授对申请者是否授予奖学金所依据的最重要的标准。

适用范围:GRE适用于除了法律(需参加LSAT考试)与商业(需参加GMAT考)以外的各种学科与专业的研究生考试。GRE考试分两种——一般能力测验(General Test)和倾向性测验(Aptitude Test)。

1. 题型大纲

(1)写作。写作部分将重点考察考生有针对性地对具体考题做出反应的能力,而非要求考生堆砌泛泛的文字。具体说来,这些重点关注的能力包括：①清楚有效地阐明复杂观点；②用贴切的事理和事例支撑观点；③考察/验证他人论点及其相关论证；④支撑一个有针对性的连贯的讨论。

写作部分将联合考察逻辑推理和分析写作两种技能，并且将加大力度引进需要考生做出有针对性的回应的考题，降低考生依赖事前准备（如背诵）的材料的可能性。

语文的考察将更加强调高级认知能力，力求更加深入并且真实地反映考生理解阅读材料并运用推理能力的情况。具体说来，这些能力包括：分析一段论述文字并推导结论；根据不完全的数据做推导；识别作者的前提/假设条件和视角；理解语言文字的多层次含义，包括字面含义、修辞含义和作者目的等；挑选重要观点，区别主要论述和次要/相关论述；总结全文；理解文章结构，理解词、句和段落篇章的含义；理解不同词和概念间的关系，强调复杂推理能力，更加突出高级认知技能；更多基于语境的理解，比如阅读理解；减少对于单纯词汇意义（通过死记硬背词表习得）的考察，取消类比和反义题；扩大文章选择面。

数学部分依旧关注和以往相同的数学概念，但是将引入更多的生活场景并且更加突出对考生解读数字的能力的考察。数学部分关注的能力包括：读懂量化信息，解读并分析量化信息，运用数学模型解题，运用算术、代数、几何、概率以及统计学中的基本概念和技能，强调量化推理能力，提高生活场景题和数据解读题的比例，提供在线计算器以减低计算量，新题型与新技能，键入一个数值答案。考试中心相信这些改进有助于更好地测试考生未来（在研究生院）取得成功的潜力。

因结构的不定性，总体考试时间不定，一般不超过四个小时。考试整个过程如下：①计算机辅导练习（Tutorial），时间不限；②背景调查；③语文（Verbal），38题，30分钟，计分；④数学（Quantitative），30题，30分钟，计分；⑤Identified Research Section，可能出现，一般会是个 Mathematical Reasoning，而且会是最后一个部分，加试，可能是语文，也可能是数学；⑥选择保留或取消成绩；⑦选择报送成绩学校，最多4所。

2．考题具体分布情况

（1）语文。第1～7题：句子填空，每题有1～2个空项；第8～16题：类比，有5个选项配对；第17～27题：阅读（一长文，一短文）；第28～38题：反义，从5个单词或词组选项中过滤。

（2）数学。第1～15题：2个数比较大小；第16～20题：计算及应用；第21～25题：图表分析推理。

（3）GRE Writing Assessment。一般不超过2小时，考试的结构如表5-2：

表5-2　GRE考试各个部分时间和任务设置

部分	题量	时限
两项独立计时的写作任务	分析写作 议论文写作	每项任务30分钟
语文两个部分	每部分约20题	每部分30分钟
数学两个部分	每部分约20题	每部分35分钟
不计分	不定	不定

3．考试时间及考点

（1）GRE考试分为笔试和机试两部分，笔试部分于每年6月份和10月份统一考试，考生须在参加笔试部分之前完成机试。

以2009年10月和2010年6月笔试为例。参加2009年10月笔试时间为10月24日的考生，须在2009年7月1日至2009

年9月19日完成机考部分的考试（注：国家法定节假日不安排考试）；参加2010年6月笔试时间为6月12日的考生，须在2009年9月20日至2010年5月8日完成机考部分的考试（注：国家法定节假日不安排考试）。从参加考试起5年内有效，个别学校的个别专业要求3年内的GRE成绩。

（2）考试地点：北京，北京外国语大学、北京语言大学；成都，四川大学；大连，大连外国语学院；广州，广东外语外贸大学；杭州，浙江工商大学；哈尔滨，黑龙江大学；合肥，中国科技大学；济南，山东大学；南京，南京大学；上海，华东师范大学；天津，天津大学；武汉，武汉大学；厦门，厦门大学；西安，西安外国语大学。

4．报名入口及流程

网上报名，报名网址：http://gre.etest.net.cn/login.do?lang=CN。

GRE报名流程如下：①下载并阅读考生手册（GRE Bulletin of Information）和补充插页（Supplement）。②网上预定考位。③网上或网下支付考费，网上实时支付使用中国工商银行和招商银行的网上支付平台；网下支付可在任何银行将考试费电汇到教育部考试中心指定的银行账户上。考试费为人民币1460元，网上支付考费另加手续费人民币6元，网下银行支付考费另加手续费人民币14.6元。④考生本人在规定日期内赴所报考点填写报名表，必须携带预定考位时使用的有效身份证件。⑤考生本人按所报考点规定的日期领取准考证，必须携带2寸免冠近照和有效身份证件。

5．备考方法

（1）第1～4周。在考试准备的初期，应该至少拿出一个半月的时间来集中突破红宝书，把GRE单词拿下。但是红宝书的词汇是建立在托福考试之上的，因此还没有考过托福的考生需要同步背托福词汇,两本书可以一起来背。

要注意,一定要先背这些单词的韦氏的解释,否则,如果还是按照以前的习惯背中文翻译,将会有很多题目做不对。因为英汉字典有很多翻译是错误的,而那些翻译正确的,我们又容易理解错误,导致不能真正理解这个单词的含义。

(2) 第5～6周。可以参加 GRE 强化班,注意建议提前半年报名,否则可能没有座位。

(3) 中间 12 周。建议报 GRE 精讲精练班。

复习指导:保证每天的学习时间,作文每天至少要写一篇。从开始复习时,就要以最快的速度先把作文的每一个题目都看一遍,然后看看参考书中的分类是否和你的思路一致,然后每个分类准备一个自己的写作模版。

每写完一篇作文,就对比范文,看看自己的差距在哪里。看别人的作文怎么写,启发自己的思路,修正自己的模版,丰富自己的论据。对于大多数考生来讲,仅仅用 6 个月来准备作文,时间是远远不够的。只要时间充裕,应尽量增加作文的练习时间。

(4) 考前第六周。这一周要确专攻数学,多做题目,争取把数学习题集做完。

(5) 考前五周。也就是模考前三周,可以集中做单项突破。分别各用一周单独突破阅读、填空、写作这三个分项。每天做题的量分别如下:阅读做五倍的量,填空做十倍的量,写作做两倍的量。也就是做阅读单项突破的时候,每天以 50 道题目为目标;填空单项突破的时候,每天做 70 道题目;写作单项突破的时候,以每天四篇文章为目标,分别是两篇 Argue(随机抽一段文章,要论证出这篇文章中哪些内容不合理)和两篇 Issue(随机抽一个标题,以这个标题为内容写一篇文章)。可根据自己的时间和能力微调。

大量做题的目的不在于数量越多越好,而在于由量的积累引发自己对题目的总结和思考。找出其中总共同的规律，找出出题的思路，你才会明白什么是逻辑思维的训练。这种思考总结的模式才是学习 GRE 最大的收获。

（6）考前两周。考前两周开始，每天模拟考试一次，时间要和真正的考试时间一致。这样用两周的时间把生物钟调整好，到了考场上，正好是考试的最佳兴奋状态。

新 GRE 模考的题目现在不多，模拟考试班上有三套卷子，OG（官方指南）上最后一个是全套的模拟考试卷子，再就是 OG 上配的 PP2 软件的模拟考试题目。模拟考试题用完以后，也可以使用大白本中的部分题目，尽管题型不太一样，但是可以适应考试的节奏。市面上还有一些国外著名出版社和考试机构的模考书。里面的题目良莠不齐，只有 1/3 题目能用，因此不建议同学们自己做这些书里面的题目，因为很多题目远离了出题风格，会误导我们的备考。关于市面上的复习资料，不必求多求全，而在于每道题目多做遍数和练得精通。

需要大家关注的资料是 2000 年以后的题目，多做几遍会对考试有所帮助，网上可以下载，个别年份没有题目。

考前 1～2 周可以做模拟考试。模拟考试后再听一下词汇考前串讲班，强化一下高频单词的记忆和理解。

第六章 经济管理类专业证书介绍

拥有一些专业领域的资格证书能向企业证明自己具备的相关技能和素质，从而增大自己在应聘时的竞争力；同时，在获取这些证书的背后，付出的努力以及充实的专业知识也会在以后的职业生涯中帮助自己。

为了让同学们对与经管类专业相关的资格证书有更深入全面的了解，这里按照专业方向划分了各类证书，希望对大家有参考价值。

一、金融专业类

从当前的金融学科专业分布来看，比较有潜力的专业方向有公司财务、风险管理与控制、金融工程、金融市场、保险精算、证券投资等。

（一）注册会计师证（公司财务）

注册会计师证（CPA）在财务界非常吃香，通过的难度也比较大。中山大学的学生在大四上学期（9月）可以报考注册会计师证，而不用等到毕业后再考。

1. 报名条件

同时符合下列条件的中国公民，可以申请参加注册会计师全国统一考试专业阶段考试：① 具有完全民事行为能力；② 具有高等专科以上学校毕业学历，或者具有会计或者相关专业中级以上技术职称。

2. 报名时间

网上报名时间一般为每年的 3～4 月。具体安排请关注中国注册会计师协会网站发布的《××××年度注册会计师全国统一考试报名简章》。

考试时间：每年的 9～10 月份考试，一年一次。

考试科目：会计、审计、财务成本管理、公司战略与风险管理、经济法、税法 6 个科目。

所有考试要在五年内通过才能获得注册会计师证。难度越大，证书的含金量就越高，我国现在仅有 14 万多的注册会计师，因此注册会计师的缺口仍然很大。

依据相关规定，具有会计或相关专业高级技术职称的人员（包括学校及科研单位中具有会计或相关专业副教授、副研究员以上职称者），可以申请免试一门专长科目。考试实行滚动式，从第一门单科合格成绩取得之年限算起，五年内必须考完所有科目，才可获得申请注册会计师资格。考生一次可报考 6 科，也可报考部分科目。同时，还为参加中国注册会计师考试的港澳台地区居民及外国籍公民进行专门安排。

（二）证券从业资格证书

证券从业资格，是证券从业人员资格考试的简称，该考试是全国性质的资格认证考试，是从事证券行业的入门考试。证券从业资格证书是我国国家金融机构进行认证的资格证书，有较高的含金量。

考试科目：证券市场基础知识、证券交易、证券发行与承销、证券技术分析和基金。其中，证券市场基础知识是基础科目，其他为专业科目。

考试成绩有效期：考试成绩合格将取得成绩合格证书，考试成绩终身有效。

通过基础科目及任意一门专业科目考试的,即取得证券从业资格。通过基础科目及任何两科专业科目考试的,取得证券从业一级资格证书(蓝色)。通过基础科目及其他四科专业科目考试的,取得证券从业二级资格证书(紫色)。

报考条件:年满 18 周岁,具有高中或国家承认相当于高中以上文凭且具有完全民事行为能力的在职证券人员、相关专业未取得资格证的人员、自营投资者以及想在本行业有所提升的有识之士。

教材版本:2013 年第一次、第二次全国从业资格考试,第一、二、三、四次从业资格预约式考试使用 2012 年版考试大纲及教材。

(三) 注册国际投资分析师

注册国际投资分析师(CIIA)是由注册国际投资分析师协会(ACIIA)为金融和投资领域从业人员量身订制的一项高级国际认证资格考试。

申请条件:通过注册国际投资分析师考试的人员,如果拥有在财务分析、资产管理和/或投资等领域三年以上相关的工作经历,即可获得由国际注册投资分析师协会授予的注册国际投资分析师称号。

考试内容:注册国际投资分析师考试分为标准知识考试和国家知识考试两部分。其中,标准知识考试分为基础和最终两级,内容涉及经济学、企业财务、财务会计和财务报表分析、股票定价和分析、固定收益证券定价和分析、金融衍生工具定价和分析及投资组合管理等领域。标准知识考试旨在考核国际范围内通用的金融和投资知识和技能,因而考试内容是全球统一的。国家知识考试由本国/地区相关协会组织,内容主要包括当地的法律法规、金融政策、会计制度、职业道德和执业准则等。

（四）注册金融分析师

注册金融分析师（CFA）是证券投资与管理界的一种职业资格称号，由美国注册金融分析师学院（ICFA）于1963年发起。金融分析师资质是全球公认的衡量金融分析师能力和操守的标准，由美国投资管理与研究协会（AIMR）授予，该协会是一家非营利性专业会员组织，总部设在美国。

注册金融分析师证书涵盖直接参与投资决策过程中的各类人员，如基金经理、投资组合经理、财务分析师、策略师、经济学家、数量分析师等。这类职业遍及证券公司、基金管理公司、投资银行、财务公司、商业银行、保险公司、风险投资公司、投资顾问公司和投资咨询公司等机构。

1. 报名条件

①拥有学士学位或相当的专业水准以上，对专业没有任何限制；大学学习年限与全职工作经验合计满四年；如果申请人不具备学士学位，而是具备相当的专业水准，也可被接受为候选人。注册金融分析师考试会用工作经历来考核申请人的专业水准，一般来讲，四年的工作经历即被视为替代学士学位。这四年的工作经历，不一定要从事投资领域相关工作，只要是合法、全职、专业性的工作经历都可被接受；在校大学生，最早可在毕业前18个月内注册报名考试。②遵守职业道德规范。③完成注册和报名以及支付费用。④能够用英语参加考试。

2. 考试内容

获得注册金融分析师证书需要通过三级考试，考试内容包括职业道德准则、数理统计学、经济学、财务报表分析、企业融资、证券市场分析、股票投资分析、金融衍生产品分析、替代金融产品分析、基金管理学以及基金回报计算与统计等11项，覆盖了金融行业的各个方面。其中，注册金融分析师一级要求掌握财务分析、宏观/微观经济学及数理统计的基本理论；二级要求运用所学到的金融理论，比较并推荐最合理的投资工具；三级则要求深刻理解基金管理理论并通过案例分析做出投资决策。

美国投资管理与研究协会制定有严格的职业道德标准，获得注册金融分析师证书的人员必须加入美国投资管理与研究协会，如有违反美国投资管理与研究协会道德标准的行为，将会受到纪律处分。美国投资管理与研究协会还有继续教育计划，以保证注册金融分析师证书获得者不断学习吸收最新金融知识。

目前，全球已有144个国家和地区承认注册金融分析师证书以及所代表的职业资格，注册金融分析师证书获得者也活跃于世界各地的金融领域中，部分已成为国际著名金融机构的明星人物。

（五）其他国际会计师证件

英国特许公会会计师认证（ACCA）、国际会计师专业资格证书（AIA）、加拿大注册会计师（CGA）、美国管理会计师协会（CMA）、澳大利亚注册会计师协会（ASCPA），具体详见工商管理类专业证书。上述证书都是国内可以考的，以英国特许公会会计师认证最权威。注册会计师是指依法取得注册会计师证书并接受委托从事审计和会计咨询、会计服务业的执业人员。我国目前需要大约3万名注册会计师，而目前内地获得国际注册会计师资格的不到1000人。在我国的大多数注册会计师，基本上都没有得到国际机构的认可，人才缺口很大。在未来十年我国需求的15类人才排行榜中，注册会计师居榜首。注册会计师目前的薪酬水平整体可以达到年薪5万到10万人民币；向拿到一个"洋"证书，则意味着平均50万元，甚至超百万的年薪。注册会计师有望成为"金领"一族。

（六）精算师

精算是一门运用概率数学理论和多种金融工具对经济活动进行分析预测的学问。精算师（FSA）是保险业的精英，是集数学家、统计学家、投资学家于一身的保险业高端人才。精算师在世界各国都是一门诱人的职业。我国未来10年急需5000名精算师，而现在仅有数十位，离需求差距很大。同时，精算师也是一份高薪职业，在美国，精算师的平均年薪为10万美元左右。我国的精算考试有中国精算师考试、北美精算师协会的精算师考试、英国精算师考试和日本精算师考试四个系列。

考试层级：分为准精算师和精算师两个层级。精算师部分分为寿险和非寿险两个方向。

报考条件：凡具有大学本科以上学历或同等学力的个人，包括大学本科在校生均可报名参加中国精算师资格考试。

申请准精算师资格条件：①具有本科（国家承认同等学力）以上学历；②通过A1～A8全部科目。

申请精算师资格条件：

（1）具备中国准精算师资格。

（2）满足以下要求之一：①寿险方向：通过F1、F2、F3和F8科目，并在F4、F9和F10这三门科目中至少通过一门科目；②非寿险方向：通过F1、F6、F7和F8科目，并在F2、F5、F9和F10这四门科目中至少通过一门科目；③拥有三年精算相关工作经验。

（七）CFP金融理财师

CFP（Certified Financial Planner）即国际金融理财师、注册金融理财师或者注册理财规划师。金融理财师是遵循金融理财规范流程的六大步骤、帮助客户实现人生目标的专业人士。作为一名金融理财师,必须能够正确分析和评估客户的财务状况,并根据客户所处的生涯阶段和风险承受能力,为客户量身定做一份合理的理财方案。

考试频次:考试频次将由原来每年两次增加为每年 12 次左右。

(八)特许财富管理师

特许财富管理师(CWM)被认为是美国本土三大理财规划管理师之一。特许财富管理师有别于先期进入中国的理财规划师,它们之间采取的是不同的定位,在市场的推行上不会发生矛盾或者冲突。特许财富管理师主要是通过掌握与个人理财相关的各种不同的金融产品的特点和科学的理财方法,为个人提供全方位的理财建议,根据客户的财产规模、收益目标、风险承受能力制定一套理财方案,根据金融市场的变化适时作出调整。目前在美国已有两万名金融人士获得此证书,他们主要分布在银行、保险、基金、证券、会计、独立理财顾问等行业。

(九)财务顾问师

财务顾问师(RFC)和我国目前提出的理财规划师相近,但财务顾问师是被世界各国认可的具有很高知名度的认证体系。其主要职责是帮助家庭和个人进行合理的消费、储蓄、投资、投保以及作未来财务规划。目前,全球有 3000 多人取得了国际认证财务顾问师协会的认证资格,我国大陆的财务顾问师只有几十人,属于极短缺人才。财务顾问师由国际认证财务顾问师协会颁发资格证书。

二、国际贸易专业类

（一）国际贸易单证员证书

国际贸易单证员的工作就是负责国际贸易中运输、海关、商检等环节各种单证的管理和操作。

主考机构：各地区对外经济贸易教育培训中心。

证书性质：各地区国际贸易单证从业人员岗位资格考试。

报考条件：具有高中以上学历。

考试时间：一般安排在培训结束后。

考试内容：该考试包括国际贸易单证操作实务、外经贸英语函电两部分，其中国际贸易单证操作实务又包含国际贸易实务和单证操作实务两部分。

（二）国际货运代理员证书

国际货运代理员的工作是接受进出口货物发货人、收货人的委托，为其办理国际货物运输及相关业务。

主考机构：商务部。

考试性质：国家货运代理从业人员岗位资格考试。

报考条件：具有高中以上学历，有一定的国际货运代理实践经验，或已接受国际货运代理业务培训的人员。

考试时间：每年9月份。

报名时间：每年5、6月份。

考试内容：考试包括国际货代业务和国际货代专业英语两部分，其中国际货代业务包含国际货运代理基础知识、国际海上货运代理理论与实务、国际航空货运代理理论与实务、国际多式联运与现代物流理论与实务等内容。

证书效用：考试合格者可获得由商务部颁发的《国际货运

代理从业人员资格证书》,全国通用,有效期为五年。

(三) 外销员从业资格证书

外销员是指在具有进出口经营权的企业从事进出口贸易活动的工作人员,是我国外贸行业的中坚力量。

主考机构:对外贸易经济合作部、人事部。

考试性质:国家外销从业人员职业资格考试。

报考条件:具备中专以上学历,国际商务专业中专在校生和其他专业大专、大学本科在校生也可报名。

考试时间:每年9月份。

报名时间:每年6月份。

考试内容:包括外贸综合业务、外经贸英语函电和外经贸英语口语三部分。取得原外经贸部颁发的《外销员资格证书》(在有效期内)的人员可免试外经贸外语。

证书效用:考试合格者可获得商务部和人事部联合颁发的《国际商务从业资格证书》,该证书全国通用,是外经贸从业人员上岗和从事进出口业务的必备条件。

(四) 报关员资格证书

报关员是指经海关注册,代表所属企业向海关办理进出口货物报关纳税等事务的人员。

主考机构:国家海关总署。

考试性质:国家报关从业人员岗位资格考试。

报考条件:具有高中或中专及以上学历。

考试时间:每年6月份。

报名时间:每年3月份。

考试内容:海关报关实务、国际贸易实务、实用报关英语。

证书效用：考试合格者可获得国家海关总署颁发的《报关员资格证书》，该证书在全国范围内有效，有效期为三年。

（五）报检员资格证书

报检员是指在外贸企业、代理报检企业等企业和机构中专业从事出入境检验检疫报检业务的人员。

主考机构：国家质量监督检验检疫总局。

考试性质：国家报检从业人员岗位资格考试。

报考条件：具有高中或中专以上学历，同时具有一定的英语基础。

考试时间：每年5月份和11月份。

报名时间：考试前一个月。

考试内容：检验检疫有关法律、报检业务基础、基础英语知识。

证书效用：考试合格者可获得国家质量监督检验检疫总局颁发的《报检员资格证书》，该证书全国通用，是从事报检工作的上岗证明。

（六）国际商务师执业资格证书

国际商务师是企业外贸业务中的关键岗位，负责外贸业务的核算、风险评估等事务。

主考机构：对外贸易经济合作部、人事部。

考试性质：国家外贸领域执业资格证书。

报考条件：大专毕业，从事外经贸类专业工作满五年；本科毕业，从事专业工作满四年；取得双学士学位或研究生班毕业，从事专业工作满两年；取得硕士学位，从事专业工作满一年；取得博士学位；取得外销员资格，从事专业工作满八年。

考试时间：每年9月份。

报名时间：每年4月份。

考试内容：包括国际商务理论与实务、国际商务专业知识两大科目，内容涉及国际贸易、中国对外贸易、国际贸易实务、国际经济合作、微观经济学、国际金融、国际商法、营销与企业管理等。

证书效用：考试合格者可获得由对外贸易经济合作部和人事部共同颁发的《国际商务师执业资格证书》。该证书是外贸领域中唯一的国家级执业资格证书，也是所有外贸类资格证书中级别最高的，通过考试者同时还可获得中级职称。

注：财政与税务专业证书和经济学专业证书参考金融专业和国际贸易专业证书。

三、工商管理专业类（会计）

（一）国内

目前国内的会计证考试分为三个级别：第一是会计从业资格证书考试，第二是会计职称证书考试，第三是注册会计师资格证书考试。

1. 会计从业资格考试

《会计从业资格证书》也就是所说的《会计证》，根据国家的规定，在我国所有要从事会计行业的人，必须持有该证书。考试是由财政部组织的全国性考试，它是获取会计行业从业的通行证。该考试实行全国统一大纲，各地自行编制教材及安排考试时间的政策。

考试科目：财经法规与职业道德、会计基础、初级会计电算化。

申请条件：报考人员要符合《中华人民共和国会计法》等

有关法律、法规规定，采取自主报名参加考试的方式。依据财政部规定，凡在两年内参加三门考试成绩合格者，考试结束三个月后可领取《会计从业资格证书》，单科合格成绩可保留一年。必须提醒的是，考试人员必须到财政部指定的报名地点报名。

2. 全国会计专业技术资格考试（职称考试）

考试级别：分为初级资格考试（获取助理会计师证）和中级资格考试（获取中级会计师证）。

初级资格考试申请条件：取得会计从业资格证书，并从事会计职业两年的人，可申请初级资格考试（助理会计师）。除具备上述基本条件外，还必须具备教育部门认可的高中以上学历。

初级资格考试科目：经济法基础、初级会计实务。考生必须一次性通过两个科目，才可以取得助理会计师证书。

初级考试培训费用：目前，初级考试培训费用大约为每科180元。

中级资格考试（会计师）报考条件：①取得大专专科学历，从事会计工作满五年；②取得大学本科学历，从事会计工作满四年；③取得双学士学位或研究生班毕业，从事会计工作满两年；④取得硕士学位，从事会计工作满一年；⑤取得博士学位。

中级资格考试科目：财务管理、经济法、中级会计实务（一）、中级会计实务（二）。考生须在连续的两个考试年度内全部通过，才可取得证书。

目前，我国对已取得中级职称的会计人员，采用评审制来认证其高级会计师职称。对通过全国统一的考试，取得经济、统计、审计专业技术中、初级资格的人员，具备会计从业资格，持有会计从业资格证书，均可报名参加相应级别的会计专业技术资格考试。

（二）国外

目前，可在国内参加考试、国外认证的会计师资格证书主要有五种：英国特许公会会计师认证（ACCA）、国际会计师专业资格证书（AIA）、加拿大注册会计师（CGA）、美国管理会计师协会（CMA）、澳大利亚注册会计师协会（ASCPA）。每张证书适应的国家和教学、考试内容都有一定区别，用来适应不同国家的会计制度。

1. 英国特许公会会计师认证

作为国际上最权威的会计师组织，英国特许公会会计师认证被称为"会计师界的金饭碗"。其会员资格在国际上得到广泛认可。英国立法许可英国特许公会会计师认证会员从事审计、投资顾问和破产执行的工作，有资格直接在欧盟国家执业。

考试时间：该考试每年两次，分别在6月份和12月份。所有14门考试必须在学员报名注册后十年内完成。

参加英国特许公会会计师认证的考试，首先要注册，注册时间的早晚决定第一次参加考试的时间。比如，12月15日前注册报名，最早可以参加次年6月份的考试。

报考条件：具有教育部承认的大专以上学历或教育部认可的高等院校在校生（顺利通过第一年所有课程的考试）即有注册资格。

考试科目：有14门，分为三部分，学员必须按科目的先后次序报考，每次最多报考四门。第一、二部分和第三部分的选择课程每科成绩在合格后可予以保留。第三部分最后三门核心课程须同时报考、同时通过。三门课中若只有一门通过，则通过的这门成绩也不能保留，三门课均需重考；若三门课中有两门通过，且另一门在30～49分之间，则没通过的那一门有两次补考机会，在随后的两次考试中通过，三门课亦可视为全部通过，否则，三门课均须重考。

考试费用：所有考试的费用在2万元人民币以内。英国特许公会会计师认证规定，免试科目也需要交考试费。

2. 国际会计师专业资格证书

国际会计师专业资格证书是以英国为基础的国际会计师公会所授予的国际会计师专业资格证书，是五个受到英国法令承认的专业资格认证实体之一，还被认可为公司审计师的专业资格认证。国际会计师专业资格证书考试共16门课程，分为四个阶段。

考试时间：必须在十年内全部通过，每个阶段都有相应的阶段认证书。前12门每年可考四次，报考不分先后顺序，分别在1月份、6月份、7月份和12月份。最后四门考试时间为每年6月份、12月份，必须在前两个阶段全部通过后，才可报考。

报考条件：国际会计师专业资格证书对报考者没有特殊的学历要求，由于整个国际会计师专业资格证书的培训和考试都是纯英文的，因此报考者的英语水平必须过硬。国际会计师公会设立免考制度，学员依据规则可申请免考一些科目。

考试费用：目前培训费用为1200元/门，另外每门课还需要180元的教材费，考试费每门25英镑（只有通过了考试才交），完成全部课程的培训和考试共需3万元人民币左右。

3. 加拿大注册会计师协会

加拿大注册会计师协会是国际公认的会计专业资格认定。其会员可在加拿大执业，独立签署审计报告。所有参加培训的人员均需评估入学资格，学员凭入学资格评估信申请入学。高中毕业可从初级课程开始修读。

申请条件：考试期限为六年，六年内学员获得了学士或学士以上学位，通过全部加拿大注册会计师协会考试，有两年或两年以上会计相关工作经验，就可获取加拿大注册会计师协会资格。

加拿大注册会计师协会课程分为四个级别和综合考试，共

18门课程。根据规定，本科读会计专业的可豁免八至九门课。

考试费用：加拿大注册会计师协会收费标准比较复杂：报名评估费300元/人；第一级至专业资格综合考试费3400元/人，专业认可综合性考试（PA1）费5500元/人。学员入会年费2100元。补考或递延考试费600元/次。

4．美国管理会计师认证考试

美国管理会计师认证考试是由美国管理会计学会（IMA）建立的专业证照制度，在许多国家和著名的跨国公司都得到了广泛的承认。

参加美国管理会计师认证考试必须先加入美国管理会计学会。在取得会员号后便可申请报名参加考试。

报考条件：考试内容分四科，考试期限为四年。若有任何一科目未通过，可申请重考（无需时间间隔），但一年内重考同一科的次数不可多于三次。每年需要一定的会费。考生如果想重新参加某一门考试，至少要在上一次考试之后90天。

考试费用：120美元/门。

5．澳大利亚注册会计师协会

澳大利亚注册会计师协会是澳大利亚最大的会计师组织，在国际上具有相当的知名度，会员享有审计报告签字权。该资格考试共有16门，对于通过中国注册会计师考试的学员可以免考四门，每门课只允许一次补考，每年7月份和12月份考试两次。报名条件是大学本科毕业，雅思成绩6分以上。学员可以选择全日制或在职培训两种学习方式，在职培训每门课4200元人民币，总价在7万元左右，补考等费用另计。该项培训目前只能在北京考试。

四、市场营销专业类

参加营销员职业资格认证培训的条件要求，满足其中一条即可。

1. 营销员

（1）中专、职高以上或同等学力应届、历届学生。

（2）从事相关工作一年以上者。

2. 高级营销员

（1）已通过营销员级资格认证并从事相关工作一年以上者。

（2）大专以上或同等学力应届、历届学生。

（3）从事相关工作两年以上者。

3. 助理营销师

（1）已通过高级资格认证并从事相关工作一年以上者。

（2）本科以上或同等学力应届、历届学生。

（3）大专以上或同等学力并从事相关工作一年以上者。

（4）中专以上或同等学力并从事相关工作两年以上者。

4. 营销师

（1）已通过助师级资格认证或取得中高级技术职称并从事相关工作一年以上者。

（2）研究生以上或同等学力并从事相关工作两年以上者。

（3）本科以上或同等学力并从事相关工作三年以上者。

（4）大专以上或同等学力并从事相关工作四年以上者。

5. 高级营销师

（1）已通过师级资格认证或取得中高级技术职称并从事相关工作三年以上者。

（2）研究生以上或同等学力并从事相关工作四年以上者。

（3）本科以上或同等学力并从事相关工作五年以上者。

（4）大专以上或同等学力并从事相关工作六年以上者。

五、物流管理专业类

报考条件满足一条即可。

1．助理物流师（助理）

（1）中专（含高职）学历，须两年以上工作经历。

（2）大专以上学历、非本专业或相关专业者。

2．物流师（中级）

（1）具有中级以上专业技术职称者。

（2）大专学历且非本专业或相关专业，连续从事本职业或相关职业三年及以上者。

（3）本科学历且非本专业或相关专业，连续从事本职业或相关职业一年及以上者。

（4）持学士学位以上学历，非本专业或相关专业者。

3．高级物流师（高级）

（1）取得物流师职业资格证书后，连续从事本职业工作三年以上者。

（2）本科学历，必须有学士学位，连续从事本职业五年以上者。

（3）硕士学历，连续从事本职业或相关职业一年以上者。

4．中国物流职业经理中级证书

中国物流职业经理资格证书分为三个等级：初级、中级和高级三种证书。

取得初级所要求的三门必考课程和四门选考课程中任何一门课程的单科合格证之后，即可获得中国物流职业经理初级资格证书；取得中级所要求的两门必考课程和四门选考课程中任何两门课程的单科合格证之后，即可获得中国物流职业经理中级资格证书；取得高级所要求的四门必考课程的单科合格证，并具有5年以上物流管理工作经验，可获得中国物流职业经理高级资格证书。

课程考试成绩合格的考生，由全国高等教育自学考试指导委员会办公室（简称"全国考办"）颁发单科成绩合格证；中国物流职业经理资格证书等级证书由中国交通运输协会与全国考办共同审核、盖章、颁发,证书由中国交通运输协会交省级服务机构转发给考生。

考试时间:每年 5 月份、11 月份。

六、工商管理专业类(人力资源)

报考条件满足一条即可。

1. 人力资源管理员

(1)高中或中专学历工作四年并取得培训结业证。

(2)大专学历工作一年并取得培训结业证。

2. 助理人力资源管理师

(1)取得人力资源管理员职业资格证书后,工作两年,获培训结业证书。

(2)高中或中专学历工作七年,获培训结业证书。

(3)本专业或相关专业大专学历,工作三年,获培训结业证书。

(4)大专学历,工作四年,获培训结业证书。

(5)本科学历,工作一年,获培训结业证书。

(6)本专业或相关硕士学历,获培训结业证书。

3. 人力资源管理师

(1)取得助理人力资源管理师职业资格证书后,工作三年,获培训结业证。

(2)高中或中专,工作十年,获培训结业证书。

(3)大专学历,工作八年,获培训结业证书。

(4)本专业或相关专业学士学历,工作六年,获培训结业证书。

(5)本专业或相关专业硕士学历,工作三年,获培训结业证书。

4. 高级人力资源管理师

(1) 取得人力师职业资格证书后,工作三年以上,获培训结业证书。

(2) 具有博士学位(含同等学力),工作三年以上,获培训结业证书。

(3) 具有硕士学位(含同等学力),工作六年以上,获培训结业证书。

(4) 具有学士学位(含同等学力),工作九年以上,获培训结业证书。

注:其他工商管理专业证书参照会计与财务管理、市场营销和物流管理专业证书。

第七章 行业认知

第一节 快速消费品行业

快速消费品行业和我们的生活息息相关,很多学生毕业后也以此行业作为职业的选择。本行业认知介绍了行业的总体情况、发展路径、工作条件和能力素质要求。

一、快速消费品行业概述

(一) 行业概念

快速消费品 (Fast Moving Consumer Goods, 简称 FMCG) 是指使用寿命较短、消费速度较快的消费品。一种新的叫法是 PM-CG (Packaged Mass Consumption Goods), 顾名思义, 产品包装成一个个独立的小单元来销售, 更加注重包装、品牌化以及大众化对这个类别的影响。

在我国, 快速消费品行业比较知名的跨国公司有宝洁、强生、联合利华、欧莱雅、德国汉高、雅芳、安利、可口可乐等。比较知名的国内公司有纳爱斯、立白、娃哈哈、光明、蒙牛、伊利、五粮液、青岛啤酒、汇源果汁、康师傅等。快速消费品行业招聘企业以外资企业和民营大中型企业为主。

(二) 行业分类

目前, 中国的快速消费品行业主要分为消费品制造业和通路业（超市、大卖场和便利店等商业形式）。其中，消费品制造业分四个子行业：

一是个人护理品行业，由口腔护理品、护发品、个人清洁品、化妆品、纸巾、鞋护理品和剃须用品等行业组成。

二是家庭护理品行业，由以洗衣皂和合成清洁剂为主的织物清洁品以及以盘碟器皿清洁剂、地板清洁剂、洁厕剂、空气清新剂、杀虫剂、驱蚊器和磨光剂为主的家庭清洁剂等行业组成。

三是品牌包装食品饮料行业，由健康饮料、软饮料、烘烤品、巧克力、冰淇淋、咖啡、肉菜水果加工品、乳品、瓶装水以及品牌米面糖等行业组成。

四是烟酒行业。

二、快速消费品行业发展情况

（一）行业总体情况

时至今日，快速消费品行业已经发展成为全球第一大产业。仅其子行业中的食品行业，从1998年开始就已成为世界上第一大行业，每年近4万亿美元的营业额远远超过汽车、电子、信息等产业。

2012年，在销售这一重要指标方面，67.2%的被调查企业表示同比有所增长，比2011年减少10个百分点，销售持平的为12.3%，销售下降的为20.5%，比2011年多了将近15个百分点。关于2013年的市场预期，近百位快速消费品公司高管在《快速消费品年度调研》的专访中进行了预测，71%的受访企业表示销售会实现增长，19%的企业表示与2012年持平，10%表示会下降。面对2013年，多数受访企业认为销售增长主要得益于加速市场拓展、产品和渠道调整升级、品牌塑造以及资本合作等因素。

（二）中国市场发展

随着人们生活水平的提高和思想理念的发展，中国的快速消费品行业市场拥有越来越大的市场潜力，存在四大引人瞩目的发展方向，即清洁品方向、形体塑造方向、健身服务方向、美容产品方向。这四个方向的研究、生产、销售等方面将会为广大毕业生带来大量的工作机会。

1. 整体情况：招聘日趋成熟，关键岗位紧缺

由于快速消费品行业人才流动比较频繁，通常都会有常年的职位需求。据分析，快速消费品行业最热门的人才是营销专业人才，行业需求量最大，目前市场缺口也最大。

2. 营销专才紧俏

一方面，快速消费品行业的产品主要面向个人用户，品牌建设和市场推广对企业的生存至关重要，需要大量营销专业人才；另一方面，由于其他行业对市场和品牌日益重视，快速消费品行业的营销人才大量流入其他行业，快速消费品行业成了品牌和市场类人才的"培养基地"，进一步加大了营销市场类专业人才的缺口。

3. 名企"争抢"营销专才

快速消费品行业销售类人员通常占企业员工总数的30%以上，除了大量需求一线业务推广人员、销售代表之外，对营销管理类专业人才需求也较为迫切，这也是快速消费品行业缺口较大的人员。在每年的校园招聘中，宝洁、百事、联合利华等知名企业营销类职位占据多数。

（三）快速消费品行业职业发展路径

1. 销售方面（内部结构）

销售是介绍商品所提供的利益，以满足客户特定需求的过程。销售是一项很具挑战性的工作，成为销售人员比较容易，而

成为优秀的销售人员需要付出很多努力。

职业发展路径：销售业务代表→销售主管→销售主任→区域经理→大区经理→销售总监。

2. 市场部的职业发展路径

市场部对外要跟广告商打交道，对内跟生产部门、物流部门、CBD（客户业务发展部，即销售部门）打交道。其工作也主要包含了三部分——分析、沟通、执行。

职业发展路径：见习推广专员→推广专员→项目主任、产品主任、媒介主任、渠道主任→推广主任→助理品牌经理→品牌经理→品类经理→助理市场总监→市场总监→副总裁（VP）。

（四）快速消费品行业工作环境

在快速消费品行业里，有机会结识更多商业伙伴，出差机会多，薪水高。另外，外界环境对快速消费品没有太大的影响。金融危机会导致金融机构大量裁员，但快速消费品企业不会，更不会缩减开支，因为人们任何时候都需要日常用品。危机主要来自于成本，大公司防御措施比较好，在小公司有时比较危险，对材料和东西的选择以及投资没有做好，会受很大影响。

快速消费品行业是一个消耗时间和精力的行业，工作时间长，重复性强，还要到处奔波，会使员工的神经长期处于绷紧状态，压力比较大，久而久之员工就会产生疲惫感。

案例1 城市经理，负责产品的大卖场渠道销售

需要花时间查看卖场、谈客户，工作时间相对灵活，但工作量大，要求高效率完成工作。销售包括在卖场里的门店陈列、堆头摆放、促销活动。实际上，市场营销都是在产品出厂前做比较宏观的计划，真正的跟进执行是由销售来完成的，但做销售要求的技术含量不高。

(五) 快速消费品行业收入薪酬

近年来,快速消费品行业薪酬水平不断攀升,人才竞争加剧。北京众达朴信管理咨询有限公司发布的《2011年快速消费品行业薪酬福利调研报告》中,可以看到行业薪酬管理的一些现状。

(1) 行业专业经理层月薪超1万元。众达朴信调研数据显示,2011年快速消费品行业实际涨薪幅度为12.8%,高于全行业平均水平。部门经理层级员工年薪中位值为194340元,薪酬涨幅为13.2%;专业经理层月薪过万元,年度总现金为124595元;主管层与专员层员工年薪中位值分别为78685元和42942元。

(2) 个人护理、烟草行业薪酬水平领跑快速消费品子行业。个人护理行业多以外资企业为主,所以薪酬水平较高;烟草行业属于高利润行业,企业在岗员工薪酬水平较高,薪酬系数为0.95。

(3) 化妆品行业内外资差距明显。以化妆品为代表的个人护理行业,中小型企业虽然占企业总数的90%,市场份额却不到20%,外资/合资企业占主导地位。根据众达朴信调研数据,行业内外资薪酬差距明显,以外资化妆品行业薪酬水平为基数,内资企业薪酬系数仅为0.64。随着层级的增加,薪酬相对差距越大。

(4) 销售类岗位走俏快速消费品人才市场。根据众达朴信调研数据,快速消费品行业销售类和品牌类岗位的涨薪幅度分别为13.4%和12.8%,高于其他职类。可见企业对这两类人员的重视程度。这两个岗位是负责区域或城市的销售和市场工作,直接面对客户、渠道商和零售商等利益相关者,优秀的城市经理和大区经理对于快速消费品企业拓展某一地区的市场、建立品牌度起到至关重要的作用。

（5）部门差异明显。数据显示，在参与调查的财务、人力资源、行政、市场、销售管理、研发、生产管理、质量管理和销售等9个部门的部门经理级员工中，销售管理部门经理的年薪超过16万元，销售部门经理的年薪更是接近18万元，分别居于9个部门经理级员工年薪排行的第二位和第一位。其他部门经理的年薪从8万元到14万元不等，差距比较明显。而作为企业内同级别的管理人员，其薪酬水平的差距明显高于其他行业。

（六）快速消费品行业人力要求

1. 人才素质和能力要求

对于人才素质和能力的要求，快速消费品行业人才主要为专科以上学历，对于部分更高的职位有更高的学历要求和工作经验要求；要求个人具有突出的才能，符合公司文化的要求，并具备相应岗位的知识技能。总体而言，行业对人才的要求非常严格。企业希望大学生拥有突出的领导才能，良好的商务谈判和人际沟通能力，问题解决能力，良好的英语能力，团体合作精神，不断学习、进步和创新的积极性，正直的人品，对公司和工作的热爱，熟悉市场，拥有品牌概念、管理知识和意识。

同样是市场、营销类人员，不同行业的消费品企业，因营销模式不同，需求有所侧重。目前，五大职位是快速消费品企业的重点需求对象。

（1）品牌经理。

工作内容：品牌经理主要负责品牌的建设和维护，围绕品牌开展各类营销活动，进行市场策划等。

招聘门槛：一般要求市场营销或者经济管理类专业本科以上学历，有3年以上快速消费品行业从业经验，精通品牌建设及推广。

（2）产品经理。

工作内容：产品经理对某一产品负责，他不仅负责产品的营销，还要涉足产品的整个生命周期管理，具体职责包括分析市场，确定产品的定位、目标、战略，制订产品整套营销策略和计划等。

招聘门槛：本科以上学历，市场营销类专业，三年以上从业经历，熟悉所在行业及业内主要竞争对手产品状况，熟悉市场发展动态，精通渠道建设、产品策划，分析、组织与人际沟通技巧良好。

（3）城市经理。

工作内容：这类职位的需求主要是在全国各地有销售网络的大公司，城市经理的主要工作是负责所在地区的销售工作、市场推广，执行公司的营销政策和策略，建立当地分销网络，维护当地客户。

招聘门槛：丰富的市场营销经验，熟悉当地市场，有渠道拓展能力；熟悉产品所在行业；有较强的商务谈判能力和沟通能力；大专以上学历。

（4）渠道经理。

工作内容：渠道经理一般负责区域内销售渠道和代理商的发展和管理，具体包括渠道规划、渠道拓展、渠道管理、代理商培养与支持等工作。此外，还要配合区域经理等进行所在区域的市场、营销、销售活动。

招聘门槛：专科以上学历，营销、管理及相关专业；在相关行业内有产品渠道建设和分销工作经验；良好的沟通能力与谈判技巧，以及良好的市场开拓能力、渠道建设能力、信息收集及分析能力等。

（5）重点客户经理（KA 经理）。

工作内容：重点客户经理是专门负责所在区域内重点客户的开发、维护。

招聘门槛：大专以上学历，熟练掌握计算机、使用 ERP 软件;在本行业具有一定的资历和能力;具备良好的人际沟通和团队合作精神,有强烈的工作责任心。

2. 部分企业招聘要求

(1) 玛氏:应届大学毕业生,专业不限;善于学习,注重自我发展;创新精神;团队精神;勇于接受挑战,承担压力;具有跨文化的思考交流能力;优秀的英文沟通能力。

(2) 宝洁:良好的英语水平,对企业行业和公司部门有一定认知,自信,有学生干部工作经历、社会实践经历,端庄大方,关注过去成就和行为以及展现出来的能力。

(3) 联合利华:关爱(相信尊重是一切行为的基准,并关心人、社会、环境以及品牌的影响力)、沟通(能够与他人愉快相处、具备良好的团队合作技能,并能敏锐洞察周围世界的变化)、创造(富有想象和创造力,时刻准备对传统做事方法进行挑战,并喜爱寻求新方法、新思路)、行动(能够把创新的想法果断地转化成行动,勇于迎接挑战,充满热情、全身心投入工作并从中受益)。

(4) 欧莱雅:对企业有一定认知;富有想象力;吃苦耐劳,实干;较高的审美情趣;市场商业策划能力。

(5) 雀巢:具备职业发展的潜力,态度积极热情,忠诚,兴趣广泛,负责的态度,健康的体质。同时,雀巢管理者应具备以下重要的素质:个人的承诺;勇气、坚毅和冷静;抗压能力;学习能力;开明及领悟力;交流能力;激发和发展员工的能力;创造创新氛围的能力;根据情况而非孤立地看问题能力;值得信赖,言行一致;愿意接受变化及应付变化的能力;国际经验及对其他文化的理解能力。

(6) 强生公司:看重能力、态度,做某项工作的能力与愿望,团队精神,学习的愿望,聪明并成熟,有相关的知识与技能。

（七）如何在这个行业做到卓越

现在快速消费品行业竞争激烈，各企业都希望能招揽到出色的人才。快速消费品行业薪酬待遇优厚，其中宝洁、联合利华、玛氏等跨国企业更是受到求职者的青睐。如何能够从众多竞争者中脱颖而出，并成为行业的卓越人才呢？

（1）需要了解快速消费品行业和市场，有灵敏的市场嗅觉，这样可以把握市场动态，在快速消费品行业占有一席之位。

（2）要有一定学历，掌握相应岗位知识技能，较强的个人能力、领导能力、抗压能力、问题解决能力和团队合作精神，在团队合作中能起到核心作用。

（3）作为快速消费品行业从业人员，经常需要与许多人进行互动，所以这要求从业者拥有良好的商务谈判和人际沟通能力，另外许多外企十分看重职员的英语沟通水平。

（4）要想区别于其他快速消费品行业从业人员，努力做到卓越，形成自己的核心竞争力，需要做到善于学习，锐意进取，创新意识，正直人品，热爱工作，吃苦耐劳，积极负责。

（以上内容由郑炯寅、张万伟、招泽标、翁鸿博、王子旗、詹骞、张柏源、曾繁泳搜集整理）

第二节 银行业

总的来说，银行业的工作是比较体面的，也相对比较稳定。得益于我国银行的高利润，银行业从业人员的收入也比较可观。当然，作为一个高度以业绩为导向的行业，银行业的竞争也是十分激烈的，进入门槛也比较高。本节主要分为五个部分，分别是银行业总体发展情况、银行业职业发展路径、银行业工作情况介绍、银行业能力和素质要求、银行业职业发展建议。

一、银行业总体发展情况

1. 我国的银行体系

按照银行的职能和规模来划分，我国的银行大致可以划分为五类，即中国人民银行、政策性银行、国有大型商业银行、全国性股份制商业银行、中小银行。

（1）中国人民银行。中国人民银行是中华人民共和国的中央银行，中华人民共和国国务院组成部门之一。中国人民银行根据《中华人民共和国中国人民银行法》的规定，在国务院的领导下依法独立执行货币政策。

（2）政策性银行。我国主要有三家政策性银行，即国家开发银行、中国进出口银行、中国农业发展银行，均直属国务院领导。政策性银行实质上是国家为了支持特定领域的建设和发展，或实现特定的经济意图而发起成立的。其资本全部来自国家，不以营利为目的。

（3）国有大型商业银行。这主要指我国资产规模最大的，由中央汇金公司直接控股的五大银行，即中国工商银行、中国农业银行、中国银行、中国建设银行、交通银行。这五大银行的特点是资产规模特别大，都能在世界银行排名中居于前列，经营范围广，在全国各地都有营业网点，也都在世界大多数国家拥有分支机构。

（4）全国性股份制商业银行。这主要指经中国人民银行批准，在全国范围内开展商业金融业务的股份制银行，主要包括平安银行、招商银行、光大银行等12家银行。与国有五大商业银行不同，这些银行大多是由地方政府或者大型国有企业出资设立，这些银行相对于五大银行来说，股权结构更为多样化，经营上也更加灵活一些，多有自己的主要经营区域和领域。

(5) 中小银行。这类银行数量最多,大多资产规模不大,服务于某一个地区的居民或企业,经营方式比较灵活,经营的大都是一些大型银行不愿经营或难以有效经营的业务,如农民贷款和中小企业贷款,等等,就作用而言,其在银行体系中也不可或缺。这些中小商业银行很多都是由原来的城市或农村信用社改制而来。

2. 银行业的"暴利"

根据2011年的数据,当年上市的12家银行的利润总额达到了8415亿元,其他1324家余下的上市公司的利润总额却只有7989亿元,也就是说12家银行的利润就超过了其他1000多家各行各业的企业的利润总和。这是一个非常惊人的数字,实际上说明我国实体经济的利润,最终大都落入了银行的腰包,这对实体经济的发展自然是不利的。

银行业的暴利一方面是因为我国的利率尚未市场化,银行守着固定利差,利润有保证。另一方面也是因为我国的资本市场尚不完善,银行融资还是最主要的融资渠道,加上经济增长长期靠投资拉动,银行有着巨大的市场。除此之外,近年来银行业中间业务的发展以及中间业务收费监管不健全也是银行谋取巨大利润的原因之一。

3. 银行业的风险

我们在看到当前银行业高利润的同时,也应当看到银行业未来经营存在的风险。我国银行业的整体经营效率不高,从长远来看,这种不正常的高利润时代不会一直持续下去。

(1) 银行业利润的风险首先来自于利率市场化的必然趋势。虽然利率改革有阻力,改革的推进也必然不会是一蹴而就的,然而利率市场化是迟早的事。

(2) 金融脱媒的现象在发达国家已经普遍存在,主要是指随着现代金融体系的完善和发展,融资渠道变得十分丰富,越来越多的融资通过股票、债券、风险投资等方式展开,银行的传统存贷款业务被大量侵蚀。金融脱媒的现象也是一个大趋势。

(3)银行业中间业务的监管缺乏为银行获利提供了便利,但随着银监会对这一块业务的重视和监管的加强,中间业务的收费必将变得更加规范。这也会对银行业的利润带来冲击。

二、银行业职业发展路径

1. 管理、技术、市场三条路线

(1)管理即走行政路线,适合综合素质强、具备领导潜质,并且善于处理人际关系的人。业务上来说可能不是很专业,但要博,特别强调宏观思维,人际关系上来说必须能在不同部门进行良好的沟通,最重要的是要有良好的表达能力。总之,走行政路线,沟通解决问题能力的重要性绝对超过业务能力。

(2)技术并非只指与计算机有关的科技,还包括风险评审、产品开发、方案设计、柜台业务能力等。对于那些学历较高、专业素质过硬但不善于处理人际关系的人来说,比较适合走技术路线、专业路线,待遇也上升得较快。

(3)市场路线主要是指客户经理岗位,也许是最苦的但也许是最轻松的。客户经理需要去开拓市场,任务考核指标非常重,而且存在优胜劣汰的考核机制,竞争很激烈。

当然,三种路线也不是绝对分开的,在某一方面做得很好,也可能导致进入其他发展路线。比如业务素质很好,或市场做得很好,就有可能提拔当领导而转向行政路线,但要看单位的用人哲学。

2. 银行柜员成长之路

(1)在会计路线精耕细作,做成业务标杆,升为柜长,然后竞聘为支行的会计主管,再竞聘为支行的副行长,这个过程一般需要5~8年。再往上可以竞聘到省分行的会计部门做个小领导，然后竞聘会计部总经理，再向总行进军。这条路线就需要有经得起时间考验的精神，能在会计岗位上沉得下心来，认真工作。

（2）转岗做客户经理，走营销路线。一般需要在做柜员时有较强的营销意识，转岗需要参加笔试和面试。

3. 客户经理的成长之路

（1）一直做客户经理：客户经理助理→客户经理→高级客户经理助理→高级客户经理→私人银行顾问，需要五年以上的时间。随着级别的不断升高，工资收入也不断提高，管理的客户也逐渐高端。

（2）竞聘支行行长。支行的行长一般三年就要换一次，而且每年总有行长因为业绩不佳被淘汰。通常有三年的工作经验之后，就可以去参加每年的支行行长竞聘。做支行行长压力非常大，每年背负着50多个指标，做不好就亮红牌，直接淘汰。但是支行行长的待遇极为不错，各种补贴比较丰厚。

（3）向省分行的相关部门发展。比如对私客户经理去私人金融部，对公客户经理去公司业务部，零贷客户经理去信贷部，然后在这些部门做成领导。在银行里，能不能升职，大部分是要靠业绩说话的，所以只有当你的业绩做到出类拔萃的时候，在竞聘中才可能胜出。

4. 支行岗位介绍

这里主要介绍银行基层支行岗位的情况。现在银行招聘新人，都会先下放到基层锻炼一段时间，基层支行的岗位主要包括柜员、大堂经理、客户经理三类。

（1）柜员。柜员就是坐在银行柜台窗口为客户办理业务的工作人员，属于银行的会计岗。柜员岗要求服务态度亲切有礼，同时要细心遵规，有风险意识。

（2）大堂经理。大堂经理主要负责管理大厅设施，引导和分流客户,指导客户填写单据,发现有价值客户,向客户推介新产品,处理紧急事件等。大堂经理既要熟悉柜台业务,也要有较强的沟通和营销能力,要不断地跟客户打招呼,询问客户要办理的业务,每天上班大部分的时间都是站着,比较辛苦。

(3)客户经理。客户经理属于银行的营销岗,分为对私客户经理(理财客户经理)、对公客户经理和个贷客户经理。

对私客户经理有的银行称为理财客户经理,主要是服务私人客户,即个人,工作职责主要是维护老客户、开发新客户、拉存款、销售银行产品等。对私客户经理需要具备存款、国债、基金、股票、保险、黄金、外汇、期货等多种金融理财知识,为客户提供理财咨询和建议。对私客户经理并不一定需要良好的社会资源,工作中也不需要应酬,主要靠热情、周到、专业的服务来赢得客户的信赖,继而销售银行产品,实现业绩增长。

对公客户经理主要是服务对公客户,即政府、机关事业单位、企业、公司等,工作职责主要是吸引对公存款、发放对公贷款,要求社交能力强、人际关系较好、社会资源比较宽广,经常会有应酬。

个贷客户经理主要负责营销和办理个人住房贷款、汽车贷款等个人贷款业务,要求有较强的风险意识,工作内容比起以上两种客户经理来说要单一得多。客户经理分为助理、经理和高级经理,收入比较有弹性。

三、银行业工作情况介绍

(一)银行工作的收入

银行待遇由四部分组成:基础工资、福利、补贴、绩效奖。
1. 基础工资
基础工资是根据不同的员工职级来发放的,分成不同的档次,每个职级对应不同的基础工资。刚进银行的人通常是最低职级,基础工资最低,在 2000 元左右,如果银行经营业绩好,基础工资每年会有 5% 左右的涨幅。表 7-1 是 2011 年国内银行职员月薪排名。

表 7-1 2011 年银行职员月薪排名

排名	银行	平均月薪	排名	银行	平均月薪
1	宁波银行	3.35 万元	6	招商银行	2.80 万元
2	中信银行	3.33 万元	7	平安银行	2.76 万元
3	南京银行	2.99 万元	8	光大银行	2.70 万元
4	北京银行	2.89 万元	9	华夏银行	2.49 万元
5	浦发银行	2.86 万元	10	兴业银行	2.46 万元

2. 福利

(1) 五险一金(医疗保险、失业保险、工伤保险、养老保险、生育保险、住房公积金):这部分是从基础工资里扣除的,大概会扣掉基础工资的 20%。

(2) 节日慰问金:一般是发放超市的购物卡,五一、国庆、春节的时候发放,每次几百元到 1000 元不等。

(3) 补贴:交通补贴每月 500~2000 元不等,职位越高越多,客户经理 700 元左右;通讯补贴每月 100~500 元不等。中餐补贴每月 300 元左右;住房补贴每月 1500 元左右,不过不同银行的情况不同。

3. 绩效奖

(1) 季度奖,2000~3000 元。

(2) 年终奖,1 万多元。

(3) 销售奖,就是平时销售各种银行产品的奖励,因人而异，与业绩挂钩，差异较大。

综合以上四项，一般银行员工，即柜员和客户经理，待遇在年薪4万～10万元不等。在不同的城市有很大的差异，在北京、上海、深圳等一线城市，一般会有10万元以上，而偏远城市为4万～5万元。（本节中的数据，除表格外，皆为2011年之前的数据）。

综合来看，银行的薪资水平在一个城市中还是处于中上的。

（二）工作强度

1. 工作时间长

每天早上8点半开始工作，至少要6点半才能离开，每天工作超过10个小时，没有加班费。

2. 工作任务多

银行的每个岗位都会有不同的工作任务，任务最重的是支行的行长和客户经理，柜员也不轻松。银行的业绩每年都要求增长，员工身上的任务也就一年比一年多，而且种类纷繁复杂。

3. 工作节奏快

银行的业绩考核是每月一小考、每季一中考、半年一大考、年末终极考核。银行竞争激烈，产品同质化严重，要花费大量的精力在对客户的维护上。

4. 培训

银行的培训很多，一般是培训业务知识，拓展能力方面的培训不多。新员工一般都要集中培训一个月左右的时间，然后再分配上岗。

（1）柜员参加的培训一般有服务礼仪、业务操作规范、新业务介绍等。因为柜员白天都在上班，所以培训经常是安排在晚上或者周末，无偿占用休息时间。

（2）客户经理参加的培训内容较丰富，一般每周 1～2 次，主要是培训新业务。银行的理财产品层出不穷，每推出一种新产品，就会开展相应的培训。这些培训也会占用很多的周末休息时间。

四、银行业能力和素质要求

1. 基本能力和素质要求

银行业和一般的用人单位一样，都是希望招到综合素质较好的优秀毕业生。但相对而言，银行业有两个比较重要的特点：①业务都是有风险的，所以对银行来说控制风险很重要；②银行业是服务行业，同业之间的竞争很激烈，银行需要营销自己的业务，所以业务营销很重要。

现在各家银行都是通过校园招聘的形式，基本上的程序都是发公告、收简历、筛简历、笔试、面试、签约。通常面试的银行都会在招聘公告中写明具体的要求，一般有以下几个条件：

（1）专业。一般来说，银行可以接受的专业比较多，在专业方面银行的要求并不严格，经管类的专业比较对口，但是其他专业的只要足够优秀也是可以进去的。

（2）学历。这个是硬性标准，非常严格。如果写明招硕士及以上，那么硕士以下的基本就不考虑了。另外，很多银行都写明只招"211 工程"高校毕业生，或者只招某几所高校毕业生。

（3）英语四级、六级。这是绝对的硬性指标。

（4）其他标准。通常招人单位还会加上一些附加条件，比如表达能力强、善于沟通等，这些条件很难通过简历来判断，所以只要在简历上写上具备这些条件基本就能通过简历筛选。

2. 简历筛选

（1）先看硬性条件是否符合。如果不符合将直接淘汰，除非在某方面特别优秀。

（2）看照片。主要是看形象和气质。

（3）实习经历。如果有在银行或者金融机构实习的经历，一般都会得到笔试的机会。

（4）个人特长。通常在文体、写作、外语、组织能力等方面的特长比较受欢迎。

（5）相关证书。可以充实简历，但不是必要条件。

（6）简历应该简洁大方，没有错别字。银行单位看简历还是很仔细的，如果你的简历上有错误，基本上都会被淘汰。

3. 笔试

笔试的内容各个银行大同小异，主要包括：行政能力测试、英语、综合专业知识、性格测试。英语和综合专业知识主要靠平时的积累，行政能力测试跟公务员考试的行测差不多，性格测试主要看个人天赋。笔试的时候也要注意自己的形象和行为，如果你表现得素质低，很可能会失去面试机会。

4. 面试

笔试成绩出来后，人力资源部门会根据排名发放面试通知。面试的内容随机性很强，可能会问一些专业问题，考察你平时的知识储备，也可能会问到非专业问题。面试的时候不必过于紧张，很多面试官是通过应聘者回答时的表现来判断应聘者的性格特点、思维方式、应变能力。参加面试之前，必须弄清楚以下几个问题：你对这家单位了解多少？你对你应聘的职位了解多少？你对你自己了解多少（包括你的性格、知识、能力等方面）？写在简历上的东西，每一个点都要非常清楚。

五、银行业职业发展建议

表7-2是我们根据不同发展路线的特点提出的简要建议。

表7-2 银行业职业发展建议

发展路线	建议
技术路线	专业知识过硬 沉稳冷静，仔细认真
市场路线	抗压能力强 热情主动，善于与人沟通 意志坚定
行政路线	业务要博 具有宏观思维 处理好人际关系

（以上内容由汪栋森、余剑鹏、张泽欣、谢凯宏、陈心怡、李艺思、林思妍、付秀燕、何倩韵、杜欣琳、古钰搜集整理）

第三节 会计行业

四大会计师事务所，通常简称"四大"，指的是著名的四家会计师事务所：普华永道（PWC）、德勤（DTT）、毕马威（KPMG）、安永（EY）。在业内，"四大"以高强度工作和高薪著称。

一、"四大"会计师事务所之间的比较

1. "四大"会计师事务所介绍

普华永道："四大"之首，全球500强中有32%是其客户，而内地在H股上市的企业中有40%都信赖普华永道为其审计。

毕马威：在中国唯一有资格与普华永道抗衡的公司，在金融业上优势明显，相对比较本土化，有很多本土经理。毕马威强调

"以身作则、为人表率、上下一心、团队精神",高薪背后希望员工有认真的工作态度、吃苦耐劳的勇气和团队合作的精神。

德勤:全球百强中30%是其客户,在发展日本客户方面有优势,但相对而言在华规模较小,每年招聘人数远少于其他几家。

安永:在中国的业务逊于其他几家,本地化步伐较慢,以香港经理居多。

2. "四大"会计师事务所下设部门

普华永道:审计、SPA、税务、Advisory、其他后台支持部门。

毕马威:审计、税务、财务顾问部、其他后台支持部门。

德勤:审计、ERS(德勤的 ERS 是亚太地区最好的内控服务部门)、税务、Corporate Finance、DC、其他后台支持部门。

安永:审计、TSRS(区别于 ERS,TSRS 更专注于审计)、税务、财务咨询(MAS)、其他后台支持部门。

审计为核心业务,可接触税收筹划等高端业务。其次是税务与财务咨询,相对轻松,出差加班较少。财务咨询主要从事企业重组以及并购中的财务尽职调查等业务,一般需要3年工作经验方可进入。

3. 对专业的要求

普华永道对专业限制最小;安永对专业限制最为严格,招聘的几乎都是会计、财务、金融、经济类专业,安永的 Summer Leadership Program(暑期领导力活动)邀请的多为会计专业较强的大学相关专业毕业生,不过安永的 TSRS 部门招聘了清华大学很多工科本科生和硕士生;毕马威和德勤对专业的限制不多。

二、"四大"会计师事务所的招聘

1. 申请

每年夏季和冬季,"四大"都有招聘实习生计划,一般以俱乐部组织形式出现。实习期间表现将成为正式求职时的重要评价依据。如安永每年都有一次全球性的实习生培训（International Intern Leadership Conference），每个国家和地区的安永最好的实习生将被选拔前往参加全球性的培训和交流。

"四大"在每年10月份，都会在上海的主战场——复旦大学、上海交通大学、上海外国语大学、上海财经大学进行校园宣讲会，同济大学、上海大学和上海对外经贸大学的学生也有得到简历申请书的机会，其他高校学生可以通过"四大"官网申请（一般要填写4份表格）。网申之后，对方会回复一封确认函，再通过简历确认是否进行面试和面试日期。

2．简历

安永和毕马威都要求填写高中（高考）成绩，普华永道要求填写每个学期的绩点、总绩点和班级排名（有固定公式换算），而毕马威则要求如实填写是否有犯罪记录、是否有在香港工作的许可、是否能在中国其他城市工作、是否参与了本公司的暑期实习等问题。

3．流程

第一步是笔试。在所有递交申请的学生中，大约一半的同学会得到笔试机会。各家公司测试题目不同，所测试的能力也有所不同，有的偏重检验英语水平，有的偏重测试逻辑分析能力。

第二步是小组面试。小组面试是会计师事务所采用的重要面试环节，主要考察学生的综合能力，如应聘者的个性、适应新环境的能力，在团队中的个人能力发挥，包括沟通能力、发现和解决问题能力、团队合作能力，以及逻辑分析和商业敏感度等。

第三步是一对一的面试，有的来自业务部门，有的是合伙人面试，主要是从整体上考察应聘者的素质、能力和价值观。

德勤走"网上申请→笔试→小组讨论（没有经理面试，材料人人相同）→一对一面试"的四步骤；安永和毕马威更侧重英语水平；普华永道笔面合一，在筛选简历后直接进入"评估中心"，进行分析（材料每人不同）、辩论和笔试。一面会有与行业相关的知识性问题，主要考察求职者对审计、税务工作是否有兴趣与潜力。二面则会与合伙人面对面。兴趣、沟通和团队合作，都是"四大"择才的统一标准。笔试和二面之后，"四大"会在12月中下旬发放书面录取通知。

"四大"在操作方法上各不相同，且每年都有新变化，但通过笔试考察英语、逻辑和数字等基本能力的原则却是始终如一。

4．测试类型

第一是职业能力倾向测试，它能够测试出一个人的性格、面对压力和挑战的承受能力和其他一系列职业特征品质。虽然面试中这只是作为参考指标，但往往在同等竞争条件下会产生重要影响。例如，当被问及"谁一直对你的职业生涯有重要影响"时，可能是试图了解应聘者的求职动机、工作经验和能力特长，同时考察应聘者的思维连贯性、语言表达力，等等。

第二是逻辑类题型和智力类题型。这类题目多在笔试时出现，内容多种多样，如脑筋急转弯、趣味数学，等等，题目有时并无固定的答案，主要是考察应聘者的思维能力与思维方式。从这一点来说，解答的过程更加重要。

三、"四大"会计师事务所的培训

普华永道：设有实力雄厚的专职培训部门，新人从进入公司首日即接受近一个月的系统培训，对非相关专业学生会安排会计专业知识培训。结束入职培训后的新人，还要花大量时间接受实地培训（On-job-training）。入职后的培训更具有针对性，每年忙季过后，培训部会公布一年的培训计划及相关课程，员工将接受包括专业知识、行业专题、工作技能和管理能力方面的培训。此外，有一定资历的员工还将获得每年一次的国外培训机会，前往美国、英国和澳大利亚的普华永道公司进行实地培训。

毕马威：应届生入职统一安排 6～8 周培训，内容涉及公司文化的培训、专业培训、专题培训、技能培训等。之后还会有升职前培训（各个级别）1～2 周、注册会计师后续教育、海外短期培训等。

德勤：德勤对新员工有专门的培训计划，通常从 4 月份就开始正式员工考试和入职培训，一直持续到 9 月份考试前（7 月份到 9 月份带薪听课，原则上不安排工作），第一年的主要内容就是针对非专业学生补充财会基础知识。

安永：大学毕业生初进公司的前三年是初级职员，刚开始的几周，公司会安排他们参加培训部组织的 Graduate Conversion Course（安永为新入职大学生开设的一个培训），了解公司的文化、制度与处事方式，随后是 6 周带薪培训，分别对财会专业的新人进行初步的专业知识培训，同时对非财会专业的新人加强基本的财会知识培训。在开始工作前，公司会协助新人报名参加注册会计师（CPA）考试，并在正式考试前，提供一些模拟考试题，请老师为他们讲课，还会发放资料。

四、"四大"会计师事务所的晋升

"四大"职业发展轨迹总体相差不大，新人花三年左右的时间可以从审计员晋升为高级审计员，再过两三年进入管理层。不出意外的情况下，维持一年一小升、三年一大升的速率直到经理级别前，几乎是零风险的。基本在三年后，高压下该流动的人走了，而留下的人就成为中层人才。之后的升迁除了工作年限外，还加入了竞争因素，但可预见性还在掌握之中。

普华永道：A2 → A1 → SA3 → SA2 → SA1 → Manager/Deputy Manager（经理/副经理）→ Senior Manager（高级经理）→ Partner（合伙人）。

毕马威：Accountant（会计）→Senior（高级会计）→Manager（经理）→ Senior Manager（高级经理）→ Partner（合伙人）。

德勤：Tax associate（税务助理）→Tax consultant（税务顾问）→Senior consultant（高级顾问）→Tax manager（经理）→ Senior tax manager（高级经理）→Tax partner（税务方面的合作伙伴）→Tax managing partner（税务管理方面的合作伙伴）。

安永：SA→Senior→Manager（经理）→Senior Manager（高级经理）→Director（主管）→Partner（合伙人）。

五、从工作年限来看

1. 应届毕业生（在安永叫 SA-1，普华永道叫 SA-2）

工资基本在 5500～5800 元（如果毕业就获得注册会计师证书，可以获得基本工资外的资格补助 500～1000 元，但不计入基本工资，所以这部分是不去计算五险一金的）。所以，在这个级别上一个最合格的员工的最高收入是 6800 元/月。按 12% 交纳住房公积金，8% 交养老保险，还有其他扣税，现金收入在 4000 元左右。

2. 在"四大"的第二年（在安永叫 SA-2，普华永道叫 SA-1）

当学习完 Website-learning 和其他晋升培训后，99% 的人晋升为审计第二年。这也是收入增长幅度不大的一年，基本收入在 6500～8000 元之间。第一年表现在 4～5 分且通过注册会计师考试者，工资则会有相应提高。

在这一阶段，不要只做在第一年的银行存款、财务费用、票据、营业外收支、费用等简单科目，应该基本学会往来类别（OP、OR、AP、AR 等），还有的能做存货、收入、成本等。所以这一阶段是通向高级审计师的一个很重要的阶段，也是逐渐形成自己的判断和理解的过程。

3. 第三年，高级审计师第一年

这一年，有95%的审计员会晋升为高级审计师，由于这一阶段涨薪比较大，且在前2年基本能评价一个人的各方面能力（沟通、合作、会计审计知识、表达、能否高强度工作等），所以每个人的得分差距比较大，最终会影响你在这个阶段是拿高薪、低薪还是平均薪水。

如果没有通过注册会计师证的，在这阶段至少已通过2～3科。如果做一个OT（加班制度）宽松的IPO（首次公开募股）项目，最多应该能拿到19000元左右。

在此阶段很可能会有猎头公司提供跳槽机会，比如大的银行总行、新进入中国的外资公司，或者是能给出"四大"基本工资的有金钱实力的外资企业。一般对方开出的薪水，也是在11500～13000元，基本职位一般在经理之下。

4. 在"四大"的第四年，高级审计师第二年

在此阶段，发展良好的应该能成为一个团队的FIC（项目带队）。FIC需要大量的知识用于审计报告，审计报告中附注的披露、会计政策与估计的运用、重大风险的评估、重大事项的处理、企业环境、组织结构、治理结构、权益结构的变动，以及重大的经营、投资、筹资活动等的全方位的考虑，另外还需要学习IFRS US GAAP（《国际财务报告准则》，美国公认的会计准则）等知识，用于同时做A+H等项目。

这一阶段的基本工资在13500～15500元之间（再加上500～10000元的资格费用）。这一阶段离职率已经升级到比较高的阶段，能力较强的会考虑做财务经理，薪资则视所在公司而定。

5. 在"四大"的经理前最后一阶段，高级审计师最后一年

在此阶段留任率大约为50%，离职原因各异，有的因为无法胜任工作离开，有的去"四大"中其他会计师事务所升级，有的是去大公司担任财务经理。这个阶段的基本工资应该在

17500～21000元之间（500～1000元的资格费用除外）。

（以上内容由郭冬青、贾晓迪、何淑婷、黄智颖、姜筱筠、周碧莹、章佳明、王森、孙春雨、文志美搜集整理）

第四节　物流行业

一、物流的定义

21世纪是物流挂帅的世纪，物流的发展水平已成为一个国家、一个地区、一个企业核心竞争力的重要标志之一。

美国物流管理协会（CLM）对物流管理是这样定义的——物流是供应链的一部分，是为满足顾客需求，对商品、服务及相关信息从产地到消费地高效、低成本流动和存储而进行的规划、实施、控制过程。物流管理的使命是使正确的商品或服务在准确的时间，以良好的状态到达正确的地点，同时对企业作出最大贡献。

二、我国物流的发展现状

1. 现代物流的标志

顺应时代的发展，现代物流在我们国家已经起步，标志主要有以下三点：

（1）工商企业已不满足于传统储运企业的单一、单项、分散的储备运输，正向社会、向市场寻求现代物流服务。

（2）传统储运（运输、仓储、货代、邮电等）企业纷纷包装，改换门庭，向现代物流企业发展；工商企业内部储运机构也有独立的趋势，向物流企业发展。

（3）陆续产生了一批三资、民营或股份制的现代物流企业。

2. 物流需求市场现状

物流费用是我国工业企业仅次于原材料采购成本的最大支出。我国的流通费用约占 GDP 的 20%，而发达国家如美国仅占 10% 左右。

目前我国生产企业中，43% 的企业销售在全国范围内，57% 的企业销售在全球范围内，由此可见，大部分企业的销售需要全国范围内的流通网络的支持。

3. 物流供给市场现状

综观我国物流业的服务水平，存在以下几个问题：

（1）物流供给企业作业能力不能保持足够的优势，供需难以平衡。物流作业质量是企业选择新的物流的首要标准，与物流需求企业相比，单证准确率和运输及时率低，供需难以平衡。图 7-1 给出的是我国供给企业的物流作业指标。

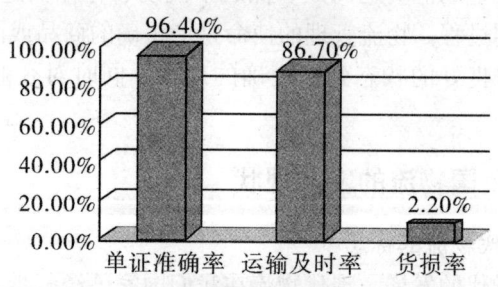

图 7-1 供给企业的物流作业指标

（2）物流设施设备总量过剩，但结构失调。根据中国仓储协会的统计，我国供给企业中，敞车和厢式车的拥有比例为 15:2.6，厢式车保有比例太低，难以满足目前我国工商企业对运输过程安全、环保的需求；其次，冷藏车拥有量不足，车数仅占总量的 1‰；搬运设备以手工、叉车为主，机械化程度太低。

第七章 行业认知

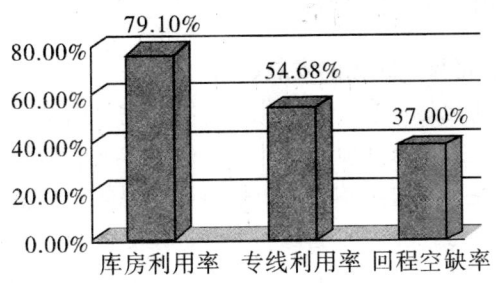

图7-2 物流设备利用率

从图7-2可以看出,物流企业整体资源利用率不高,尤其是汽车回程资源严重闲置,一方面说明目前货源不足,货运汽车相对过剩,另一方面说明储运以及物流企业汽车运输经营水平较低。

(3) 物流信息系统——竞争力的"瓶颈"。根据中国仓储协会的统计调查,我国只有39%的物流供给企业拥有物流信息系统,说明我国物流供给市场的信息化程度较低,不能满足客户的需求。

4. 结论

从以上对物流需求和供应市场的分析,可以得出以下结论:

(1) 现有物流供给能力要大于物流市场需求,但规模大、效率高的物流企业寥寥无几。

(2) 物流供给行业规模较小,供给企业运输能力要远远小于需求企业运输规模,能力分散,规模集成密度较低,未形成大流通的格局。

(3) 仓储供给能力略微剩余。

(4) 从我国物流发展现状来看,生产企业和商业企业需要的是效率高、规模大、形成广泛网络化的物流企业。

三、我国物流的发展趋势

1. 专业化与系统化的发展趋势

物流专业化是社会分工细化的产物，它是以第三方物流的兴起为特征的。第三方物流是既非商品供给方又非商品需求方的第三方物流企业，通过契约为客户提供所需要的物流服务。第三方物流能够发挥集约化、专业化的优势，在更大程度上实现物流合理化，从而节约流通费用，降低成本，提高经济效益和社会效益。

物流系统化也叫总体物流、综合物流管理。具体地说，物流向两头延伸并加进了新的内涵，使社会物流与企业物流有机结合在一起。从采购物流开始，经过生产物流，再进入销售物流，与此同时，要经过包装、运输、仓储、装卸、加工配送到达用户（消费者）手中，最后还有回收物流。物流的系统化可以形成一个高效、顺畅、可调控的流通体系，可以减少流通环节，节约流通费用，实现科学的物流管理，提高流通的效率和效益，进而提高国民经济的质量和效益。

2. 信息技术为支撑的高技术化

当前物流业正向高科技、现代化和信息化发展。国外许多物流企业的信息化水平相当高，这也是我国与国外物流水平差距较大的一个方面。物流的信息化包括商品代码和数据库的建立、物流配送中心管理电子化、电子商务和物品条码技术应用，等等。

3. 全球一体化物流

全球一体化不仅是业务覆盖规模的扩张，也是信息网络规模的扩张，是管理与服务能力的扩张。换句话说，物流全球化的过程不仅是数量的竞争过程，更是质量的竞争过程，是核心能力的竞争过程。

4. 电子商务与服务的整合

电子商务的兴起为现代物流的发展插上了翅膀。现代物流愈来愈凸显三个特点：一是不受时空的限制，市场规模在扩大，时空距离在缩小；二是供方与需方、供方之间与需方之间，以及社会各方之间能够及时、深入地沟通，文化距离在缩小；三是借助网络技术，人们可以方便地分析需求、扩展需求、集成服务，从而为客户提供个性化的、更周到的、更全面的服务，满足感的距离在缩小，供应链管理（SCM）、客户关系管理（CRM）以及企业资源计划管理（ERP）等技术的广泛应用就是一个证明。

四、物流管理专业

1. 主要课程

物流管理专业的课程包括管理学、经济学、统计学、市场营销学、经济法概论、生产与运作管理、财务管理、国际贸易、管理运筹学、物流管理、商品流通学、物流成本管理、物流系统建模方法、物流信息系统、物流战略管理、国际物流学、物流配送管理、交通运输概略、供应链管理、现代仓储管理、物流设备与技术等。

2. 培养目标

物流管理专业培养德智体全面发展，熟练掌握物流基本理论、基本技能，熟悉生产企业、流通企业的物流情况和特点；具有管理、经济、商贸、法律和计算机方面的基本知识和能力；能在企事业单位和国家机关，特别在经济贸易部门、交通储运部门、生产企业、专业物流企业等有关部门从事物流系统设计和物流企业的经营、管理、决策的高级复合型人才。

3. 可从事行业

物流管理专业就业前景和就业方向一般面向实业、物流企业、运输仓储服务企业，从事物流、运作、品级一线的办理工作。例如,第三方物流企业的业务人员,从事物流业务处置惩罚的客户服务人员,从事物流业务处置惩罚中的制单、审单等工作的表单作业人员,现代物流企业中进行商品配送、运输调度的规划调度人员,从事商品资料、配送客户资料等工作的档案办理人员,从事商品畅通加工办理与操作的办理人员,从事进货、理货、发货等工作的办理人员,从事储位、库存办理工作的办理人员、现代物流企业的报关人员、电子数据交换系统的操作人员。

适合毕业生的物流专业岗位还有:国际货运代办署理岗位,物流报关报检岗位,国际多式联运、口岸、船埠运营办理岗位,集装箱办理岗位,物流信息技术与电子商业上的事务岗位等物流办理岗位。

五、物流行业的发展路径

物流行业的发展路径主要是操作人员→中层管理者→高级管理人才,他们的收入和对应素质要求如下:

操作人员:报关员、货运操作人员、销售、客服等,工资在3000元左右。拥有相关技能证书和英语证书有利于操作人员工资的增长。

中层管理人员:部门主管或者经理,包括业务经理、生产经理、操作主管等。要求有相关工作经验,工资水平因公司不同会有较大差异。有些可达10000元以上。

高级管理人才:企业执行总监、公司副总、高级行政管理人员等,需要硕士以上学历和出色的工作表现,工资很高。

以德邦物流为例,管理类岗位发展通道不仅可以有直线发展,也可以交叉发展,亦即可以自由选择不同系列的管理通道,摸索最合适的发展路径,而横向发展也是可以的。

六、人才培养

1. 现代物流需要复合型物流人才

现代物流业是一个兼有知识密集和技术密集、资本密集和劳动密集特点的外向型和增值型的服务行业,其所涉及的领域十分广阔。在物流实际运作的过程中,物流企业的经营、管理、市场开拓和业务操作等工作需要各种知识和技术水平的劳动者。同时,物流行业是一个微利行业,在物流企业的运作成本中,人力资源成本占较大比重,企业为降低成本,就需要降低人力成本,就要压缩人员编制,多个岗位合并,岗位与岗位之间有一定比例重叠的方式,这样就需要岗位多面手来完成重叠环节的作业。

2. 物流人才的知识结构

(1) 国际贸易和通关知识。随着经济全球化的发展,物流企业必须提供综合性的物流服务,物流企业的业务人员也必须具有相关的国际贸易知识和国际结算知识以及国家对外汇管理的有关法律法规知识。

在通关方面,国际贸易活动必然涉及通关作业,物流从业人员如果对通关环节的相关政策和法规没有清楚的了解,就不可能制定出合理的、可行的物流方案和有效的成本预算。

(2) 仓储运输专业知识。综合性物流企业所从事的业务通常要涉及多种运输方式和手段,多式联运的执行水平也是衡量企业综合能力的指标之一。这就要求从业人员具有灵活运用各种交通运输工具的知识和合理调配、组合各种运输工具的能力。

(3) 财务成本管理知识。综合性的物流服务往往涉及各种不同的费用,如停车费、路桥费、保险费、报关费等,了解这些费用发生的原因、种类和数量是对业务人员的基本要求。同时,业务人员需要具有进行物流项目成本分析的能力,具有一定的财务知识。

（4）外语知识。物流活动伴随着商流活动区域的扩展日趋国际化，跨国公司的商流活动遍布多个国家和地区，对物流服务的需求也是全程化、一条龙和门对门的。这就要求物流业务人员具有一定的外语能力。

（5）安全管理知识。物流企业接受买方或者卖方的委托，按照委托方的要求执行物流作业。在作业过程中，如果管理不善，安全隐患无时不在。若发生安全事故，必然会影响买卖双方之间合同的顺利执行，影响到买卖双方的利益。因此，物流业务人员要有一定的安全管理知识。

（6）法律知识及其他。物流企业的运作是涉及多个企业的经济行为，任何一种物流服务都是一种用合同形式表现出来的承诺。物流业务人员，特别是物流市场拓展人员必须具备一定的法律知识，并在签订合同的时候灵活准确地运用这些知识，比如经济法、海关法、合同法、公司法以及国际法等。

其他如保险、环保等知识，物流从业人员也应有所了解和掌握。

3. 物流人才需要的基本素质和能力

（1）严谨周密的思维方式。要保证货物在规定的时间内以约定的方式送到指运地，过程的设计必须是严谨、科学、合规合法的，因此就要有一个严谨的思维模式。

（2）团队合作和奉献精神。物流服务中任何一个作业点出现问题，又没有得到及时妥善的解决，就有可能造成重大的损失。因此，从事物流行业的专业人员应具备一种强烈的团队合作和奉献精神。

（3）信息技术的学习和应用能力。现代物流企业核心竞争力的提高在很大程度上将取决于信息技术的掌握和应用水平。作为一个合格的物流从业人员，必须熟悉现代信息技术在物流作业中的应用状况，能够综合使用这一技术提高劳动效率。

(4) 组织管理和协调能力。物流服务的特点之一是消费者参与到服务产品的生产、销售和使用的过程中,从业人员在工作过程中,需要时时与人协调沟通、与上下游环节岗位人员进行协作,需要运用不同的工具进行各种信息的传递和反馈。因此,物流从业人员应具有组织管理和协调能力。

(5) 异常事故和应急作业的处理能力。由于物流作业涉及环节较多,在作业过程中经常出现突发事件,就需要从业人员具备较强的处理异常事故的能力,具备随时准备应急作业的意识以及对资源、时间的合理分配和充分使用的能力。

(6) 物流质量的持续改进能力。一个企业是否有生命力,主要决定于其创新能力;一个从业人员的业务能力是否不断提高,服务水平是否连续稳定,主要体现在其对作业质量和效率持续改进能力的高低。

物流业是一个综合性强、操作性强的行业,企业需要的物流人才不是仅仅会管理仓库或者懂得某种运输方式、知识结构较为单一的人才,而是具有较为全面的物流操作和管理知识,可以同时胜任多个岗位,能够对所执行作业进行全程全方位监控、优化和提升的复合型的懂物流技术的高级管理人才。

七、如何在物流行业做到卓越

1. 系统的知识储备

国内物流业的现状是物流管理人员素质偏低,物流操作人员现状更不容乐观。有些操作人员就是从搬运工、装卸工、仓库管理员而来,还有一些就是农民工。这些人员很少接受规范的物流操作培训,大部分不具备系统的物流知识。

物流的核心在于通过现代化的管理理念和手段,来降低物流成本,提高效率,进而在整个供应链条上实现物品、信息和资金的高效、快速流动,为企业创造新的价值。其本质就是管理,这种管理最终要通过具备现代物流理念和管理能力的高素质管理人才来实现,而我国物流业最紧缺的就是这类人才。

2. 强大的实践力

物流业是应用性很强的基础性学科,属劳动密集型和技术密集型,由多个环节组成。随着物流业的发展,对物流从业人员的素质要求也在提高。尤其对一线管理人才的素质要求也在提高。但物流专业毕业的学生并不能适应物流企业的需要,在校生的培养与实践脱离的现象较为严重,缺乏实际动手能力。物流行业目前急缺高素质综合型人才,各大高校虽致力培养,但由于物流教育存在学校教育与实际需求相脱节的问题,导致物流人才进入企业后无法适应。随着物流人才缺口的逐年增大,物流企业希望招到学历高且具备多年工作经验的高素质人才。

(以上内容由刘玉霞、汤晓丹、卢剑兰、罗雪儿、刘雨凝、王柱峰、孔文彬、蔡学智、姜健、朱玉艳、周海雯搜集整理)

第五节 证券行业

一、什么是证券

1. 证券的含义

证券是各类财产所有权或债权凭证的通称,是用来证明证券持有人有权依票面所载内容,取得相关权益的凭证,如股票、债券、国库券、商业本票、支票、银行定期存单等。

2. 证券的分类

证券分为证据证券、凭证证券和有价证券三大类。

证据证券:单纯证明一种事实的书面证明文件,如证据、提单等。

凭证证券：指认定持证人是某种私权的合法权利者和持证人纪行的义务有效的书面证明文件，如存款单等。

有价证券：区别于上面两种证券的主要特征是可以让渡。可以通过一定的方式，以有偿或无偿的方式将全部或部分地转让给他人。

二、证券公司概述

1. 证券公司

证券公司是指依国家法律法规并经国务院证券监督管理机构审查批准而成立的专门经营证券业务，具有独立法人地位的有限责任公司或者股份有限公司。

狭义的证券公司是指证券经营公司，是经主管机关批准并到有关工商行政管理局领取营业执照后专门经营证券业务的机构。它具有证券交易所的会员资格，可以承销发行、自营买卖或自营兼代理买卖证券。普通投资人的证券投资都要通过证券商来进行。

2. 证券公司类型

（1）证券经纪商。证券经纪商即代理买卖证券的证券机构，接受投资人委托、代为买卖证券，并收取一定手续费即佣金，如海通证券。

（2）证券自营商。即综合型证券公司，除了证券经纪公司的权限外，还可以自行买卖证券。它们资金雄厚，可直接进入交易所为自己买卖股票，如国泰君安证券。

（3）证券承销商。即以包销或代销形式帮助发行人发售证券的机构。

3. 证券营业部架构

证券营业部架构见图7-3。

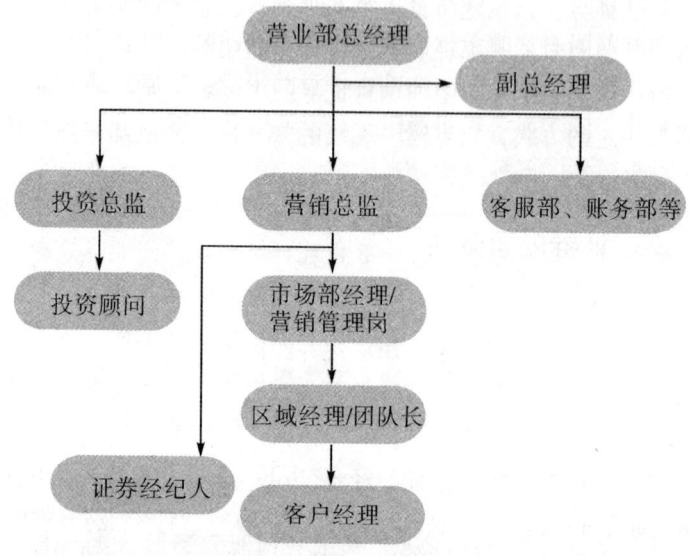

图 7-3 证券营业部架构

三、中国证券市场前景

经过 20 多年的发展,中国资本市场成绩斐然。可以预期,中国资本市场具有广阔的发展前景。在服务于中国经济健康稳定和可持续发展的同时,中国资本市场也将不断发展壮大。

(1) 中国资本市场的法律和监管体系将基本完善,趋向成为更公开、公平、公正的市场。到 2020 年,中国资本市场的法律制度和监管体系将更加完善,机制健全、透明高效、运行安全的市场体系将基本建成,资本市场成为更加公开、公平、公正的市场。

(2) 中国资本市场的深度和广度将大为拓展,将会成为一个高效、多层次和开放的市场。到 2020 年,中国资本市场的深度和广度将大为拓展,股票、债券、商品期货和金融衍生品市场全面发展,市场层次更为丰富。资本市场将包含丰富的投资产品、多样化的交易平台,形成满足多层次投融资需求的市场体系,为中国企业做大做强提供广阔的平台。

(3) 中国资本市场将出现具有国际竞争力的证券期货经营机构,资本市场服务水平将能够全面提高。到2020年,伴随中国资本市场发展进入相对成熟阶段,证券期货经营机构的发展也将进入新的时期。证券公司、基金公司、期货公司等机构更加规范化和国际化,治理结构更加完善,激励机制更加健全,管理、服务和风险控制水平有较大提高。大批既了解国际运作又服务于中国经济需求的专业人才成长起来,资本市场运行的良性格局基本形成。

(4) 中国资本市场在国民经济和社会发展中的作用将不断凸显,成为建设和谐社会的重要力量。到2020年,中国资本市场将基本完成从"新兴加转轨"市场向成熟市场的过渡;资本市场的各项功能得到较为充分的发挥,成为推动和谐社会建设的重要力量之一。

四、证券行业一般发展路径

证券行业一般发展路径如图7-4所示。

1. 客户经理的含义

客户经理既是证券公司与客户关系的代表,又是证券公司对外业务的代表。客户经理的职责是开场,全面了解客户需求并向其营销产品、争揽业务,同时协调公司各有关部门及机构为客户提供全方位的证券服务,在主动防范金融风险的前提下,建立和保持与客户的长期密切联系。

2. 客户经理的职责

(1) 联系客户。客户经理是全权代表证券公司与客户联系

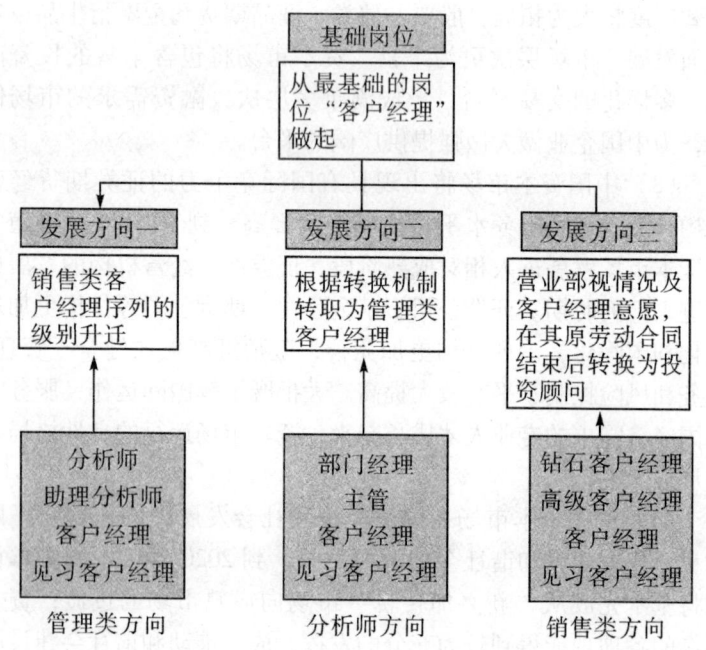

图 7-4 证券行业一般发展路径

的"大使",客户有证券需求只需找客户经理,客户经理应积极主动并经常地与客户保持联系,发现客户的需求,引导客户的需求,并及时给予满足,为客户提供"一站式"(One-stop)服务。

(2) 开发客户。对现有的客户,客户经理与之保持经常的联系,而对潜在的客户,客户经理要积极地去开发。这里包括两层含义,一是客户现在还不是公司的客户,等待开发;二是客户虽然现在是公司的客户,但客户自己未发现某些金融需求,亟待引导。

(3) 营销服务和产品。根据证券公司的经营原则、经营计划和对客户经理的工作要求,对市场进行深入研究,并提出自己的营销方向、工作目标和作业计划;在与客户的交往中,客户经理要积极推销证券公司的服务和金融产品。另外，还要善于发现客户的业务需求，有针对性地向客户主动建议和推荐适用的产品。对客户的新需求，要及时向有关部门报告，探索为其提供更具有个性化服务的可能性。客户经理营销公司金融产品的手段主要有广为宣传金融产品、面向重点客户宣传金融产品、市场公关和产品推销。

（4）内部协调。客户经理是证券公司对外服务的中心，每一客户经理都是证券公司伸向客户的友好之手。因此，客户经理"握住"的每笔业务都是证券公司的财富，需要所有相关部门的全力协助，客户经理有责任发挥协调中心的作用，引导客户的每一笔业务在证券公司中顺畅、准确地完成。客户经理搞好内部协调主要有四个方面：前台业务窗口与二线业务部门之间的协调、各专业部门之间的协调、上下级部门之间的协调、经营资源分配的协调。内部协调可以采用建立专门工作小组、健全一体化服务体系、及时反馈相关信息等方式进行。

3. 客户经理需要具备的素质

合格的客户经理必须具备良好的社会交际和组织协调能力，具有时间管理和团队精神的现代管理意识，性格上要热情开朗，负有责任感，并且要熟悉各种金融服务与金融产品的功能，具有较强的市场研究和客户开发的管理经验。初、中级客户经理应具备以下条件：

（1）品德素质。应具有较强的责任心和事业心，严守证券公司与客户的秘密。

（2）营销技能。能够对市场细分、市场定位、营销手段等方面进行综合运用。

（3）专业知识。对金融、营销、法律等知识有较深的了解，熟悉证券公司各方面业务。

（4）分析能力。能了解自己工作范围的各方面情况，能够对客户进行综合分析,对客户风险有较强的预见力。

(5) 筹划能力。工作目标明确实际,计划方案切实可行,预算安排精确有效,工作日程井然有序。

(6) 协调能力。善于表达自己的观点和看法,与证券公司管理层和业务层保持良好的工作关系,团队协作精神强。

五、证券行业收入情况

1. 投资部门

公司自有资金投资的称为自营部门,一般叫做证券投资部。接受客户资金投资理财的部门叫做资产管理部,主要岗位有总经理、投资经理、研究人员,每年固定工资一般分别在30万元以上、10万～20万元、10万～15万元,年底奖金看业绩提成。

2. 研究所

现在大的证券公司都会设置研究所,研究所提供投资建议和研究报告,主要岗位有总经理、研究员、研究助理,研究所的收入比较稳定,每年固定工资一般分别在30万元以上、10万～20万元、5万～10万元,年底奖金一般在固定工资的50%左右。研究员之间的收入差距很大,如中信、申万等大公司的高级研究员一般年收入都在30万元以上,《新财富》上榜的一般身价在50万元以上,小公司则与大公司差距很大。

3. 投资银行部

投资银行部主要做证券发行、承销工作。主要岗位有总经理、保荐人、项目经理等,保荐人收入最高,行业平均年薪30万元以上,年底收入依赖项目提成;其他人即使没有做到保荐人,年收入一般也可达十几万元。投资银行的工作比较辛苦,主要通过联系业务创收。

4. 经纪业务部

经纪业务部下设营业部、服务部等,大的证券公司往往有几十个甚至上百个营业部,分布在全国各个城市。很多人所说的证券公司其实只是经纪业务部下面的营业部,收入和总部有很大差距。营业部收入主要是靠客户交易佣金,交易量越大佣金越多。营业部客户经理收入一般和地区收入水平挂钩,一般3000元月薪已经算是比较高的水平。

5. **其他部门**

其他部门主要是后台如财务、稽核之类,收入水平介于总部业务部门和下属营业部之间。

国内证券业收入等级从高到低依次是合资基金、内资基金、证券公司,合资基金研究员一般30万元以上年终奖,基金经理一般50万元以上年终奖,牛市里拿到百万元年终奖的基金经理也不少,因此很多人进入这个行业的目标就是保荐人或者基金经理。

六、如何进入证券行业并做出成绩

1. **通过证券从业资格考试**

证券从业人员资格考试是由中国证券业协会负责组织的全国统一考试,证券资格是进入证券行业的必备证书。证券从业资格证同时也被称为证券行业的准入证。

证券从业资格考试一共五门课,即四门专业课和一门基础知识。通过基础+X科目,取得证券从业一级资格证书;通过基础+4X科目,取得证券从业二级资格证书,此证长期有效。

2. **自身能力突出**

社交能力强、进取心强、有韧性、喜欢各种挑战、习惯不断超越自我,具有这类特质者可实现销售类客户经理序列的级别升迁;有专长、肯吃苦、团队协作能力强、团队合作意识强、擅长组织协调工作、善于做好公司上下各部门协调沟通工作,具有这类特质者可根据公司职位序列的转换机制转换为管理类客户经理；具有投资分析资格、具备较强的投资分析能力、善于与客户面对面的沟通和电话沟通，维护客户能力强，具有这类特质者，营业部会视情况及客户经理意愿，在其原劳动合同结束后转换为投资顾问。

（以上内容由曾仪凡、郑晓佩、胡思怡、柯烁佳、赖利明、梁志明、李慧萍、段航敏、范睿、何岳霖、金兑暎、杨嘉琦搜集整理）

第六节 咨询行业

一、发展背景

随着市场竞争的加剧，人力资源愈来愈成为企业取胜的关键因素。传统的人事管理越来越不适应实践发展的需要，而人力资源管理则异军突起，以其全新的理念、系统化的结构、对绩效的显著提升风行天下。而企业囿于自身的各种条件限制，要想建立或从传统的人事管理转变为现代的人力资源管理系统，必须从外部寻求更专业化的帮助。人力资源咨询业就是这样在全球乃至中国起步并逐步发展。

二、发展现状

虽然从表面上看，人力资源咨询活动在中国大量存在，但是并未形成一种规模效应。事实上，从人力资源咨询业的从业主体、需求主体以及服务内容等方面来分析，中国的人力资源咨询业还只是处于初级阶段。

1. 人力资源咨询业的从业主体格局

人力资源咨询业的从业主体目前包括外资咨询公司、国内咨询公司、个体业主、政府机构的服务部门。目前，从业主体中，高校及科研机构的研究人员以其丰富的智力资源和超前的洞察力，并凭借学校的无形资产，最先在中国倡导、启蒙人力资源管理理念，在实践中获得了较好的口碑。外资咨询公司以其丰富的经验、规范化的运作取得跨国公司的信赖，并跟踪服务至全球各地。政府机构的服务部门则凭借其特殊地位，向企业提供各种培训、人才中介、人事代理服务，带有较浓厚的行政色彩。至于国内咨询公司则处于初创萌芽期，主要靠提供本地化的人力资源咨询服务而逐步发展壮大。

2. 人力资源咨询业的需求主体

目前，对人力资源管理咨询需求强烈的是民营企业、私营企业和外资企业。民营、私营企业由于长期以来在夹缝中生存，面临激烈的竞争，对规范化的管理十分渴求，特别是发展到一定规模时，企业内部呈现出极大的管理张力，企业进一步扩张在相当程度上依赖于有效的管理。所以，有抱负的民营、私营企业家高度关注管理，而人力资源管理则是管理中的焦点。外资企业一般"天然"具有重视人力资源管理的传统，因而一直是推动中国人力资源咨询的主体需求力量。

3. 人力资源咨询业的服务内容

近几年来，国内管理咨询、顾问业持续升温，也有许多机构打出了"人力资源咨询"的招牌，但其内容纷芜杂乱。具体分析，不外乎以下几种情况：培训、招聘中介、猎头、人才测评、人事劳动代理、举办研讨会和管理咨询。从理论上分析，以上服务内容都是人力资源管理的组成部分。但是，由于一些个人、机构只顾眼前利益，不追求质量，热衷于以营利为主要目的，低水准的培训、浮泛的研讨班以及被"神话"的人才测评，既损害了客户利益，也严重影响到人力资源管理咨询业的声誉和发展。规范的管理咨询既着眼于为企业提供系统化的人力资源开发、管理战略咨询,也针对企业的具体问题提供个性化解决项目方案。

三、发展趋势

1. 重要性日益提升

人力资源管理咨询的重要性和在整个管理咨询领域所占的收入比重将获得不断提升。作为管理咨询领域的一个重要分支,人力资源管理咨询模块在近一二十年的迅速崛起已经是不争的事实。究其原因,最主要的还是来自于企业对于自身人力资源体系改善的需求比以往大大提高了:一方面,随着网络时代渗透到各个经营领域、知识经济时代到来以及新技术的不断涌现,各类企业对于具备专业素质和创新精神的员工的需求显得格外强烈;另一方面,企业领导者开始从战略高度审视人力资源体系,把人力视为一种资本(稀缺性甚至高于资金和技术)加以运用,并赋予员工充分的自主性和优越的成长环境。

2. 对其他管理领域的渗透

随着人力资源战略重要性的不断提升,咨询公司在咨询项目中将逐渐渗透到公司战略、运营、组织机构、流程、财务等其他管理领域。既然人作为企业内部贯穿整个生产服务流程的要素是企业最重要的资源,那么毫无例外地,人力资源管理解决方案也必须与公司战略、经营策略、组织机构等管理领域相适应,共同组成一个有机的整体。从咨询公司的角度来看,无论是提供全套解决方案还是仅仅在人力资源领域内提供服务,都必须站在企业全局高度综合考虑问题。因此,专业人力资源咨询机构的内部研究和对外咨询服务也越来越多地渗透到与人力资源相关的其他企业管理领域,并且在向客户提交的解决方案中充分考虑到与其他相关模块的配合,设计好接口。

3. 新技术的影响

互联网与网络技术将从形式和内容上改变整个管理咨询业的

格局，人力资源管理咨询领域也将在新技术的影响下帮助企业逐步走向柔性人力资源管理。

只要对近几年企业内部人力资源管理实践的巨大变革稍加考察，就会意识到知识经济及网络时代对于人力资源领域的深远影响。一些咨询机构为适应这种变化，也开始在所提供的咨询服务中加入一些技术解决方案，甚至一些传统管理咨询机构在招聘顾问时，也要求不仅须具备人力资源管理理论基础和实践经验，还要精通计算机技术、网络技术等。

4．资本化的趋势

人力资源资本化将成为一种趋势，股权激励、MBO以及购并、上市等行为越来越多地进入人力资源管理咨询业务范围。既然现代人力资源理念将人看作一种重要性高于资金、技术的资本，那么，对于这种稀缺资源进行资本运作就成为顺理成章的一件事。而对于正处于改制过程中的大小企业来说，如何对员工尤其是企业管理层和骨干员工进行有效的长期激励、实现其价值已经成为当前改制过程中亟须解决的问题。

四、人力资源咨询业职业发展路径

人力资源咨询业一般晋升路线如图7-5所示。

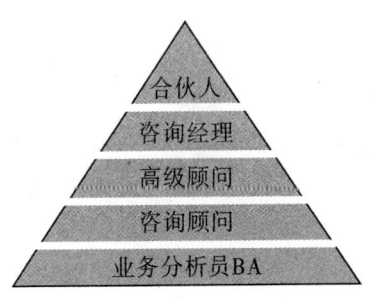

图7-5　人力资源咨询业晋升路线

有相当一部分求职者把咨询公司定位为职业发展的跳板。在咨询公司工作几年后，跳槽进入私营企业成为中高层管理人员，如果坚持下来并且有良好发展的人能在十年左右成为合伙人。

IBM 企业咨询服务部大中华区应用服务执行业务合伙人 Jean Francois 先生说："我们这个行业需要有责任心的年轻人，平均从业年龄只有 28 岁，如果你是 32 岁，就算老的经理了，因此也意味着这一行要求从业人员工作非常努力，快速成功，展示自己的实力。我要强调的另一点是，你得善于同高管们进行合作。比如说，一个 28 岁的咨询顾问，可能要同客户公司的 CEO 合作，因此你要对客户业务下很大功夫，获得丰富的经验，才能同客户进行很好的交流，让他们能够顺利接受你的思路和想法。因此你必须工作非常努力，条理分明。"

五、人力资源咨询业具体工作情况

1. 收入

以德勤会计师事务所为例，薪酬水平大约如下（见图 7-6）：

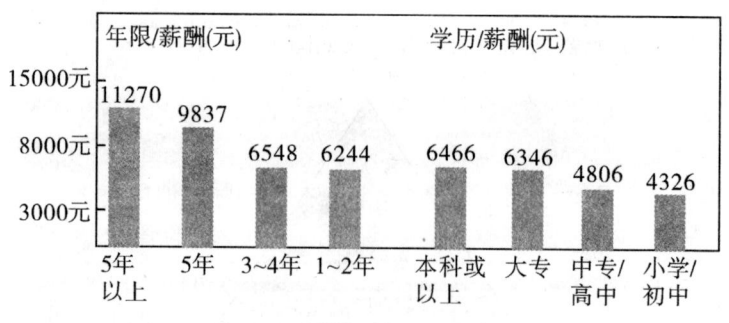

图 7-6

应届生：第一年：5000 元，加班费 1.5 倍，差补 200 元/天，注册会计师证奖励 500 元/月；第二年：6800 元。

高级职员：第一年 9500 元，第二年 13500 元，第三年 23000 元。

经理：第一年 30000 元。

除根据本地法规提供社会福利，作为整体薪酬的一部分，员工还享有以下补充福利：商业医疗险、商业寿险、意外死亡与伤残险（AD&D）、商务旅行险、带薪假期（年假、病假、考试假、考试复习假、婚假、陪产假、丧假、产假）。

雇员辅助计划旨在为员工提供辅助，改善员工整体生活质量，促进健康。涵盖以下服务和活动：全天候专业电话咨询及辅导服务，全天候管理层电话咨询服务，有关如何提升个人健康或工作效率等主题讲座，定期提供关于优质生活和身心健康的小贴士。

2. 工作强度

根据公司所有制差异、公司文化差异、工作内容不同，工作强度也是不尽相同。咨询行业是一份很有挑战性的行业，压力比较大，但很适合有想法的年轻人，当然也要求一定的执行力和专业性。在咨询行业中，"四大"、投行等单位的工作强度都是比较大的，但也是一分耕耘一分收获。

3. 培训（以德勤会计师事务所为例）

（1）全球学习计划。全球学习计划的重点是通过学习增长才能。全球学习计划是在全世界范围内按国际、地区和国家三个层面提供，使员工能够做到：学会做一名成功的管理者和领导者；了解全球性项目并学会与全球化的团队协同工作；一周七天，每天 24 小时访问丰富的在线学习内容；向无数领域内的众多专家们学习；向众多顾问和导师学习。

（2）国际机动性项目。德勤成员企业认识到让员工具备全球的系列技能和工作的价值,因此为员工提供了通过国际经验得到发展的机会。每年通过各种各样的到海外工作的国际任务项目,为专业人士提供发展技能和经验的机会。任务范围从短期客户服务项目到长期战略角色,涵盖所有层次。这些为德勤员工提供了拓展全球知识和技能,建立跨文化能力和发展领导力的机会。

4. 工作环境

咨询公司员工为白领阶层,一般在城市中央商务区写字楼工作,享受良好的工作环境。可能有较多出差任务。

六、人力资源咨询业招聘要求

一个优秀的人力资源管理咨询人员应当同时具备两个方面的素质:

首先是人力资源管理咨询人员的基本素质,即为了完成咨询活动所具有的,但与专业知识无关的各种素质,包括表达和沟通能力、分析和判断能力、快速学习能力、创新工作能力、承受压力能力等。其中,创新工作能力包括:①应用于咨询的概念创新;②咨询方法与工具的创新;③咨询方案的创新。承受压力能力包括:①要有坚定的责任心和事业心;②要有顽强的克服困难的毅力;③要有充沛的精力。

其次是管理咨询人员的专业素质,即为了完成咨询活动所具备的与管理咨询活动本身相关、与企业经营管理相关的知识与技能的储备,包括两大方面,一是咨询专业知识与技能,二是经营管理专业知识与技能。

管理咨询人员必须具备良好的专业知识和技能。咨询人员在为客户提供服务的过程中,与其他行业所提供的产品或者服务所不同的是:咨询人员所提供的服务是一种智力产品,包括对问题现状的剖析和针对性的解决方案,是智力的集成。

（1）管理专业领域的素质。优秀的咨询从业人员，应当做到既广博又专深，即在多层次、多学科、较为全面的知识结构基础上，拥有一门或者一门以上较为扎实的专业知识和技能，这就是我们常说的"T型知识结构"。

（2）管理咨询专业领域的素质。咨询人员同时也需要对咨询活动本身有深入系统的知识和技能，这些知识和技能主要指咨询工作本身的基本特征和基本性质、咨询项目的评估、具体咨询项目的实施流程、不同环节不同阶段的实施要点、咨询活动的绩效管理等，这些涉及对咨询活动本身的具体操作技术的掌握，对于咨询活动的顺利实施同样重要。具体包括：①高度的责任心。②较强的逻辑思维能力和系统思维能力。这是基础技能。③较强的综合素质和学习能力。咨询管理几乎能涉及所有的行业和未知领域，没有学习能力和过硬的综合知识，较难适应不停的变化。④对咨询管理行业的热爱和执着。⑤具备负荷高强度工作的决心、信心和体力。

七、如何成为卓越的人力资源咨询从业人员

1. 丰富的实战经验

咨询师在和服务对象打交道过程中，要针对服务对象所存在的问题和对方的资源做出正确的评估，然后在此基础上给对方提供适合有效的解决和提升方案，并能够帮助对方进行有效的执行。而这些都离不开咨询师平常所积累的丰富实战经验。

2. 扎实的理论功底

理论一般是经验和智慧的结晶，是来自于实践基础上的总结。作为一名优秀的咨询师，应加强对理论知识的学习，建立扎实的理论功底，并且在工作中，通过这些先进的理论来指导工作实践。

3. 强大的学习整合能力

咨询师需要掌握丰富的知识，而且每一个项目都可能面临全

新的挑战，都有很多原来根本不熟悉的东西。所以无论平时的积累还是应对项目，都需要有极强的学习能力，迅速找到需要的资源，去粗取精，汲取营养。并要善于利用现有资料，快速整合成需要的知识产品。一个咨询师如果没有搜集信息的能力，是一个重大缺陷，不能成为优秀的咨询师。

4. 极强的沟通表达能力

咨询师很大部分的工作是与人沟通，包括与客户、与项目组、与公司等，而咨询师的压力一般来说也是来自这几方面。如果解决了沟通的问题，可以说，很大一部分问题就解决了。这要求咨询师能适时换位思考，能把握沟通对象的心理，并采用最合适的方式和语言来表达，恰当使用技巧，让听者明白，并产生共鸣。

5. 为客户着想和负责的心态

作为优秀的咨询师，在工作过程中要始终坚持为客户着想和负责的心态。因为只有这样，咨询师才会真正进入工作状态，认真研究客户的问题，深入钻研，才能给客户提出真正有效、符合客观情况、能够执行的方案。

6. 实事求是的工作态度和方式

实事求是的工作态度和方式就是咨询师在工作中能够从客户的实际情况出发，从客观的情况出发，按照一定的流程逐步开展工作，而不是单纯靠感觉和以往的经验来轻易下判断和结论。这些道理虽然容易懂，但是能够真正做到并不容易。许多咨询师往往容易犯经验主义错误。一般来讲，咨询师在给不同的客户服务过后，认为自己已经达到了一定的高度，许多需要深入细致的工作是多余的，那么他可能就会在发现现在的客户与以前客户在某些问题上的现象类似时，直接依据以前的经验过早去下结论，然后在此基础上开展工作。如果开始的结论是错误的，那么就会导致后续的工作都是错误的。

附 人力资源咨询业从业案例及建议

案例1.

Peter，咨询师，来自一家小型咨询公司。

从业概况：从事医疗咨询，27岁，6年从业经历。

教育背景：心理学学士、传染病学硕士。

工作时间及薪酬水平：50～70小时/每周，年薪45000～48000美元。

典型工作日：

8:30—9:00 到达办公室。

9:00—9:30 收发邮件，打电话，阅读新闻。

9:30—19:00 准备给客户的材料，安排团队工作日程，制作图表或幻灯片，会晤客户，阅读相关研究报告。项目结束阶段，常要加班甚至通宵，项目完成才能真正休息。

案例2

Kevin，高级经理，来自一家著名的咨询公司。

从业概况：34岁，8年从业经历。

教育背景：医学物理博士。

工作时间及薪酬水平：50～60小时/每周，年薪11万美元。

典型工作日：

7:00—7:30 到达办公室。

7:00—8:30 收发邮件，打电话。

Kevin一天主要部分就是和各种不同的客户以及自己的经理们开会。他主要负责组织团队向客户提供完整的技术支持周期：设想出商业计划的开始、建设与测试技术项目，以及部署各类资源的安排并且进行确实的操作。

19:00 离开公司，出差的时候工作日会延长，根据晚餐的时间来决定。

业内人士的建议

1. 人力咨询行业收入、工作强度、晋升空间等基本情况如何？

咨询行业的工作强度很大，平均一周要工作60小时。刚入行时，早期的收入不算高，三年后加速提升，不过这也是与每个人的自身素质发展相关的，毕竟咨询行业需要比较多的经验与比较独特的视角。不过，收入不该是衡量是否进入咨询行业的指标，基金公司、证券行业等金融类企业收入也很高，但是对人的要求就不一样了。晋升方面，咨询行业比起快速消费品等行业还算是合理的，有自己的职业发展路径的。不过个人晋升空间还是靠每个人的自身的胆识和独到眼光。

2. 需要进入此行业，需要具备哪些具体素质要求？

总结起来就是五点：快速的学习能力、对商业模式的理解、宏观的思考能力、比较宽广的视野和钻研精神。本科生对咨询行业有兴趣是好事。不过可以先从其他领域的职位开始积累经验，尽量拓宽眼界以及提高对商业世界的敏锐度，这是对于从事咨询行业一个很好的积淀。

（以上内容由梁丽欣、蔡俊韬、陈安儿、陈冬宁、郭翠娥、黄凤珍、黄启亮、蒋宇峰、黎嘉鑫、李景麟、林丽琴搜集整理）

第七节 保险行业

对保险行业的介绍分为五个部分，分别是保险业的概念、保险业在中国的发展历史、保险业在中国的现状、保险业的职业发展路径以及中国保险行业的未来发展方向。

一、保险业的概念

保险业是指将通过契约形式集中起来的资金,用以补偿被保险人的经济利益业务的行业。保险是指投保人根据合同约定,向保险人支付保险费,保险人对于合同约定的可能发生的事故因其发生而造成的财产损失承担赔偿保险金责任,或者当被保险人死亡、伤残和达到合同约定的年龄、期限时承担给付保险金责任的行为。保险市场是买卖保险即双方签订保险合同的场所。它可以是集中的有形市场,也可以是分散的无形市场。

按照保险标的的不同,保险可分为财产保险和人身保险两大类。

财产保险是指以财产及其相关利益为保险标的的保险,包括财产损失保险、责任保险、信用保险、保证保险、农业保险等。它是以有形或无形财产及其相关利益为保险标的的一类补偿性保险。

人身保险是以人的寿命和身体为保险标的的保险。当人们遭受不幸事故或因疾病、年老以致丧失工作能力、伤残、死亡或年老退休时,根据保险合同的约定,保险人对被保险人或受益人给付保险金或年金,以解决其因病、残、老、死所造成的经济困难。

按照与投保人有无直接法律关系,保险可分为原保险和再保险。发生在保险人和投保人之间的保险行为,称为原保险。发生在保险人与保险人之间的保险行为,称为再保险。

二、保险业在中国的发展历史

我国的保险业的发展分为五个阶段:出现、暂停、恢复、发展和高速发展。在1979年以前我国的保险行业由于政治因素一度被暂停。所以中国保险业出现生机是从1979年开始的。我们会着重介绍中国保险业恢复、发展和高速发展这三个阶段,从每一个时期的经营模式和行业特征来了解中国保险业的发展历史。

1. **恢复阶段（1979—1995年）**

在1979年末中国恢复了保险行业后，我国保险市场的特征可以归纳为"野火烧不尽，春风吹又生"。从1980年开始，中国的国资保险公司数量不断增加，外国的保险公司也开始重新进入我国。同时，企业作为投资主体进入保险市场。在此阶段我国保险公司的经营模式可以总结为公司直销和保险代理机构。

2. **发展阶段（1996—2000年）**

在此阶段中国保险市场的特征可归纳为：分业保险公司不断出现，外国保险公司大量进入我国，中外合资的经营方式出现，行业进入国家监管下的自律发展。而我国保险公司的经营模式可以总结为兼业代理和保险经营经纪人。

3. **高速发展阶段（2001年至今）**

在此阶段中国保险市场的特征可归纳为：中国公司加快走出去的步伐，保险公司对外开放程度加大，国家不断完善监管制度建设。而我国保险公司的经营模式可以总结为兼业代理和保险营销经纪人。

三、保险业在中国的现状

1. **中国保险业与世界相比的劣势**

中国保险业劣势主要有起步晚、行销渠道少（银行邮政代理52%、个人代理39%）、中介不完善、管理落后、营销策略创新不足。

到2010年为止，全球保险深度6.89%，全球保险密度[①]

[①] 保险密度：是指按限定的统计区域内常住人口平均保险费的数额。它标志着该地区保险业务的发展程度，也反映了该地区经济发展的状况与人们保险意识的强弱。

627.3美元；而中国保险深度为3.65%，中国保险密度为1083.4元，远远落后于全球平均水平。中国保险业的评估及收入状况见表7-3、表7-4。

表7-3 中国保险业评估

项目	评分	说明
行业前景	★★★★	前景好，发展空间大
人才供需	★★★★	缺口较多，急需高层管理人士，基层保险销售代理人数众多
职业发展	★★★★	有比较大的发展空间
行业竞争	★★★★	激烈、入行门槛低，提升门槛高
收入福利	★★★★	收入差距大，高层人员收入丰富
工作环境	★★★	随职位不同环境不同
弹性工作时间	★★☆	一般
培训机会	★★☆	一般都有
出国机会	★★☆	较少
经验价制度	★★★★	经验越丰富，薪酬越高
转行宽度	★★★☆	一般
鼓励创造性和个性发展	★★★☆	较大
行业影响力	★★★★	正在逐步提升

表7-4 中国保险业的收入状况

职位	工作单位	工资范围（元）	平均工资（元）
销售	中国平安保险	800～16000	3558
	中国人寿保险	500～10000	2389
	太平洋保险	800～7150	2858

续上表

职位	工作单位	工资范围（元）	平均工资（元）
业务员	中国平安保险	800～10100	3245
	中国人寿保险	600～6367	2157
	太平洋保险	500～27450	3093
内勤	中国平安保险	800～7000	2401
	中国人寿保险	800～7000	2253
	太平洋保险	600～5000	2465
组训	中国平安保险	1500～37900	3785
	中国人寿保险	600～7000	2438
	太平洋保险	1300元以上	4896

2. 中国保险公司前十排名

（1）十大财产保险公司：①人民财险；②平安财险；③太平洋财险；④中华联合；⑤大地财险；⑥人寿财险；⑦阳光财险；⑧出口信用；⑨天安财险；⑩安邦财险。

（2）十大人寿保险公司：①中国人寿；②平安人寿；③新华人寿；④太平洋人寿；⑤泰康人寿；⑥人保寿险；⑦太平人寿；⑧生命人寿；⑨阳光人寿；⑩人保健康。

四、中国保险业的职业发展路径

1. 保险人员的能力要求

保险人员的能力要求包括：①参加保险代理人资格考试后获得保险代理人证书；②必须掌握良好的沟通技巧，了解顾客需求；③必须具有诚信的观念；④吃苦耐劳，持之以恒；⑤要有良好的素养，能够坚持客户保密原则；⑥要有一颗敢闯敢拼的心和永不止步的意志；⑦必须有公平竞争意识；⑧坚持客户至上；

⑨恪守相应法律和行业规则,严格要求自己。

2. 保险业的四种职位

(1) 保险经理人:常见保险推销人员。

(2) 保险 IT 人员:负责公司内部 IT 设备运行正常,日常办公环境维护,支持公司活动运作,视频会议支持,IT 资产盘点。进入这个部门需对 IT 网络、软件、硬件及视频相关设备有一定的知识和技能。

(3) 保险理赔人员:对保险客户提出的索赔申请进行处理的人员的总称,有许多相关岗位,如接报案、查勘、定损、理算、核赔、内勤等,专业要求各不相同。

(4) 保险精算师:分为两个阶段,第一阶段:学完保险学、金融学、统计学、数学等十几门课程,拿到足够学分才能成为准精算师。第二阶段:有了一定的工作经验才能申请精算师考试,并满足有关专业的培训要求,答辩合格后,方能成为一名精算师。

3. 保险从业人员四个境界

卖关系:通过周围的友好关系来卖保险。这是最低境界,不适合长期发展。

卖产品:通过个人销售能力出售产品。

卖需求:通过为顾客考虑来卖出保险产品。这是现有大多数保险经理人的境界。

卖规划:通过为顾客量身打造未来规划来出售产品。这是保险从业人员的最高境界。

五、中国保险行业的未来发展方向

1. 中国保险行业发展的驱动因素

(1) 政府的支持。政府对保险行业的支持主要是由于保险业在对国家经济增长的促进以及社会保障体系的完善两个方面都发挥着不可忽视的作用。国家也颁布了一系列的规则办法来促进保险业的健康发展，例如，2004年，国务院《关于投资体制改革的决定》曾明确要求，鼓励和促进保险资金间接投资基础设施和重点建设工程项目。2006年3月，中国保监会正式颁布《保险资金间接投资基础设施项目试点管理办法》，鼓励保险资金投资基础设施项目。

全国保费从1980年的4.6亿元，到2010年的1.45万亿元，年均增长超过30%。增幅远高于同期国内生产总值的增长水平，是国民经济中发展最快的行业之一。"十一五"期间，尽管遭到国际金融危机的不利影响，中国保险业总资产还是保持了快速增长的势头。到2010年底，保险公司总资产达到5.04万亿元。鉴于保险业现在的高速发展和国外保险业的发展经验，保险业一定会成为中国经济发展的一大支撑点，所以，国家在立法和政策等方面的支持一定会越来越强，越来越具体和有利。

（2）需求增加以及消费观念的改变。从需求的角度来说，无论是保险的消费群体的增加还是对保险产品消费观念的改变，都会促进保险行业的发展。

一方面我国人口基数大，老龄化程度高的特点为保险业创造了巨大的需求。同时，人们收入的提高也使更多的人成为保险行业的消费者或者潜在消费者。在2007—2012年，中国约有7000万个家庭突破年收入10000美元的大关，从而加入中国日益扩大的中产阶级大军。这将导致1亿～1.5亿能够初次购买寿险的新客户的产生。

另一方面，中国消费者的储蓄方式逐步从现金转为储蓄及投资产品，这已经成为推动寿险市场发展的动力。从2002年到2008年，中国消费者所持有的金融资产中现金的比例已经从84%降低到71%，这一趋势预兆着中国投资消费观念的转变，逐渐变得开放的消费观念也同样会促进保险业的发展。

2. 保险行业发展方向预测

（1）行业国际化。随着中国加快融入世界经济体系，对外投资稳步提速，国际贸易全面发展，为社会和经济发展提供保障服务的中国保险业也将不可避免地出现全球化趋势。尤其未来将有越来越多的中国企业"走出去"，实施跨国经营，而他们在海外投资遇到的风险也越来越大，急需保险保障。就这些企业而言，由于多年良好合作关系，一般习惯于由本国的保险人为其全球经营提供全面、现场的保险服务，从而为中国保险业全球化创造条件。未来10年、20年，随着全球保险一体化的推进，中国保险业将加快国际化的趋势，通过国际保险资本运作、战略联盟等多种形式，形成国际化的保险集团，在国际范围内为客户提供全球化的保险服务。

（2）企业多元化。过往20来，放松金融管制、实施混业经营已成为世界金融发展之趋势。各国保险企业及其他金融机构纷纷开展跨行业并购，以享有混业优势、提高竞争力、实现收益多元化。与全球保险业发展模式趋同，当前中国保险业已呈现出强劲的综合经营和集团化发展趋势。截至目前，中国已有8家保险企业成立了控股（集团）公司，同时一些保险企业先行进入产险、寿险等专业领域，并通过主业公司控股的方式走上了集团化发展道路。它们凭借集团的综合金融服务能力和子公司的专业化经营水平开展多元化经营，成为市场主导力量。可以预见，未来几十年，随着中国金融改革的不断推进，金融综合经营的趋势必将不断发展，银行、保险、证券在资本业务层面的融合将逐步走向深入。然而，随着综合经营和金融全球化进程的加快，如何有效防范风险的跨集团、跨行业传递亦将成为中国保险业未来发展和中国保险监管的一项重要挑战。

（3）员工专业化。当前我国保险从业人员的素质还相对较低，国内外同行激烈竞争的大背景对保险从业人员的素质提出了更高的要求，各商业保险公司应更加重视人才的培养。除了要培养一些目前国内比较缺乏的核保师、核赔师、精算师等专业人才，还要培养精通国际保险惯例、参与国际保险市场竞争的专业人才。只有这样，我们才能更好地参与国际保险市场的竞争，才能不断地发展和壮大。

（4）产品人性化。随着我国经济社会的发展和人民生活水平的提高，企业和居民的保险意识不断增强，对商业保险的投保需求也越来越呈现出多样化和专门化的趋势。他们会从自身利益和需要出发，对各种各样的保险产品进行慎重地选择。在这种逐渐成熟的市场里，产品要占领市场只能靠品牌、价格、服务。

那么保险产品的品格，就是名牌产品、合理价格、特色服务。目前人们在购买保险时所关心的不仅仅是产品的利益保障功能、投资功能、储蓄功能或者是组合功能，更注重它的价格水平与服务水平。在某种程度上，保险产品的竞争已经转化为价格和服务的竞争。

（以上内容由刘艳珺、梁玉倩、梁艳珊、刘圆、李家颖、李嘉雯、王秀娟、林劼、林蔚、王丹钰搜集整理）

附录　学生发展指引简表

表1　推荐免试研究生所需要的素质及其培养（保送本院）

学院保送的基本流程	1. 动员：各本科专业所在院（系）应根据本办法的精神，在每年的6月底以前，对三年级、五年制（医科类专业为主）四年级下学期的本科生进行公开的申报推荐免试生的动员工作，有条件的申报者可在暑假前后同拟报读的接收单位或学科点进行初步联系 2. 申请：一般在每年9月15日以前，学院受理学生的个人申请 3. 初审：在9月中旬，由推荐免试攻读硕士学位研究生工作小组主持，对报名者有关条件进行初审，拟出入围面试的候选人名单，学生填妥学校统一印制的推荐表，并将入围名单在本学院予以张榜公布（第一榜） 4. 面试：推荐免试攻读硕士学位研究生工作小组负责组织由推荐单位和学生报读专业共同组成的面试小组，对进入面试范围的候选学生进行面试。面试的时间一般安排在9月中旬，面试的方式由学院推荐工作小组和导师组确定，面试结果在本学院张榜公布（第二榜） 5. 报送：学院将通过面试并经推荐工作小组同意的推荐名单于第二榜公布后的第二个工作日以前，将签署好单位推荐意见的推荐表连同完整的推荐名录（按推荐次序排列），加上本人的申请书，有关科研成果和业绩证明材料，以及本科前三年的学习成绩表报送教务处 6. 审批：学校推荐工作领导小组在每年9月底前完成对各单位上报名单的审批工作，并向全校公布拟正式推荐的名单（第三榜）；10月中旬正式发文予以确认 7. 递送免试生材料：经学校同意推荐的免试生材料，凡推荐到我校各硕士点的，统一由教务处转送研究生院

续上表

获得本院保送所需的基本素质	一、政治思想和道德品质的基本要求 拥护党的基本路线，有正确的世界观、人生观、价值观，有为祖国、为人民、为社会主义现代化建设服务的明确志向和较强责任感；严格遵纪守法，道德品质好，勤学敬业，富有上进心和团结合作精神 二、学习成绩和学习能力的基本要求 1. 基础扎实，学业成绩在本专业同年级学生中，排名在前15%～20%（文、理科基地班名次在前30%以内） 2. 文、理本科一至三年级共六个学期的必修课学习成绩有1/3左右达到优秀，其余必修课程的成绩一般应达到良好；医科类学生一至四年级的必修课学习成绩应在本专业平均成绩以上，主干课程低于70分的不得超过三门 3. 通过全国大学英语六级考试，或在全国大学英语四级考试中获优秀成绩（大学英语四级、六级考试改革后，可执行教育部有关新规定） 4. 学风端正，学习主动性强，有较强的钻研精神，知识面较宽或在某一学科领域的学习上确有突出成绩，并积极参加第二课堂活动 三、对科研能力的相关要求 1. 研究能力较强，思维敏捷，善于发现问题、分析问题和解决问题，富有创新精神和培养潜质 2. 具备以下条件之一者，在其他条件相近的情况下应予优先考虑，并允许对本办法第四条第1、2、3项条件予以适当放宽 （1）在本科学习期间获得相关专业的具学术意义的省级以上各学科竞赛奖项，并且是个人奖项或集体奖项的主要完成者 （2）在国内外公开出版物（需有CN或ISSN刊号）上发表过与所读的本科专业或所报读的研究生专业有关的有一定篇幅和质量的学术论文，并且是独立执笔者或第一、第二作者

续上表

获得本院保送所需的基本素质	（3）为学校或社会承担研究课题，取得成果鉴定或使用单位证明，并经我校该学科领域两名具高级职称的专家（其中至少一名需具正高职称）作出书面认定和予以推荐者（4）已和相关研究生专业的导师合作科研，是该项目的主要骨干，该项目已在学校科技处、医科处或社科处备案（其中教学研究项目在教务处备案），并有阶段性成果，经本专业导师组认定者 四、身体素质和心理素质的基本要求 身体健康，符合报考研究生的体检标准；体育成绩和国家规定的体育锻炼标准测验合格；心理素质健全，有良好的心理承受能力和调节能力 五、有关奖惩方面的基本要求 1. 在本科前三学年中至少获得一次学校优秀本科生奖学金 2. 在校期间无任何违法违纪行为，未受过任何处分
本科期间的准备	1. 创造性学习是培养和提高自身科研创新素质的基础性训练 2. 多看文献，特别是在学术领域普遍认可期刊的最新文献 3. 平时主动与感兴趣的研究方向的老师沟通交流，向其请教学术问题，并尝试参与其课题研究 4. 积极参与省市组织的各种科研竞赛、学校组织的各种课题申请以及科研论文汇编 5. 尝试给高层级的学术期刊投稿，即使不能发表，也会很有收获，因为优秀的期刊会请相关领域的专家评审，并给出详细的评审意见，这是非常重要的指导

表2 推荐免试研究生所需要的素质及其培养（保送本校外院或外校）

| 外校或外院保送的基本流程 | 1. 动员：各本科专业所在院（系）应根据本办法的精神，在每年的6月底以前，对三年级、五年制（医科类专业为主）四年级下学期的本科生进行公开的申报推荐免试生的动员工作，有条件的申报者可在暑假前后同拟报读的接收单位或学科点进行初步联系
2. 申请：一般在每年9月上旬以前，学院受理学生的个人申请
3. 初审：在9月15日前，由推荐免试攻读硕士学位研究生工作小组主持，对报名者有关条件进行初审，拟出入围面试的候选人名单，学生填妥学校统一印制的推荐表，并将入围名单在本学院予以张榜公布（第一榜）。保送外校的具体公布日程视接收单位的具体管理办法而定
4. 面试：推荐免试攻读硕士学位研究生工作小组负责组织由推荐单位和学生报读专业共同组成的面试小组，对进入面试范围的候选学生进行面试。面试的时间一般安排在9月中旬，面试的方式由校内接收学院或外校相关学院推荐工作小组和导师组确定，面试结果在本学院张榜公布（第二榜）
5. 报送：学院将通过面试并经推荐工作小组同意的推荐名单于第二榜公布后的第二个工作日以前，将签署好单位推荐意见的推荐表连同完整的推荐名录（接推荐次序排列），加上本人的申请书、有关科研成果和业绩证明材料，以及本科前三年的学习成绩表报送教务处
6. 审批：学校推荐工作领导小组在每年9月底前完成对各单位上报名单的审批工作，并向全校公布拟正式推荐的名单（第三榜）；10月中旬正式发文予以确认
7. 递送免试生材料：经学校同意推荐的免试生材料，凡向外校推荐的，由学生所在院（系）负责寄送。校内有关单位应及时与接收单位联系，以便免试生在研究生报名期结束前能获得接收单位的信息反馈 |

续上表

获得外校或外院保送所需的基本素质	一、政治思想和道德品质的基本要求 拥护党的基本路线，有正确的世界观、人生观、价值观，有为祖国、为人民、为社会主义现代化建设服务的明确志向和较强责任感；严格遵纪守法，道德品质好，勤学敬业，富有上进心和团结合作精神 二、学习成绩和学习能力的基本要求 1. 基础扎实，学业成绩在本专业同年级学生中，排名在前15%～20%（文、理科基地班名次在前30%以内） 2. 文、理本科一至三年级共六个学期的必修课学习成绩有1/3左右达到优秀，其余必修课程的成绩一般应达到良好；医科类学生一至四年级的必修课学习成绩应在本专业平均成绩以上，主干课程低于70分的不得超过三门 3. 通过全国大学英语六级考试，或在全国大学英语四级考试中获优秀成绩（大学英语四级、六级考试改革后，可执行教育部有关新规定） 4. 学风端正，学习主动性强，有较强的钻研精神，知识面较宽或在某一学科领域的学习上确有突出成绩，并积极参加第二课堂活动 三、对科研能力的相关要求 1. 研究能力较强，思维敏捷，善于发现问题、分析问题和解决问题，富有创新精神和培养潜质 2. 具备以下条件之一者，在其他条件相近的情况下应予优先考虑，并允许对本办法第四条第1、2、3项条件予以适当放宽 （1）在本科学习期间获得相关专业的具学术意义的省级以上各学科竞赛奖项，并且是个人奖项或集体奖项的主要完成者 （2）在国内外公开出版物（需有 CN 或 ISSN 刊号）上发表过与所读的本科专业或所报读的研究生专业有关的有一定篇幅和质量的学术论文，并且是独立执笔者或第一、第二作者

续上表

获得外校或外院保送所需的基本素质	（3）为学校或社会承担研究课题，取得成果鉴定或使用单位证明，并经我校该学科领域两名具高级职称的专家（其中至少一名需具正高职称）作出书面认定和予以推荐者 （4）已和相关研究生专业的导师合作科研，是该项目的主要骨干，该项目已在学校科技处、医科处或社科处备案（其中教学研究项目在教务处备案），并有阶段性成果，经本专业导师组认定者 四、身体素质和心理素质的基本要求 身体健康，符合报考研究生的体检标准；体育成绩和国家规定的体育锻炼标准测验合格；心理素质健全，有良好的心理承受能力和调节能力 五、有关奖惩方面的基本要求 1. 在本科前三学年中至少获得一次学校优秀本科生奖学金 2. 在校期间无任何违法违纪行为，未受过任何处分
培养研究能力	1. 通过平时的学习与实践活动锻炼并提升创造力与领导力 2. 与外院或外校相关专业老师提前联系，了解接收单位的招生条件与名额 3. 关注感兴趣研究方向的最新进展，并与感兴趣方向的老师积极交流学术问题 4. 积极参与省市组织的各种科研竞赛、学校组织的各种课题申请以及科研论文汇编 5. 尝试给高层级的学术期刊投稿，即使不能发表，也会很有收获，因为优秀的期刊会请相关领域的专家评审，并给出详细的评审意见，这是非常重要的指导

表3　学生国外/境外留学流程及素质培养

境外留学申请的基本流程	1. 收集信息，初步确定方向 （1）国家/地区：北美（美国、加拿大），欧洲（英国、法国、德国、北欧），澳洲（澳大利亚、新西兰），亚洲（香港、新加坡、日本、韩国） （2）留学类型：应用型、研究型 （3）专业：经济学类、管理类、其他 （4）地区、学校：找出自己的偏好 2. 初步确定拟申请学校所需要的材料：相关考试、大学成绩、申请表、个人简历、个人陈述、推荐信等 3. 准备相关考试，比如托福、GRE等英语能力测试 4. 确定申请的学校，准备申请材料，挖掘自己的优势 5. 投递材料 6. 准备出境签证手续
获得留学资格的基本素质	1. 具有优良的学习成绩与学习能力 2. 良好的中英文表达和写作能力 3. 具有研究潜质，即良好的分析能力、发现问题和解决问题的能力等 4. 完备的专业知识，良好的专业能力，具备一定的专业实践经验 5. 获得老师或者专业人士推荐 6. 明确自己的职业与生涯规划 7. 具有较高的心理成熟度，较强的独立工作、生活能力以及高度的学习自觉性。 8. 积极主动，有效与人沟通，具有良好的交往能力 9. 良好的身体素质 10. 了解外国文化，具有开放包容的心态

续上表

本科期间的准备	1. 学好基础课，达到优秀水平，并在一两门感兴趣的专业课上力求拔尖；掌握适合自己的学习方法，尤其是在接触新学科、新知识的时候能够迅速地找到有效的学习方法 2. 培养英文阅读与写作习惯；提高英语运用能力，多做英文演讲，取得较好的语言考试成绩（建议三年级结束前完成考试） 3. 找到自己的学术兴趣点，完成一些高质量的研究项目（包括课堂作业），或给老师担任助教等 4. 申请经济学类专业注重数学的学习，申请管理学专业注重理论与实践的联系，其他专业根据专业性质进行具体分析，围绕专业进行尽量多的课外阅读 5. 了解国内外文化，有开放的心态。对中国社会和外国文化都要有较深入了解；关心国内外大事，增加有关外国文化的阅读量；积极参加各种对外交流活动以及校内外社会服务活动 6. 从大一开始对自己的职业生涯进行思考，明白为什么要出国，出国之后要达到什么目标；找一份与出国专业相联系的专业实习，对相关职业人士进行访问等 7. 培养良好的心理素质。独立承担学习或者学生活动任务。尝试适应陌生的环境与新鲜的事物 8. 积极参加社团活动，多与同学交往。培养自己应付逆境的能力，以积极乐观的心态生活 9. 坚持锻炼身体，有一两项体育爱好或特长 10. 培养并坚持一两项个人兴趣爱好，通过学习与实践发现自己的特别之处 11. 多与老师及长辈接触，让他们了解自己，并在这些领域做出切实的成绩

表4 学生进入外企所需要的素质及其培养

外企招聘的基本流程	1. 校园宣讲会：毕业生由此了解企业发展状况、企业文化、职业发展空间等信息。现场一般不接收简历 2. 网络申请：绝大部分的外企现在都要求应聘者在网上提交个人资料和简历，使用公司统一的格式，便于公司进行筛选。网络申请除了填写个人的基本信息以外，一般还有开放性问题需要回答 3. 性格测试：相当一部分的外企都设有性格测试。除了初步了解应聘者的性格外，更加注重对应聘者求职意向、价值取向、职业规划和工作态度的考察 4. 笔试：绝大部分的外企都设有笔试，有些是简单的英文翻译，有些是专业笔试。但更多的是解难能力测试、托业和SHL试题（英国SHL咨询公司出的试题，主要包括数学和阅读两部分） 5. 面试：外企一般会设置两轮以上的面试。比较常见的面试形式是：一对一的行为能力面试、情景面试、无领导小组讨论和企业中高层的最终面试。外资企业的面试一般最少有两次，最多5～6次，全部通过需要一个月到一个半月时间，有的甚至长达三个月到半年 另外，不同公司的面试与笔试的顺序不同，前者往往会对后者产生较大影响。还需要注意的是外企对于应聘者自身的诚信度有很大的关注度，一经发现属于造假，企业可视情况取消录取资格
进入外企的必备素质	外企一般有较完善的培训系统，因此招聘中他们更看重应聘者的综合素质以及发展潜力： 1. 精通外语，尤其是要有流利的口语 2. 良好的沟通能力 3. 自信、充满活力的精神面貌 4. 领导能力 5. 团队精神 6. 专业技能

续上表

进入外企的必备素质	7. 富有责任感 8. 很强的上进心 9. 解决和分析问题的能力 10. 灵活的应变能力 11. 明确的职业规划 12. 良好的抗压能力和自主学习能力
培养进入外企的素质	1. 提高英语水平，尤其是口语水平 2. 参加英语测试，四级、六级、BEC考试、托业等英语考试，并取得不错的成绩 3. 学习认真，GPA最好达到班级的前25%以上 4. 积极参与社会活动，锻炼自己的团队精神和领导能力。学生会主席或者社团协会会长等社团活动积极分子往往会得到一些知名外企的优先考虑 5. 多参加实习和社会实践活动，提高自己的商务沟通能力和解决分析问题的能力 6. 暑期申请各大外企的暑期实习生，将是拿到外企offer的一条捷径 7. 了解企业的用人需要，提高求职技巧 8. 面对突发状况养成良好的冷静处理能力，具备良好的应变能力 9. 面对挫折与困难不轻言放弃，面对外界压力有强大精神力量支撑

附录　学生发展指引简表

表5　学生进入国企所需要的素质及其培养

国企招聘的基本流程	1. 校园宣讲或招聘会：中国电信和中国移动等大型国有企业会进入各大高校进行校园宣讲，但绝大部分的国企是通过大型招聘会招揽人才的。例如，四大国有银行招聘会专场、电力企业招聘专场 2. 网络申请和投递简历：进行大规模校园招聘的国有企业（例如中国移动）一般会要求应聘者在网上申请，提交个人资料。而大部分的国企一般是现场收简历或者通过电子邮箱接收简历 3. 笔试：大部分的国企都会设置笔试。笔试根据岗位要求而出题。笔试主要涵盖行政能力测试、专业测试、性格测试等 4. 面试：一般有两轮面试，分为自我推荐、答辩两个部分。面试的具体形式有：群体面试（一个面试官，同时面试几个应聘者）、无领导小组讨论、一对一或多对一的面试 5. 体检 6. 政审和考察 7. 签订聘用合同
进入国企的必备素质	1. 应聘者具有较高的政治素质与思想品德水准 2. 踏实肯干，并愿意长期在该企业发展 3. 成绩优秀，获得奖学金 4. 担任过学生干部或社团干部，有较强的组织协调能力 5. 专业技术或专业成绩过硬 6. 专业素质以外的一技之长也可以锦上添花 7. 成熟的待人接物态度 8. 契合应聘岗位的要求，除了要求专业对口以外，也要求应聘者各方面都符合岗位工作的需要。例如银行客户经理岗往往要求形象气质佳 9. 拥有英语四级、六级证书和计算机等级证书、相关专业证书等能证明语言、计算机和专业技能水准的证书

续上表

培养进入国企的素质	1. 学习努力，尤其是加强专业课程的学习，最好具有奖学金获奖经历 2. 积极参与班级和社团活动，增强组织协调能力 3. 参加英语四级、六级考试和计算机二级考试 4. 参加相关的专业级别或者职业资格考试，如银行从业人员资格证、思科技术认证、注册会计师考试等 5. 提高求职技巧，例如简历写作等 6. 选择自己目标行业的公司进行暑期实习往往会让求职者脱颖而出，甚至提前拿到录取通知书 7. 已有的个人才艺和技能可以进一步发展 8. 养成自身的良好作息，相比于私人企业，国企对于员工的个人生活更加看重 9. 学会积极的沟通技巧